トロツキー最後の論戦

—その批判的考察

廣瀬伸一 著

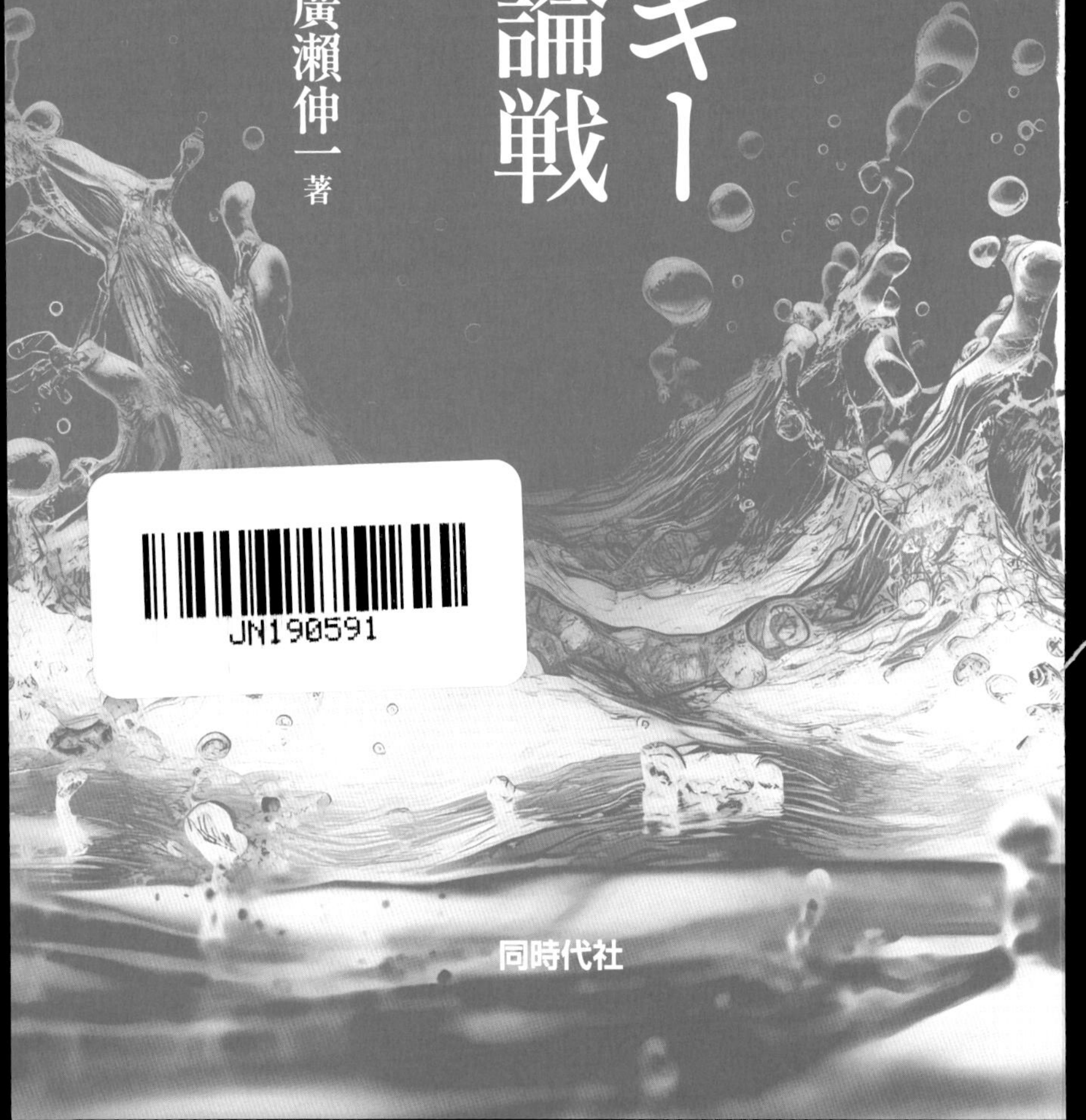

同時代社

真剣で批判的な読者……が望むところは、科学的良心性なのである。この科学的良心性は、同情と反感――赤裸々な、公然の――の根拠を真実の真摯な研究、これらの事実の真の関係の決定、これらの運動の因果的法則のうちにもとめるであろう。しかも、これで十二分である。なぜなら、それは、歴史家が自分でしか保証することのできない、彼の善意によって立証されたり、証明されたりするのではなく、歴史家が明瞭にした歴史的過程そのものの、自然的法則によって立証され、証明されるからである。

（トロツキー「ロシア革命史」序文）

トロツキー最後の論戦／目次

はじめに

「全ては疑いうる」。（マルクス）[1]

本論文の趣旨は、総体としての「トロツキズム」の批判ではなく、一九三九年九月から一九四〇年三月にかけて、当時の第四インターナショナル（以下FI）最大支部のアメリカ社会主義労働者党（以下、SWP）[2]党内で行なわれた分派闘争に、トロツキーが多数派を支持して介入した際の彼の立場と見解、及び、彼の少数派批判内容を批判的に再検証することである。その対象は、彼の論文集「マルクス主義の擁護」に収められた諸論文と書簡である。

この分派闘争は、一九三九年八月二三日（調印は二四日午前二時）の独ソ不可侵条約の締結、それに続く第二次世界大戦の勃発と独ソ両国によるポーランド分割、冬戦争の勃発などの第二次世界大戦初頭の出来事を背景に生じたもので、多数派の主要人物は、ジェームズ・P・キャノン[3]、アルバート・ゴールドマン[4]、ジョン・G・ライト[5]、少数派の主要人物は、マーティン・アバーン[6]、ジェームズ・バーナム[7]、マックス・シャクトマン[8]であった。トロツキーは、同年一二月一五日の論文「社会主義労働者党における小ブルジョア反対派」をもって、党内闘争へ公然と介入し、それ以降、小数反対派と全面的に論争を続けた。

この分派闘争に関しては、既に「公的」解釈があり、その「歴史的評価」は、定まっており、トロツキー、トロツキズム、更には左翼政治一般に関心を抱く人たちの間では、広く知れ渡っていると言えよう。その「評価」とは、トロツキー、多数派が正しく、彼らは革命的マルクス主義の立場を守り抜き、片や、少数反対派は、プチブル的逸脱を示し、「革命的マルクス主義に対する闘争という基礎の上に、プロレタリア多数派と分裂した(9)」というものである。筆者が疑義を挟んだのは、この「評価」に対してである。

トロツキー、トロツキズムに留まらず、マルクス主義政治や左翼政治一般に関心を抱く殆ど全ての人たちが、この「評価」を信じ切っているのには、一つに、トロツキーが、輝かしい業績に裏打ちされた疑いようもなく圧倒的な権威と名声を享受していたという事情、二つには、トロツキー、多数派の立場や見解は、前掲の論文集「マルクス主義の擁護(10)」及びジェームズ・Ｐ・キャノンの論文「プロレタリア党のための戦い」という二冊の書に収められており、誰でも知ることができるのに対して（後者の邦訳がないため、日本では前者のみ）、少数派の文献、資料は全くと言っていいほど知ることができなかったため、検証しようにも不可能だった、という事情があった。

幸い、一九九八年七月に開設されたウェブ・サイト「Marxists Internet Archive」（以下、ＭＩＡ）は、次第に充実度を増し、現在では、マルクス主義を論じた多数の人物の論文等を閲覧できるだけでなく、インターナショナルの歴史や政党の機関紙誌、内部資料なども閲覧できるようになった。このＳＷＰ党内闘争に関しては、ＳＷＰの機関紙誌や党内ブレチンも閲覧でき、今回、この論文を執筆するにあたって利用した資料のほとんどは、このサイトからのものであり、このサイトなくしては、再検証は不可能であった。ここに、厚く感謝の意を表明する。
「マルクス主義の擁護」を読んだだけでは、トロツキーの一方的解釈しか知ることが出来ず、実際の論戦がどのようなものであったのかを知るのは不可能である。それを知るためには、少数派の論文と突き合わせることがどうしても必要であった。ＭＩＡの提供する豊富な資料を基に、その論戦を再現すると同時に史実とも照らし合わせて筆者が再検証した結果、事実は、「公的」解釈とは全く異なっており、少数派が正しい立場を貫き、トロツキーと多数派はスターリニズムへの屈服傾向を示したということを物語っている、という結論に達した。それに加えて、論戦が「ソ連論」を巡って起こったものではなく、当時のポーランド、フィンランドにおける諸事件に関して、ＦＩは如何なる立場を採るべきかという優れて実践的な問題を巡って起こった、ということも明らかになった。

なお、トロツキーほどの人物が嘘偽りなど述べるわけがなく、論文「マルクス主義の擁護」の中の一句一句は全て真実だと誰でも信じ切っているだろうが、残念ながら、事実がそうでないことを物語っている。俄かには信じられないことだろうが、この再検証の過程において、少数派の見解を曲解したり、事実を捏造したりという、物を書いたり論じたりする者にあってはならないトロツキーの醜い「論法」が明るみに出る、ということを付け加えておく。

本稿において筆者が特に考慮したことは、①小数反対派の代表的人物バーナムとシャクトマンが実際に述べたこと、及び、彼らが実際に拠って立った立場を明らかにすること、[11] ②トロツキーの政治的判断の誤りと不当な「論法」を明らかにすること、この二点である。

ここで資料について一言。トロツキーの「マルクス主義の擁護」は、現代思潮新社刊第一期トロツキー選集第九巻に収録のもの、その他のトロツキーの論文は、MIA及びPathfinder社の「Writings of Leon Trotsky」ウェブ版を利用した。特に記載のないその他の引用及び下記に列挙した資料は、全てMIAから、また、フィンランド関連のものは、「heninen. net」から訳出した。

〈はじめに　注〉

（1）「カール・マルクスの『答え』」、一八六五年四月一日。ビクトリア朝時代のイギリスで、家族間で質問表を渡し、答えを書かせる「白状」という名の一種の「娯楽」が流行したが、一八六五年の春、マルクスが、ポーランド、ザルトボメル市に住むおじの家を訪問した時、これをやらされ、その際、「あなたのモットーは？」という質問事項に彼が記入した答え。

（2）社会主義労働者党（Socialist Workers Party）の前史は、トロツキーを支持したためアメリカ共産党を除名されたキャノン、シャクトマン、アバーンが一九二八年に創立した「アメリカ共産主義者同盟」から始まる。その後、一九三四年にエイブラハム・J・マストに率いられた「アメリカ労働者党（American Workers Party）」と合同し、「合衆国労働者党（Workers Party of the United States）」を結成する。一九三六年には、第四インターナショナルの「短期加入戦術」に基づいて、秘密指導部を除いて全党員が「アメリカ社会党」に加入する。一九三七年、全員除名されるが、加入時約一〇〇〇名の党員が約二〇〇〇名の勢力に増加され、これを基礎に一九三八年一月一日「第四インターナショナルを目指す運動」のアメリカ支部として「社会主義労働者党」が結成される。その後正式に「第四インターナショナル」アメリカ支部となり、戦後は「第四インターナショナル国際委員会派」の中心的存在となるものの、一九八〇年代初期にトロツキズムを放棄し、第四インターナショナルと断絶。

(3) ジェームズ・P・キャノン(James Patrick Cannon 一八九〇年二月一一日〜一九七四年八月二一日)。元々「アメリカ社会党」の活動家だった生粋の労働者。その後「アメリカ共産党」の創立にかかわり、その指導者の一人となる。一九二八年、コミンテルンの第六回大会にてトロツキズムに触れ、一九二八年の暮れ、同じく共産党から除名されたシャクトマン、アバーンと共に、アメリカ初のトロツキスト組織「アメリカ共産主義同盟」を創立。以後、同組織とその後のSWPの中心的指導者。一九五〇年代に引退したが、その後も「第四インターナショナル国際委員会派」や「同統一書記局派」の設立に関わる。

(4) アルバート・ゴールドマン。ベラルーシ生まれ。一九三三年共産党から除名後、キャノンらの「アメリカ共産主義者同盟」に加盟。一九三七年の「デューイ委員会」では、トロツキーの弁護士を務める。SWP党内闘争当時は、多数派の理論的中心人物で、「無条件擁護のスローガンを変える修正べきか?」や「何故、我々はソ連邦を防衛すべきか?」などの論文で、少数派と渡り合った。しかし、その後、一九四三年、同じくSWPの重鎮フェリックス・モロー、ジャン・ヴァン・ハイアノート(Jean van Heijenoort)と共に、キャノン派に対抗する少数分派を結成、一九四六年除名された後、シャクトマンらの創立した「労働者党」(以下WP)に入党する。

(5) 本名Joseph Vanzler。現在のウズベキスタン、サマルカンド生まれ。一九三三年アメリカ共産主義者同盟に参加、一九三八年SWP創立メンバーの一人で全国委員会メンバーになり、理論面で貢献する。また、トロツキーの著作を数多く英語に翻訳したことで有名。

（6）マーティン・アバーン（Martin Abern〈Abramowitz〉）、一八九八年一二月～一九四九年四月、マルティン・アーベルン、マーティン・エイバーンという表記もある）。現在のモルドバとウクライナの一部にまたがるベッサラビア地方（当時はルーマニア領）に生まれ、一九〇二年家族と共にアメリカに移民する。アメリカ社会党の青年組織、「青年社会主義者同盟」及び「アメリカ社会党」を経て、「アメリカ共産党」の指導者の一人となり、キャノン、シャクトマンと行動を共にする。一九二八年の「アメリカ共産主義者同盟」並びに一九三八年のSWP内で指導的地位に座る。一九四〇年のSWP分裂に際しては、バーナム、シャクトマンと共にWPを創立、一九四九年の死に至るまで同党内の指導者の一人。

（7）ジェームズ・バーナム（James Burnham 一九〇五年一一月二二日～一九八七年七月二八日）。ニューヨーク大学の哲学教授時代、同僚のシドニー・フックの影響でマルクス主義に転じた後、一九三三年、フックと共に「アメリカ労働者党」設立に助力し、そのリーダーの一人となる。一九三四年「アメリカ労働者党」が「アメリカ共産主義者同盟」と合同し「合衆国労働者党」を設立した頃にトロツキズムを受け入れる。「合衆国労働者党」が「アメリカ社会党」に加入した後は、その「ボルシェヴィキ・レーニン派」のリーダー。彼は唯物弁証法を承認したことは一度もなく、また一九三七年頃から「ソ連邦＝労働者国家説」に疑問を投げかけていたにもかかわらず、「社会主義労働者党」が成立した後は、機関誌「ニューインターナショナル」の編集局員を務めるなど、党の理論的指導者の一人となる。一九四〇年の分裂時はシャクトマンと行動を共にしたが、WP設立直後の同年五月、離党宣言を出すと共にマルクス主義と決別し、有名な「経営者革命」を出版し、その後は保守主義に転落する。

（8）マックス・シャクトマン（Max Shactman 一九〇四年九月一〇日～一九七二年一一月四日、シャハトマンとも表記される）。当時ロシア帝国領だったポーランドのワルシャワに生まれ、一九〇五年に家族と共にアメリカに移民。一九二一年、アメリカ社会党の左派メンバーが設立したグループ、「合衆国労働者評議会」に加入するが、その組織が「アメリカ共産党」の合法政党「アメリカ労働者党（Workers Party of America）」（注：訳者注3にあるマストのアメリカ労働者党）とは別の組織）に吸収されて以降、「アメリカ共産党」の指導的メンバーとなり、キャノン、アバーンと歩みを共にし、続く「合衆国労働者党」、SWP、WPを通して、リーダーの一人。SWP時代は、「ニュー・インターナショナル」誌及びSWPの機関紙「社会主義アピール」紙の編集長を歴任した指導的理論家。彼は党内闘争の時期も「ソ連邦＝労働者国家説」を堅持しており、一九四〇年一二月三日の論文「ロシアは労働者国家か？」において、ソ連邦はもはや労働者国家ではない、スターリニスト官僚は支配階級である、ソ連邦は「官僚的国家社会主義」と呼ぶべきだ、と主張したが、正式に「ソ連邦＝官僚制集産主義」説を採用するのは、一九四一年一〇月に開催されたWP党大会の決議「ロシア問題」においてである。一九四八年以降は社民に転向し、六〇年代には保守主義に転落する。

（9）引用は、「マルクス主義の擁護」収録の「小ブルジョア・モラリストとプロレタリア党」より。また、ブルジョア的逸脱に関しては、「社会主義労働者党における小ブルジョア反対派」に、「反対派は、小ブルジョア的気分と傾向の影響下にある」とある。

（10）この論文集は、日本では、現代思潮社の第一期トロツキー選集第九巻「ソヴィエト国家論」に収録されているが、これは「国家論」を論じたものでなく、トロツキーがSWP少数派を批判するために書いた一九三九年〜四〇年の論文、書簡を集めたもので、初版は、一九四二年パイオニア出版からニューヨークで出され（ＭＩＡ）、現在もなお世界的に評価を集めている。筆者が再検証の対象としたのは、この論文集である。

（11）この点は、特に強調しておきたい。何故ならば、本稿を読み進めば明らかになることだが、キャノン、ハンセン、更にトロツキーも、少数派の立場、見解を無視するか、或いは、意識的にか無意識的にか曲解して論じ、特にトロツキーは、最初から、少数派をプチブル分子と決めつけ、彼らを軽蔑しきった態度で不誠実な「論法」を駆使したり、事実を歪曲したりしたが故、彼らの語る少数派像は、事実と全く異なるからである。

資料一覧

MJ01：「フィンランド危機におけるクレムリンの目的」　一九三九年一二月一日
MJ02：「スターリンのフィンランドへの侵略」　一九三九年一二月
MJ03：「プロレタリア党のための戦い」　キャノン　一九三九～一九四〇年　抄訳
MN00：「後退する知識人」　バーナム、シャクトマン　一九三九年一月　抄訳
MN01：「独ソ不可侵条約に関する全国委員会の呼びかけ」　シャクトマン　一九三九年八月二九日
MN02：「第二次世界大戦の性格、並びに第四インターナショナリストの展望に関して」　バーナム　一九三九年九月五日
MN03：「社説：ポーランド分割は、ヒトラー＝スターリン協定の一部か？」　シャクトマン　一九三九年九月一八日
MN04：「少数派決議案――現在の戦争におけるソ連邦」　シャクトマン　一九三九年九月二八日
MN05：「ロシア問題に関する演説」　シャクトマン　一九三九年一〇月一五日
MN06：「ソ・フィン戦争に関する決議案」　一九三九年一二月
MN07：「戦争と官僚主義的保守主義」　アバーン、バーン、バーナム、シャクトマン　一九三九年一二月一三日
MN08：「ロシア問題に関する論争の争点は何か」　アバーン、バーン、バーナム、シャクトマン　一九三九年一二月二六日

ＭＮ09：「アメリカ党の危機」シャクトマン　一九四〇年一月一日
ＭＮ10：「絶望の政治」バーナム　一九四〇年一月一〇日
ＭＮ11：「科学と文体」バーナム　一九四〇年二月一日
ＭＮ12：「第二次世界大戦とソ連邦」一九四〇年三月一日
ＭＮ13：「プチブル反対派は何処に１」一九四〇年三月九日
ＭＮ14：「プチブル反対派は何処に２」一九四〇年三月九日
ＭＮ15：「ソ連邦と第二次世界大戦」シャクトマン　一九四〇年四月
ＭＮ16：「第三陣営へ！」一九四〇年四月
ＭＮ17：「新たなる道――第三陣営！　一九四〇年四月
ＭＮ18：「ソ連邦に関する少数派決議案」一九四〇年四月二〇日
ＭＮ19：「長きにわたる分派闘争の結果――新党」一九四〇年五月
ＦＬ01：「フィンランド労働大衆へのフィンランド共産党中央委員会の訴え」一九三九年一一月三〇日
ＦＬ02：「フィンランド人民政府の宣言」一九三九年一二月一日

第一章 「公的」解釈の問題点と真の争点

一般に理解されている「公的」解釈とは、人や組織などによって叙述が異なるにせよ、基本的には、一九三九年八月二三日の「独ソ不可侵条約」締結直後ないしその後に、少数派は、「戦争」や「プチブル世論」、「『民主主義的』帝国主義」等々の「圧力」に「屈服」し、或いは、それを「反映」し、「ソ連邦＝労働者国家説」及び「ソ連邦無条件擁護」というＦＩの原則的綱領的立場を「拒否した」、或いは、その「修正を企てた」というものである。(1)

この解釈は、トロツキー没後から現在に至るまで広範に流布しているものだが、ＳＷＰ反対派を「プチブル的潮流」と規定し、反対派の主張を「反マルクス主義」として理論付けた最初の人物は、トロツキーであった。その線に沿って、先ずキャノンが「プロレタリア党のための戦い」を書き、続いてジョセフ・ハンセンとウィリアム・Ｆ・ウォードが論文集「マルクス主義の擁護」の序文を記したのである。(2) 戦後のＦＩもしくはトロツキスト、或いは、この党内闘争を記述した人も、トロツキーの記述とこの二つの資料に倣って評価していると見て間違いないだろう。

党内闘争が始まって間もない一九三九年九月二五日の論文「戦争におけるソ連邦」において、トロツキーは、「今日、独ソ協定はソヴィエト国家に関する我々の評価を変えるものだ、という証明をしようとしている人々は、…コミンテルンの昨日の立場に、身を置いている」、また、「我が批判者たちは、堕落せる労働者国家を労働者国家と呼ぶことを拒否する。彼らは、全体主義的官僚は、支配階級と呼ばれねばならぬ、と主張する」、更にまた、「…我が同志の内には」、「ソ連邦を防衛することを拒否する」と「言う者がある」、と記述している。もっとも、名指ししていないため、これらの「同志」の中に、アバーン、バーナム、シャクトマンが含まれているのかどうかは不明であるが、この論文の中に、トロツキーの言葉で、独ソ不可侵条約締結後、FIの諸原則を「拒否する」者が現れたとある。その後、彼が公然と党内闘争に介入する際、執筆した論文「社会主義労働者党における小ブルジョア反対派」の中では、「ポーランドとフィンランドにおけるスターリンの行動は、同じ民主主義者たちからする気違いじみた非難に出くわしている。騒々しい定式の連発にもかかわらず、反対派は『左翼』小ブルジョアジーの気分の社会主義労働党内での反映となっているわけである」と述べ、少数派が、「小ブルジョアジーの気分」を「反映」していると解釈している。ここに「公的」解釈の原型が見て取れる。トロツキーは、これ以降、事あるごとに少数反対派を「プチブル分子」と非難し、終生この態度を変えなかった。

さて、SWP少数派に関して、ここで問題となることは、①アバーン、バーナム、シャクトマンは、「独ソ不可侵条約」を契機として、様々な「圧力」に屈服し、「ソ連邦＝労働者国家説」を否定したのか？ ②その結果、「ソ連邦防衛」という基本綱領に修正を唱えたのか？ この二点である。

問題点を検討してみよう。問題点①だが、これは、事実にそぐわない。先ず、バーナムは、一九三七年の時点で既にソ連邦労働者国家説を否定していたのだが、ソ連邦防衛の立場は擁護していた。[3]従って、彼が一九三九年になってソ連邦防衛を「拒否」するには他の根拠があるはずなのである。

シャクトマンに関して言えば、彼がソ連邦労働者国家説に疑問を呈するのは、一九四〇年一二月三日の論文「ソ連邦は労働者国家か？」においてであり、彼もアバーン同様、論争当時はソ連邦労働者国家説を採っていた。従って、彼ら三人が「独ソ不可侵条約」を契機として、「ソ連邦＝労働者国家説」を否定したという説は成り立たない。

　では、②点目はどうか？

「公的」解釈の、少数派は、「独ソ不可侵条約」の後、ブルジョア世論等々の圧力に屈して、ソ連邦防衛を拒否、または、その修正を提起したという認識は、前後関係を述べたもので、因果関係を述べたものではない。「ソ連邦防衛」を拒否するという立場は、一つの政治的判断であり、それには政治的論拠が必要である。前述の①で見たように、ソ連邦が労働者国家としての存在を止めたが故、彼らが「ソ連邦防衛」を拒否した、というシナリオが成立しない以上、彼らが「ソ連邦防衛」を拒否した根拠は他にあるはずなのである。しかし、「公的」解釈には、少数派が、正確に、いつ、どの時点で、如何なる状況下において、如何なる政治的根拠に基づいて、「ソ連邦防衛」のスローガンを引っ込めるべきだと主張したのかについては、何も指摘されていない。これについては、シャクトマンが一九三九年一〇月一五日に行なった「ロシア問題に関する演説」（MN05）において、明確にこう述べている。「我々が現在提起している諸問題は、三カ月前、つまりソ連邦が民主主義的帝国主義者どもと同盟していた時期に初めて提起されたのである。…我々の方針の変更を必要とさせているものは、独ソ不可侵条約それ自体ではなく、諸事件の具体性である」と（傍点の強調は原文、以下強調は傍点）。ここで彼が言っている「諸事件の具体性」とは、後に見るように、赤軍の

ポーランド侵攻である

ところで、少数派の中には、ソ連邦＝労働者国家説を堅持する者も、それを拒否する者もいたのだから、少数派を一分派として結束させていたものは、ソ連邦の性格の問題ではないということは、誰にでも理解できるはずである。では、少数派は、何ゆえ結束していたのか？　それは、トロツキーが挙げているソ連邦の階級的性格の問題やら弁証法の拒否、マルクス主義国家論及び組織原則の否定やらＦＩの綱領の否定、更には「革命的マルクス主義への闘争」という点で見解を同じくしていたからでは、勿論ない。後に見るように、彼らが結束したのは、主に、第二次世界大戦の初期段階に勃発した事件、つまり、赤軍によるポーランド侵略と冬戦争（赤軍によるフィンランド侵攻）の勃発に際し、ＦＩは、ソ連邦政府及び赤軍に対して如何なる立場を採り、如何なる方針を打ち出すべきか、という優れて実践的な政治問題に関して見解を同じくしていたからである。そして、この点を巡って少数反対派は、当時の特定の状況下において「ソ連邦無条件擁護」というスローガンを掲げることは、ＦＩの革命的方針に抵触すると判断したが故、そのスローガンの一時的修正を提起したのであって、ＦＩの原則的基本綱領の修正を提起したという事実はない。真の争点は、主に、上記のポーランド、フィンランドを巡る戦術的問題だったのである。従って、当時、ＳＷＰ二分派及びトロツキーが、どういう状況の下、何に対して、どのようにして、どういう立場、政策を採ったか、という点に照らして初めて、論争の真の姿が明らかになる。

それを明らかにするためには、前もって、第二次世界大戦初期段階、具体的には、「はじめに」で言及した一九三九年八月から一九四〇年四月までに発生した事件の内、論争と関連したものをざっと知ることが不可欠である。

だが、その前に、もう一つ言及しなければならないことがある。「はじめに」の注（7）と（8）にも記したように、バーナムがWPから離党したことや、彼もシャクトマンも、時期こそ違え、革命的マルクス主義とは無縁の保守主義に転落したことは事実である。しかし、トロツキーも多数派も、戦後FI諸派も、皆、それらのことが、あたかも反対派の誤りを「証明」しているかの如く、好んで言及している点は問題である。

例えば、トロツキーは、一九四〇年五月二八日付の「ジェームズ・P・キャノンへの手紙」（擁護）において、「バーナムの辞任は、少数派に関する我々の以前の分析と予見の素晴らしい確証だ」と述べているし、一九四〇年八月の多数派機関誌「第四インターナショナル」第一巻第三号の「バーナムの離党の手紙」と題されたジャック・ウェーバーの記事には、「今や、その（WPの―筆者）最重要の理論家（バーナムを指す―筆者）が、そのグループ（WP―筆者）がそれを中心として結成されたその立場から最後の結論を引き出した。…バーナムの離党の手紙は、その分裂者に対する我々の以前の特徴づけの反駁できない確証だ」と記されている。日本においても、本章の注（1）で引用した「かけはし」紙上の「読書案内」の中で、酒井与七氏も、やや非断定的にだが「バーナムは先述したように早くも一九四〇年には、完全にブルジョア陣営の側に移行したのであるが、シャハトマンも戦後の冷戦期においてはマルクス主義の立場を放棄し、AFL‐CIOのマフィア的ボスであるミーニーの顧問となったことは、トロツキーとキャノンらによるバーナム、シャハトマンへの厳しい批判の正しさを確証しているように見える」と述べている。

だが、こういった「論法」は全くの論外である。バーナムが離党したこと、及び、シャクトマンが後年、右傾化したことと彼ら少数派が論争当時主張していたことが正しかったかどうかとは、全く別問題である。こういった「論法」は、プレハノフが後年、社会愛国主義に転落し、一〇月革命に反対したことをもって、彼の初期哲学論文は全て間違っている、と結論付けること、或いは、トロツキーが一九一七年七月以前、ボルシェヴィキではなかったことをもって、左翼反対派の路線は間違っている、と結論付けることと同様に意味を持たない(4)。

〈第一章　注〉

(1) 分派闘争が結末を迎える少し前の一九四〇年四月一日、キャノンは、論文「プロレタリア党のための戦い」において、こう書いている。

「この党内闘争は、今次大戦によって引き起こされた。戦争、いやむしろ、戦争の接近によって方向を見失った党指導部内の一部が、今次大戦に備える数年間の闘争の中において綿密に練られてきた綱領に背を向けたのだ。彼らは、一夜にして、独ソ不可侵条約締結のその日まで我々と手を携えて擁護してきた諸原則を忘れてしまった。…革命党でさえ、ブルジョア的環境の圧力から免れないが、バーナムとシャクトマンの場合は、最も直接的な形でこの圧力を反映したのだ。…スターリンが、ヒトラー・ドイツと同盟を締結することによって帝国主義的民主主義諸国を『裏切る』や、彼は帝国主義的民主主義者たちに忌み嫌われる人物となった。と、直ちに、まるで反射作用のように、我が英雄的なバーナム、続いてシャクトマンその他が、世界プロレタリアートによるソ連邦の防衛を『時代遅れの』考えだとして拒絶した。これが、

彼らが党内で引きこした論争の本質にしてその直接の原因である」と。（ＭＪ08）

また、同年五月一九日～二六日に開催されたＦＩ緊急協議会での「ＳＷＰ党内闘争に関する決議」には、次のように記されている。

「一、…社会主義労働者党に生じた最近の分裂は、プチブル少数派が、ソ連邦無条件擁護に関する第四インターナショナルの基本綱領を修正せんと企てたこと…による結果である。三、プチブル反対派が我々の根本的諸原則に対して企てた修正は、独ソ不可侵条約の締結後直ちに始まり、第二次世界大戦の勃発とともに勢いを増したが、このことは、党のプチブル分子を第四インターナショナルの反対派へと押しやった力が、民主主義的ブルジョアジーが加える戦争の圧力だったことを明白に示している」と。（ＭＪ08）

後に、再建されたＦＩのリーダーとなったミッシェル・パブロは、「第二次世界大戦の勃発から一九四八年までのＦＩに関する報告」の第一章のＢ（「Report on the Fourth International' Since the Outbreak of War, 1939-48」、一九四八年一二月～一九四九年一月執筆。一九四八年のＦＩ第二回国際大会に向け、ＦＩ国際書記局が提出〈ＭＩＡ〉で、次のように報告している。

「その宣伝活動段階のインターナショナルは、多くのプチブル・インテリを隊列に引き入れた。…しかし、革命的前衛に課された孤立という条件の下、彼らの多くは、何らかの形で戦争の恐るべき圧力に屈していった。ある者は、敵階級の陣営に完全に寝返り、ある者は、修正主義の立場を展開した。…戦争の勃発と共に現れた修正主義グループの最初のものは、『民主主義的』帝国主義の圧力が最も強かった合衆国内のバーナム、シャクトマン、アバーンのグループであった。トロツキーがプチブル反対派として特徴付けたこのグループは、一九三九年の独ソ不可侵条約の締結を、ソ連邦防衛に関するＦＩの立場を拒否する好機と見なした」と。

また、ミシェル・パブロ、エルンスト・マンデル（ジェルマン）と並んで、戦後FI国際書記局の指導的メンバーだったピエール・フランクは、短く、「合衆国では、戦争のはじめからシャハトマンとバーナムが独ソ条約に憤慨したプチ・ブル的世論の圧力の下に、ソ連にたいするわれわれの立場を問題にした」と書いている（ピエール・フランク「第四インターナショナル小史」第五章、一九七〇年一一月、ウェブサイト「国際革命文庫六」）。

その他、幾つかの戦後FI諸組織の見解は以下の通り。

①FI国際書記局派（後の統一書記局派）と対立して一九五三年に分裂結成されたFIIC派の後続、FI国際委員会ICFI（支部は「社会主義平等党」と名乗っている）は、自身のウェブサイト（World Sosialist Web Site）の「FIの歴史」のセクション「SWP内のプチ・ブル反対派」の中で、次のように述べている。

「独ソ不可侵条約締結に続く、一九三九年九月の第二次世界大戦の勃発とともに、マックス・シャクトマンとニューヨーク大学教授ジェームズ・バーナムに率いられたアメリカSWPの一部が民主主義的世論の圧力に屈服し、ソ連邦は、最早堕落した労働者国家と見なすことはできないという論拠に基づき、ソ連邦の防衛を拒否した」と。

②一時は世界に三五支部を持つに至ったCWI（Committee for a Workers International）は、二〇〇八年一二月二四日付けの記事で、こう説明している。

「一九三九年八月の独ソ不可侵条約の締結は、FIアメリカ支部（SWP）内の政治的危機を招いた。

ジェームズ・バーナムとマックス・シャクトマンに率いられた分派が、ＳＷＰのソ連邦防衛の立場を修正するよう主張したのである。ブルジョア世論の圧力を反映したこの少数派は、労働者国家としてのソ連邦の性格付けに疑問を呈した」のである、と。

「History：1938 anniversary-Founding the Fourth International」（Niall Mulholland, Socialist World net）

③ＳＷＰ多数派の直系、ＩＣＬ（International Communist League）は、「ソ連邦に関するシャクトマンによる『新しい階級』理論の起源は、ソ連邦の無条件の軍事的防衛が重きをなした時、アメリカのトロツキスト運動の一部がそれを放棄したことにある。促進させたものは一九三九年のスターリン／ヒットラーによる条約だった」、また、「シャクトマンによるソ連邦の無条件防衛の放棄は、一九三九年の独ソ条約後における人民戦線主義的プチ・ブルジョア世論に対する彼の屈服によって早められた」と言っている（「『新階級』理論の破産」、二〇〇一年四月「スパルタシスト」二三号、icl-fi. org）。

④ＦＩ統一書記局派の第四インターナショナル・日本オブザーバー・グループ、「かけはし」の重鎮、酒井与七氏は、「独ソ不可侵条約の締結に直ちにひきつづくシャクトマンならびにバーナムによる問題の提起と主張は、ソ連邦国家が労働者国家としての社会的性格をもはや完全に失ってしまったということ、それゆえ帝国主義戦争におけるソ連邦国家防衛という義務的立場からまぬがれるべきだということであった」、更に、「シャクトマンをはじめとする幾多のグループや人々が主張する…立場は、…プロレタリア世界革命の度重なる重大な敗北と帝国主義反動の強力な重圧にたいするイデオロギー的屈服以外の何ものでもない」と記している（柘植書房新社刊『トロツキー著作集　一九三九～四〇・上巻』

中の解説「第二次帝国主義戦争第一年目におけるトロツキー最後の闘争（五）」）。

（2）ハンセンもウォードも多数派の重鎮。ハンセンは、労働者階級出身の古参党員の一人。一九三七年から四〇年の間、妻のリーバと共にメキシコのコヨアカンに赴き、トロツキーの秘書兼ボディーガードを務めた。トロツキーが襲われた時、助けが来るまで暗殺者のラモン・メルカデルを床に押さえつけ、また、トロツキーの最後の言葉を受け取ったのもハンセンである（Joseph Hansen. Libitz'TrotskyanaNet）。この序文は一九四二年に書かれ、その中には、「ヨーロッパにおける戦争の衝撃と、他階級の思想的影響の圧力を受けて均衡を失った、社会主義労働党内の一指導グループは、トロツキーが『われわれの運動の理論的基盤、政治的原則、組織的方法を拒否し、転覆しようとする試み』と特徴付けた行動をとった」、そして「…小ブルジョア偏向分子はずっと前からアメリカ・トロツキスト運動のなかに芽生えつつあった。この傾向は、第二次世界戦争の勃発を導き、かつそれに直接つづいた諸事件によってそうせざるを得なくなるまでは、組織的な公然たる政治的形態において自己を主張しようとはしなかった」。「小ブルジョア反対派の形成とそのマルクス主義への攻撃の直接のきっかけとなったものは、ソ連邦の問題であった」と書かれている。

（3）一九三七年の一二月から一月にかけてSWPの創立大会が開かれたが、「その大会前の討論で、彼ら（バーナムとジョセフ・カーターのこと―筆者）は、労働者国家としてのソ連邦という党の性格付けを変更しようと試みる傾向を代表したが、帝国主義からの攻撃からソ連邦を防衛するという立場は引き続き支持した」（一九三七年一一月二五日執筆のトロツキーの論文「労働者国家でも、ブルジョア国家でもない？」の脚注2）。

（4） バーナムの辞任に関しては、シャクトマンが論文「戦時と平時における労働者階級の政策」（MN18）において、「彼の逃亡は、純粋に個人的な問題で、より広い政治的意義ないしその兆候となるような意義は持たなかった」と述べている。

第二章　時代背景

一節　独ソ不可侵条約と第二次世界大戦

一九三九年八月二三日（調印は二四日）に結ばれた独ソ不可侵条約が、世界中を驚愕させ、混乱に落とし込んだことは周知の事実である。しかし、この条約の背景、経緯、詳細等はさて置き、ここでは、以下の二点に注意を払わなければならない。

先ず第一に、秘密議定書の存在である。独ソ不可侵条約自体の内容は、相互に「武力行使・侵略行為・攻撃」を行なわないとか、第三国との戦争が起こった場合、両国ともその第三国を支援しないとかの平凡な内容だが、秘密議定書の第一条には、「バルト諸国（フィンランド、ラトビア、エストニア、リトアニア）に属する地域における領土的及び政治的な再編の場合、リトアニアの北の国境がドイツとソビエト連邦の勢力範囲の境界を示すものとなる」とあり、リトアニアの北、即ち、フィンランド、ラトビア、エストニアは、ソ連邦勢力圏に入ることが定められている。

その第二条には、「ポーランド国に属する地域における領土的及び政治的な再編の場合、ドイツとソビエト連邦の勢力範囲はナレフ川、ヴィスワ川、サン川の線が大体の境界となる」(1)とあり、ポーランドの独ソ分割が謳われている。

　また、同第三条には、「南東ヨーロッパに関しては、ソ連側がベッサラビア（現在のモルドバ共和国。当時はルーマニアの一部分―筆者）における利権に注目している。ドイツ側は、この地域には全く関心を持っていないことを宣誓する」とあり、ソ連邦は、これを基に、一九四〇年六月ベッサラビア地方を占領併合する。[2]

　更に、独ソ不可侵条約では、リトアニアはドイツ勢力圏に入れられていたが、ポーランド侵攻後の九月二八日に結ばれた独ソ境界友好条約の第四項目「秘密補足協約」では、「一九三九年八月二三日の秘密議定書は、その一項目を、リトアニア国の領土はソビエト連邦の勢力範囲内に入る、と修正される[3]」と記されている。

　ソ連邦は、この線に沿って、その後のポーランド、フィンランド侵攻などの侵略行動を採っていくのであり、これらの条約が存在する以上、それらの行動は、如何なる意味においても「防衛」行動とは見なし得ないだろう。

　なお、この秘密議定書は、公けには当時秘密とされたが、一九四五年八月アメリカ国務省が知るところとなり、翌年発表された。ソ連邦政府は、一貫としてその存在を否定し続け、一九八九年一二月にやっと認めるに至った。しかし、ＳＷＰ内の論争当時、トロツキーも多数派小数派も、その存在を知っていた[4]。

　次に見ておかなければならない点は、この独ソ不可侵条約に対する世界の反応である。

　英語版ウィキペディアによれば、八月二四日にソ連邦共産党機関紙プラウダとソ連邦最高会議の機関紙イズベスチアの紙上にこの条約のニュースが載るや、世界中の政府指導者とメディアが完全なるショックと驚愕を示し、「ナチス・ドイツの同盟諸国、特に日本、そしてコミンテルンと海外共産党、更に世界中のユダヤ人社会が、ショックに見舞われた」とある。それを示すが如く、八月二六日のニューヨーク・タイムズ紙は、「今夜、日本の駐ドイツ特命全権大使、大島浩陸軍中将は、独ソ不可侵条約は日独伊防共協定の精神に違反するという理由で、この新たな条約に反対するという抗議をベルリンにて申し立てるよう指示された、と発表された」というニュースと、「今日、独ソ条約の条件が公表されたことは、フランス共産党に深刻な影響を与え、モスクワに対する盲目的信頼を公言してきた指導者たちは、その一撃で呆然自失となった」[5]というニュースを報道した。

この辺の事情を、ケンブリッジ大学歴史学教授のリチャード・J・エヴァンスは、こうまとめている。「この事態の転換に嫌気が差した多数の西欧共産主義者たちは、この時点で党を去ったが、これは、恐らく、一九五六年のソ連邦によるハンガリー侵攻以前に起こった最も大規模の党員離党だっただろう。ミュンヘンのいくつかのナチ党本部前庭には、自らがそれと戦うために人生を費やしてきた共産主義の敵と同盟するのだと考えて愕然となった党員が投げ入れた党員バッジや党の記章で、瞬くもなく満たされた」[6]と。

ドイツの同盟国、日本においては、条約を知った平沼内閣が、八月二八日の「欧州の天地は複雑怪奇」という平沼騏一郎首相の声明と共に総辞職してしまった。アメリカも例外ではなく、一九三九年九月五日のSWP機関紙「社会主義アピール」第三巻第六五号紙上の「独ソ不可侵条約の舞台裏」という論文に、マックス・シャクトマンが、次のように書いている。

「独ソ不可侵条約が世界の大部分を『ぐらつかせ』、『あ然とさせ』、『麻痺させせた』と報道した諸新聞は、些かも誇張したわけではなかった。全ての者の中で、最も当惑させられ、ショックを受けたのは、共産党の党員とシンパであり、彼らは、そのニュースを知った時、金属のはめられた棍棒で頭部を殴打されたも同様であった。その報道が耳に入ったその日、我が国のスターリンとソ連邦共産党との公式代弁者、『デイリー・ワーカー』紙は、余りにも不意をつかれたため、そのニュースやそれについてのコメント一つさえも載せることを拒んだ。党の指導者たちやスポークスマンたちは、インタビューしようにも、見つけることさえできなかった。モスクワからの指示を受けて『デイリー・ワーカー』紙上に公式の説明を載せたにもかかわらず、大部分の党員は、何を言うべきか、或いは起こった事態を如何に説明するべきか、未だ知らないままである」と。

条約の締結は、世界ブルジョアジーの怒りを買ったというより、誰もが不倶戴天の敵同士だと思っていた両者が結託したことで、皆、頭が混乱し当惑状態に陥ったというのが実情であり、全世界のブルジョア、プチブル、そしてプチブル左翼が、ソ連邦だけを重点的に非難したという事実はない。以上から明らかなように、その締結によって、最も衝撃を受けたのは、世界ブルジョアジー、プチブルなどではなく、ナチス信奉者とスターリン信奉者であった。これは当然のことである。何かを信頼し、それに期待をかけている度合いが大きければ大きいほど、裏切られたと感じた時の衝撃は大きいものである。

さて、その後、九月一日にドイツ軍がポーランドに侵攻し、九月三日英仏がドイツに宣戦布告したことにより第二次世界大戦が始まる。第二次世界大戦については、その性格を確認するだけでよい。つまり、知っての通り、それは、顔ぶれこそ変わったが、基本的に、連合国と枢軸国という二大帝国主義陣営同士の帝国主義戦争であり、その際、ソ連邦は、それに積極的に参加し、参戦国の一つと見なされる、ということである。(7)

〈第二章一節　注〉

（1）第一次大戦後、連合国最高会議にて、ポーランドの東部国境線が定められたが、その線は、一九一九年それを提唱したイギリスの外相ジョージ・カーゾンの名をとって、「カーゾン線」と呼ばれる。ここで言及されている線は、カーゾン線と大体同じである。ちなみに、第二次世界大戦以後のポーランド東部国境は、ほぼこの線上にある。

（2）この辺の引用は、ウィキペディア日本語版「独ソ不可侵条約」から。

（3）英語版ウィキソース「German-Soviet Boundary and Friendship Treaty 28 September 1939」

（4）例えば、トロツキーは、一九三九年九月八日の「ウクライナの一時的占領者―スターリン」という論文の中で「この作戦は、独ソ不可侵条約の秘密議定書によって、主要なあらすじが決定されていた」と述べているし、一九三九年一〇月発行のＳＷＰ「内部ブレチン」第二巻第一号に載ったアルバート・ゴールドマンの「我々は、無条件擁護のスローガンを修正すべきか？」という論文の中で、「諸事態が、その侵略は実際にはスターリンとヒトラーとの合意の結果だった、ということを示したとき、私は、自己の誤りを認めた」と述べ、小数派の論文もこれを引用している。また、「社会主義アピール」紙一九三九年九月一九日の「社説：ポーランドの分割は、ヒトラー＝スターリン協定の一部か？」にも、「独ソ不可侵条約が調印された時、ポーランドの分割に関して、如何なる密約がもたらされたのか？」（ＭＮ03）「ここ二、三日の展開は、…モスクワにてそのような密約が交わされたということを示している」と書かれている。
（5）二本のニュースとも「ニューヨーク・タイムズ」アーカイブより（nytimes com.）
（6）「The Devil's Alliance：Hitler's Pact with Stalin 1939-1941」の書評（thegurdian. com）
（7）何故このようなことを確認するかというと、後に見るように、SWP党内論争中、多数派が、そして同程度にトロツキーも、第二次世界大戦が即全世界帝国主義によるソ連邦を標的にした攻撃に転化すると予測していたからであるが、そのようなことは大戦中その兆候すらなかったということで、その予測の妥当性が反駁されよう。

二節　ソ連軍によるポーランド侵攻

秘密議定書に沿った九月一日のドイツ軍ポーランド進撃を受けて、九月一七日、ソ連軍がポーランド東部に侵攻したが、ここで注意することは、先ず、このポーランド東部とは、現在のポーランドの東部ではない、ということである。

ポーランドという国は歴史も複雑で、国土の境界が何回も変化している。一八世紀にロシア帝国、プロイセン王国、ハプスブルク帝国（オーストリア）に併合され地図上から消えたポーランド王国（ポーランド・リトアニア共和国）は、第一次世界大戦後の一九一八年一一月、ベルサイユ条約に基づき、ポーランド第二共和国として独立を回復するが、その際、新生ポーランドの東部国境線が未確定のままだった。そこで、第二章一節の注（1）で触れた「カーゾン線」が提唱されたが、ポーランドは受け入れを拒否し、そのままポーランド・ソビエト戦争（一九一九年或いは一九二〇年から一九二〇年或いは一九二一年まで）に突入した。この辺の詳細は、他の書に譲るとして、その戦争で、ポーランドが勝利を収め、一九二一年三月に結ばれたリガ平和条約にて、ポーランドの東部国境が確定するが、その国境線は、カーゾン線の東約二五〇キロメートルの地点に引かれた[1]。ソ連軍が侵入占領、後にソ連邦が併合した地域は、このカーゾン線とその約二五〇キロメートル東の国境に挟まれた地域である。

この地域は、ポーランド語でクレスィ（Kresy）と呼ばれ、その北半分は、白ロシア（現在のベラルーシ）・ソビエト社会主義共和国の西部にあり、南半分も、ウクライナ・ソビエト社会主義共和国の西部にあった。そのため、この両地域の人口構成は、ポーランド人三八％、ウクライナ人三七％、ベラルーシ人一四・五％、ユダヤ人八・四％、ロシア人〇・九％、ドイツ人〇・六％であった[2]。ポーランドという国は、全体として見ても、少数民族が多く住み[3]、そのうち「ベラルーシ人とウクライナ人は政府のポーランド化政策のもとで急速に孤立し、分離主義運動による迫害を被っていたため、ポーランド人の国家にほとんど忠誠心を持っていなかった[4]」。つまり、当時のポーランド国内は、民族対立という問題を抱え、特に少数民族の割合が高かったクレスィ地域では、少数民族抑圧の度合いが高かったのである。ソ連邦は、この特殊事情を侵攻の口実とした。

ソ連軍進撃の当日、ソ連邦外務人民委員のモロトフは、次のような宣戦布告を行なった。

「ポーランドの首都としてのワルシャワはすでに存在しない。ポーランド政府はすでに崩壊して、その息の根は絶えた。これはつまり、ポーランドという国家および政府は事実上消滅したということである。…放任主義のもとで統率力も失ったポーランドは、それにふさわしくあらゆる種類の危険と驚異に満ちた土地となる。これらはソビエト連邦にとっての脅威を構成しうる。以上の理由から、従前は中立であったソビエト政府も、もはやこうした事実について中立的な態度をとることはできない…。かかる状況にかんがみ、ソビエト政府は赤軍の最高司令部に指示し、国境を越えて部隊を出動し、西ウクライナと西ベラルーシの市民の生命と財産の保護を行わせる」(5)。

即ち、ソ連邦は、自国の安全保障とウクライナ人、ベラルーシ人の保護という名目で侵攻を開始したのである。ソ連軍の兵士は、司令官から「これは侵略ではなく解放である。地主による不正な支配からポーランド労働者を解放するのだ」、と聞かされていた(6)。戦闘自体はあっけなかった。国の西側ではヒトラーの軍隊と交戦している上、兵力約二万のポーランド国境防衛隊は、兵力約六〇〜八〇万のソ連軍の比ではなく、作戦開始から一カ月足らずの一九三九年一〇月六日に投降した。ソ連軍の侵入に対して、「ポーランド人、ユダヤ人の市民たちは、当初ドイツ政権よりむしろソ連邦政権を好み(7)」、ポーランド人に抑圧されていたクレスィ地域のウクライナ人、ベラルーシ人、ユダヤ人などの少数民族の若者の多くは、「到着した赤軍の部隊を解放者として歓迎し支持した(8)」、また、「ウクライナ民族主義者組織はポーランド人に対して反逆を開始し、共産主義者のパルチザンもスキデリなど地方ごとに組織的な蜂起を行った(9)(10)」。

では、ソ連軍占領後に何があったのか?「ソ連邦は、クレスィ諸地域（戦前の東部ポーランド）はポーランド人によって植民地化されており、赤軍は征服された諸民族の解放者であることが示された、と見なした(11)」が、そうだったのか?

ソ連軍は、先ず「地方政府と行政部門の諸機構を設立することに着手し」、「臨時権力機関がＮＫ

VD（内部人民委員部、ゲーペーウーの後身―筆者）の工作員、赤軍士官、地域労働者、左派インテリから創設されたが、その任務は、地方自治体センターにおける所謂労働者防衛隊と農民委員会を組織することであった」。「その後すぐ、その臨時権力機関は、ソ連邦型の統治機関とソ連共産党の諸委員会によって置き換えられ」、「NKVD機関は、軍事的任務を引き継いだ」。

他方、ソ連邦では、早くも一〇月一日に、ソ連邦共産党中央委員会政治局が、西ウクライナの都市リヴィウ（Lviv）と西ベラルーシの都市ベラストック（Belastok、ビャウィストクという訳もある）にて、「西ウクライナと西ベラルーシの人民議会を招集すべきことを決定していた。その任務は、この両地域をソ連邦に編入することをモスクワに要請することだった」。この線に沿って、一九三九年一〇月七日には選挙キャンペーンが始まったが、それは当初からNKVDの指揮統制下にあった。キャンペーン自体、大量の逮捕を伴い、全ての投票所に制服を着たNKVDの部員が常駐し、国家テロルという雰囲気の下で行なわれた。全ての候補者は、モスクワからの指示に基づいて、共産党の地域農民委員会と地域労働者委員会によって、予め指定されており、それ以外の者に投票することは不可能だった。市民たちは、もし選挙に参加しなかったら、解雇するとか逮捕するとか、更にはシベリアへ送るなどと頻繁に告げられた。そして、「幾つかの地域では、住民は、既に封をなされた投票用の袋を渡され、それを投票箱に入れろと命令された」。侵攻を正当化することを目論んだソ連邦自作自演のこの一〇月二二日の選挙の結果成立した西ウクライナ人民議会と西ベラルーシ人民議会は、前者が一〇月二六日から二八日にリヴィウ市にて、後者が一〇月二八日から三〇日にベラストック市にて、会議を開き、「被征服地域におけるソ連邦の支配の確立」、「全ての不動産の没収」、「銀行と企業資産の国有化」を決定したが、それは、ソ連邦への併合を準備することを目的としていた[12]。

この選挙キャンペーンと平行して、ＮＫＶＤと他のソ連邦諸機関による、恐怖政治に基づいた「ソヴィエト化」という名のソ連邦同化政策のための弾圧が開始されていた。その過程において、軍人民間人を問わず計り知れないほどのポーランド人が処刑、虐殺、逮捕、投獄、国外追放などの憂き目にあったほか、ソ連邦当局による強制的集団農場化が始まり、教育関係も含むポーランド所属の全ての団体が閉鎖されて、ソ連邦が任命した監督者が統治し始めた。更に、政府諸機関と共産党を除く全ての政党と組織は解散させられ、メディアも全てモスクワによって統制された。その後の一一月一四日、西ベラルーシ地域がベラルーシ・ソビエト社会主義共和国に、一一月一五日、西ウクライナ地域がウクライナ・ソビエト社会主義共和国に併合されることになる[13]。

この一連の事態で、ソ連邦に友好的だったポーランド人も、前述の「ウクライナ民族主義者組織」も含め、赤軍に期待を寄せ支持していたベラルーシ人もウクライナ人も弾圧を受け、更にソ連邦の抑圧は全住民に等しく向けられていることが明らかになるにつれて、「彼らの熱狂も消えうせてしまった[14]」。この地域の労働者農民大衆は、結局のところ、自己の独立した政治組織も機関も持ちえず、ただポーランド政府のクビキからモスクワ政府のクビキに繋ぎ変えられただけであった。

さて、このソ連邦のポーランド侵攻に対する主要国の反応を見ると、「イギリス国内世論は二つに別れ」、英仏政府とも「この時はソビエト連邦との対立を予想しているわけでも望んでいるわけでもいなかった」ため、「ソ連の侵攻とポーランド東部の併合に対するフランスとイギリスの反応は薄かった」。更に英首相のチャーチルは、一九三九年一〇月一日のラジオ声明で、「ソ連軍がこの国境線にいることは、明らかに、ナチの脅威からソ連邦の安全を確保するためである」、と述べ、ソ連邦政府の口実を承認してもいる。[15] ドイツには宣戦布告した両政府も、結局ソ連邦には布告しなかった。また、当時のアメリカ外交政策は、建国以来の孤立主義が強く、一九三五、三六、三七、三九年と「中立法」が制定されており、様々な反対意見もあったものの、政府は依然、ヨーロッパの状況に干渉しない態度を採っていた[16]

〈第二章二節　注〉

（1）　英語版ウィキペディア「Curzon Line」
（2）　日本語版ウィキペディア「ソビエト連邦によるポーランド侵攻」
（3）　英語版ウィキペディア「Second Polish Republic」によれば、一九三一年のポーランド国税調査によると、ポーランド人は全体の六八・九%、残りの三一・一%は少数民族である。
（4）　前掲　注（2）
（5）　同前
（6）　warhistoruonline. com
（7）　英語版ウィキペディア「Soviet Invasion of Poland」
（8）　英語版ウィキペディア「History of Poland（1939-1945）」
（9）　英語版ウィキペディア「Soviet repressions of Polish citizens（1939-1946）」

(10) この中で、スキデル町での反乱は、「スキデル蜂起」と呼ばれ、一九三九年九月一八日、ポーランド内で非合法の西ベラルーシ共産党が組織したもので、共産党員とそのシンパ、更にベラルーシ人とユダヤ人のグループが参加し、スキデル町とその周辺を支配下に置いた。似たような反乱は、その他多くの地域でも発生し、参加者はポーランドの警察軍隊と戦ったが、翌日、ポーランド陸軍に制圧されてしまった。その後、ソ連軍が入り、スキデル町を占領した。以上、英語版ウィキペディア「Skidel revolt」より。

(11) 前掲注(2)

(12) 前掲注(7)及び英語版ウィキペディア「Elections to the People's Assemblies of Western Ukraine and Western Belorussia」

(13) この段落の引用は、全て、英語版ウィキペディア「Elections to the People's Assemblies of Western Ukraine and Western Belorussia」から。

(14) この辺の事情は、全て英語版ウィキペディア「Occupation of Poland (1939–1945)」から。

(15) 前掲注(2)及び(7)

(16) 英語版ウィキペディア「Neutrality Acts of the 1930s」

三節　ソ連邦によるバルト三国軍事保護国化と冬戦争

「秘密議定書」と独ソ境界友好条約の第四項目「秘密補足協約」に基づいて、「バルト諸国の独立を奪うという計画は、実は、一九三九年の独ソ不可侵条約の締結後、段階的に始まっており」、「バルト諸国に向けた直接の軍事的準備は、赤軍がポーランド攻撃と西ウクライナ及び西ベラルーシの

『解放』とを準備している時と同時に開始されていた」。一九三九年九月中旬には、侵攻の準備がほぼ完成し、「九月下旬から一〇月初旬までに、大規模の部隊が、エストニアとラトヴィアに対して集中された」[1]。こうした中、ソ連邦は初め、エストニアに狙いを定め、エストニア国内にソ連邦の軍事基地を建設するという条項を含む相互援助条約の締結を戦争発動の恫喝とともに強く迫った。そして、「一九三九年九月二四日、赤軍の軍艦がエストニアの港沖に現れ、ソ連軍爆撃機がタリンとその近郊上空で威嚇飛行を始め」た中[2]、同日、エストニアの外相カール・シェルターは、モスクワにて最後通告を突きつけられた。小国エストニアは、受け入れるしか他に選択肢がなく、四日後の九月二八日、エストニアの二つの島とパルティスキ港とにソ連の陸、海、空軍の基地を建設するという条約に不承不承調印した[3]。その後、同様の条約が、一〇月五日にラトヴィアと、一〇月一〇日にリトアニアと結ばれた。その結果、「ヨーロッパの戦争が継続している間、バルト諸国領土内にソ連の軍事基地を建設すること、及び、一九三九年一〇月より、エストニアに二万五千人、ラトビアに三万人、リトアニアに二万人のソ連軍兵士を駐留させることが認められた」のである[4]。

ＳＷＰ党内論争が続いていた当時のバルト三国の状況は、以上のようなものであった。その後、一九四〇年六月、バルト三国はソ連邦に占領され、一九四〇年八月にソ連邦に併合される。そして、国有化が行なわれたのは、「ソ連邦がバルト諸国に設立した新政権は、バルト諸国の政策を現行のソ連邦のやり方に合わせ始め」、「再建された議会が大企業、交通機関、銀行、民間住宅、及び、商業全般の国有化を素早く宣言した」[5]とあるように併合後であった。

フィンランドも、また、似たような要求を突きつけられていたが、結果は違った。ドイツにナチ政権が誕生し、ドイツがフィンランドを基地として利用し、ソ連邦に攻撃をしかけてくる危険性を感じたソ連邦政府は、一九三八年の春から一九三九年初頭まで安全保障問題を巡ってフィンランド政府と外交交渉を行なっていたが、一九三九年一〇月までにバルト三国がソ連の圧力に屈した後、「秘密議定書」に従って、本格的に要求を突きつけていく。その要求は、フィンランド湾の四島の割譲、国境線の変更、海軍基地の建設、ソ連軍の駐留などであった。だが、フィンランドは要求を呑まず、交渉の中、二つの譲歩案を出したが、モスクワは満足せず、フィンランドのモスクワ派遣団は、交渉は当然将来も続くと考えて、一一月一三日に帰国した。(6)

その後、一一月三〇日にソ連邦が宣戦布告なしに攻撃を開始し、冬戦争（第一次ソ・フィン戦争）が勃発するが、ソ連邦は、既に一九三八年から三九年にかけて、フィンランドとの国境付近の再武装化に着手しており、侵攻開始を一一月と命じる侵攻計画が七月に採用されていた。(7)進軍開始に先立つ一一月二六日午後、「マイニラ砲撃事件」(8)と呼ばれる事件が発生したが、これは、一九三一年九月一八日、日本の関東軍が仕組んだ「柳条湖事件」と同一のもので、「ソ連が自軍に向けて故意に砲撃したのをフィンランド軍の仕業にして非難し、この攻撃を国境紛争の発端に偽装したもの」(9)であった。そして、ソ連邦政府は、これを口実に一一月二七日にソ・フィン不可侵条約を破棄し、一一月二八日にフィンランドに国交断絶を通告したのである。

その二日後の三〇日午前一〇時半ごろ、ヘルシンキの上空に九機の中型爆撃機ツポレフSB―2が現れ、市内への無差別爆撃を開始すると共に、(10)ソ連軍の進撃は海上陸上も含め全ての戦線で始まった。(11)軍事力で圧倒的優位に立つソ連軍が快勝すると誰もが予想していたものの、(12)寒冷な気候に対するソ連軍の不備不慣れ、フィンランド軍のゲリラ戦術の奏功、ソ連軍のスキー技術の拙劣、更に加えて、一九三〇年代のスターリンによる赤軍粛清でソ連軍が優秀な将官を失ったこと[13]、などの要因で、ソ連軍は、開戦から一九四〇年一月末頃まで各戦線で敗退を繰り返すのみで、フィンランド南部の、ソ連との国境線とヴィープリ（ロシア語名ヴィボルグ、当時はフィンランド領）とのほぼ中間にある主要戦略目標マンネルハイム線[14]を突破しえたのは、二月一一日であった[15]。ソ連軍がその後、勝利を重ねる中、ソ連政府は二月二五日に講和条件を提示し、同二九日、フィンランド政府が、原則的にソ連側の条件を呑み、平和交渉に入った。そして、三月一二日、フィンランドが大きく領土をソ連に割譲することとなるモスクワ講和条約が結ばれ、冬戦争は幕を閉じた[16]。

冬戦争の経緯は以上のようなものだったが、侵攻二日後の一二月一日に、ソ連邦政府は、侵攻後最初に占領した、ソ連邦国境付近のテリヨキ（現在ロシア領、ゼレノゴルスキ）という町に、ソ連に亡命中だったフィンランド共産党リーダー、オットー・クーシネン[17]を首班とするフィンランド人民政府を傀儡政権として創設し、フィンランド民主共和国[18]を成立させると同時にフィンランド国民軍[19]の創立を宣言し、「この政府が、冬戦争を終わらせ、平和を回復させることができる、フィンランド全てを代表する唯一の正当な政権であると明言した[20]」。

では、このような事態に対するフィンランド国内の反応は、どうであったのか？「クーシネンは、彼のときの声が上がれば、一九一八年の階級闘争が自然発生的に再燃すると真剣に信じていたようだが、それは起こらなかった[21]」。スターリンも、爆撃機が投下したビラによる反乱の訴え、フィンランド進撃とテリヨキ政府の同じく反乱を促す「フィンランド人民政府の宣言[22]」によって、「フィンランド労働者が、ソ連軍の侵攻に参加し、支援するものと期待したが、このテリヨキ政府は、…フィンランド労働運動から些かの同情をも得ることができなかった」[23]。「ソ連邦の期待とは裏腹に、闘争の最初から、フィンランド労働者階級は合法的政府を支持し」[24]、こうして、「大規模な国外からの侵略は、過去の全てのいさかいを無意味なものにして、フィンランドという国を一つにまとめてしてしまった」[25]のである。この冬戦争時に現れたフィンランド社会の強固な一致団結は、後年「冬戦争の精神」と呼ばれた[26]。

さて、国際社会の反応であるが、この時ばかりは、「国際世論は圧倒的にフィンランドを支持し」、「フィンランドからの提訴を受けて、（一九三九年）一二月一四日に」、ソ連邦は国際連盟から追放された[27]。そして、「アメリカ合衆国がフィンランドに対し一〇〇〇万ドルの借款を提供する一方、ソ連に対しては同国向けの軍需物資の供給を遅らせる行為（精神的禁輸）を開始した」[28]ほか、多くの国から義勇兵が参加したり、フィンランドへの武器の売却や供与が行なわれたりしたのは事実である[29]。また、英仏による軍事介入の計画も、一九三九年一二月頃から幾つか持ち上がっていたのも事実であるが、結局、実行されずに終わった[30]。この様に、世界各国から支援があり、兵器も供与されたが、「いずれも旧式な兵器ばかりであり数も少なく、フィンランドを決定的に有利にする支援はついぞ行われなかった」[31]。換言すれば、ここには、如何なる国も正規の軍隊を送り出し、ソ連軍と交戦したという事実はなかったということであり、この冬戦争は、フィンランドが帝国主義国を代理して行なった戦争でもなく、ソ連邦と帝国主義諸国との戦争に付随して起こった戦争でもなく、ソ連邦の侵略が引き起こした純粋にソ連邦とフィンランド二カ国間の戦争だったと言えよう。

〈第二章三節の注〉

（1）ここの引用は、Tõnu Tannberg, Enn Tarvel：「DOCUMENTS ON THE SOVIET MILITARY OCCUPATION OF ESTONIA IN 1940」（academic journal "Trames"）より。

（2）日本語版ウィキペディア「バルト諸国占領」。

（3）英語版ウィキペディア「Background of the occupation of the Baltic states」。

（4）日本語版ウィキペディア「バルト諸国占領」。

（5）英語版ウィキペディア「Sovietization of the Baltic states」。

（6）英語版ウィキペディア「Background of the Winter War」。

（7）同前。ついでだが、トロツキーは、「掻き疵から壊疽への危険」の中で、「バルト諸国では、クレムリンはその任務を戦略的利点の確保に絞ったが、それは、将来、これらの戦略的軍事基地がこれらツァー帝国の旧地域をもソヴィエト化することを可能にするだろうという計算に基づくものであることは、疑いない。しかしながら、…フィンランドの抵抗に遭遇した。…かくして…クレムリンは、軍事力に頼らざるを得ないと感じた」（英語版を参照して訳文を変えてある）とあるが、そうではないことが分かる。クレムリンは、最初から侵攻を目論んでいたのである。

（8）一九三九年一一月二六日、フィンランドとの国境に近いソ連領内カレリア地峡のマイニラという村で、ソ連軍の国境警備隊駐屯地が正体不明の部隊から砲撃を受け、ソ連側の報告によると、四人の警備兵が死亡し、九人の警備兵が負傷したという事件である（英語版ウィキペディア「Winter War」）。砲弾は七発発射されて、その落下をフィンランド軍の三つの監視所が捉えた。だが、目撃者は、約八〇〇メートルソ連領に入った所で砲弾が爆発したと判断している。しかも、その付近の幾つかのフィンランド砲兵隊の軍務日誌には、「そのような事故を防ぐため、砲兵隊は前もって撤退していたので、マイニラは射程外だった」ことが示されていた（英語版ウィキペディア「Shelling of Mainila」）。この事件は、実は、「一一月二六日、レニングラード（現在のサンクトペテルブルク）からの直接指令を受けたソ連軍第二二一砲兵連隊が、ソ連領マイニラ村に駐屯の自国部隊の兵士に向けて一斉射撃を行ったものであった。…これは、開戦理由としてスターリンが必要としたものだった」（Vesa Nenye, Peter Munter, Toni Wirtanen「Finland at War : The Winter War 1939–40」.books. google. com）。

（9）日本語版ウィキペディア「冬戦争」。

（10）「一九三九年一一月三〇日午前九時二〇分、最初のソ連軍機がヘルシンキ上空に飛来し、市民にマンネルハイム＝カヤンデル＝エルッコ政府の打倒を呼びかける何千というビラを投下し、続いて、ヘルシンキ・マルミ空港の周辺に五個の軽爆弾を投下した」。一〇時三〇分頃現れた九機の爆撃機は、ヘルシンキ港やヘルシンキ駅、学校、労働者階級の住宅施設などの市内を爆撃した。その後、午後二時三〇分頃、第二回目のヘルシンキ市内爆撃があり、開戦初日でヘルシンキ市内の二〇〇人が死亡した。また、同日の朝、ソ連空軍は、ヴィープリ（ロシア語名ヴィボルグ、当時はフィンランド領）、トゥルク、イマトラ、ラハティなどの都市も爆撃している（以上、「William R Trotter. A Frozen Hell : The Russo-Finnish Winter War of 1939–1940」books. google. com より）。「ソ連空軍の攻撃は、何千という民間人にも危害を与え、九五七人が犠牲となった」。片や、ソ連外相モロトフは、「国際的非難に答えて、ソ連空軍は、フィンランドの諸都市を爆撃などしていない。それどころか、飢えたフィンランド住民に人道支援物資を落下しているのだ、と述べた」（英語版ウィキペディア「Winter War」）。また、空爆は各地の戦線でも行なわれた。何種類かの投下されたビラの一つにこうある。「フィンランドの働く大衆へ！　労働者、働く女性、貧農へ！　フィンランド軍の兵士へ！　フィンランド人民に対するマンネルハイム、リュティ、タンネルら暴君とその手先による血塗られた残虐行為は、間断なく続いている。やつらは、フィンランド人民を、フィンランドの巨大な隣国ソ連との犯罪的な、勝利の見込みのない戦争へと駆り立てただけでは満足せず、更にフィンランド人民に対しても戦争を開始した。平和に生きる住民は、町や村から強制的に立ち退かされ、民間防衛隊の隊員や上官は、カレリア地峡とフィンランド東部の数多くの村や移住地に火を放った。…マンネルハイム、タンネル、リュティら裏切り者ギャング、残忍なその手先どもを打倒せよ！貧農の家屋、労働者の住居に火を放った放火犯を打倒せよ！　自由フィンランドの人民とその民主政府、万歳！」(Pauri Kruhse's homepage, History of Finland : Primary documents and other contemporary material, the Winter War, propaganda leaflet, histdoc com)。

(11) 冬戦争に投入された兵力は、ソ連軍の、総勢四二万五千人から七六万人の兵士、二五一四台から六五四一台の戦車、三八八〇機の軍用機に対し、フィンランド軍は、三〇万人から三四万人の兵士、三二台の戦車、一一四機の軍用機であった。この数字は、英語版ウィキペディア「Winter War」からのもので、資料により差がある。

(12) 「戦前、ソ連邦の指導部は、二～三週間以内に完全なる勝利を得られるものと期待していた」（英語版ウィキペディア「Winter War」）。

(13) 同前。

(14) フィンランド南部、ソ連との国境線とヴィープリ（ヴィボルグ）のほぼ中間にある、「ソ連軍の侵攻に対抗するためフィンランド軍がラドガ湖とフィンランド湾の間のカレリア地峡（現在はロシア領）に長さ一三五キロメートル、幅九〇キロメートルに亘り築いた防衛線」。当時フィンランド軍の最高司令官カール・マンネルハイム元帥の名をとった。だが、「実際には、トーチカは小さく大砲もわずかしかなく、ただの塹壕や地形を使った障害物が大半を占める」ものだった（日本語版ウィキペディア「マンネルハイム線」）。

(15) ソ連軍は、当初二一個師団、約四五万人の兵士をもって、フィンランドの東部4方面から攻撃を仕掛けてきたが、敗北が続くなか、一九四〇年一月七日、総司令官をヴォロシロフから赤軍大粛清の生き残りティモシェンコ元帥に代え、体制を組みなおし、新たな作戦を練った。その後、二月一一日から、「約四六万人の兵士、三三五〇門の火砲、三〇〇〇台の戦車、一三〇〇機の軍用機をカレリア地峡に投入し」（英語版ウィキペディア「Winter War」）、再び本格的攻勢をかけた。その結果、二月一五日に、マンネルハイムは撤退を命じた。

(16) 英語版ウィキペディア「Winter War」。

(17) オットー・クーシネン。フィンランド社会民主党の議長だった頃、巻き起こった一九一八年フィンランド内戦において、赤衛軍のリーダーを務めたが、闘争に敗れた後、ソ連邦へ亡命、フィンランド共産党を創立。同党、及びソ連邦共産党とコミンテルンのリーダーの一人となる（日本語版ウィキペディア）。スターリンの大粛清を免れた数少ないフィンランド人共産党員の一人（英語版ウィキペディア「Otto Wilhelm (Wille) Kuusinen」）。

(18) この政権は、時にフィンランド人民共和国ないし政府、クーシネン政権、また、通称としてテリヨキ政府と呼ばれ、「スターリンがフィンランド征服のための手段として計画したもの」（英語版ウィキペディア「Winter War」）だったが、国際的承認をえることはなく、ただ、ソ連邦とソ連圏のモンゴル人民共和国、トゥーバ人民共和国の三カ国が承認したのみで、その他、ナチス・ドイツの国営新聞のほか、インドのネルー首相、バーナード・ショー、ジョン・スタインベックなど幾人かの著名な左派活動家や作家が支持を表明しただけだった（同前）。その後、「和平交渉の開始と共にその存在が障害となってきたので」（Finnish Democratic Republic, Finland at War, finland-at-war. blogspot com）、三月一二日、ソ連邦政府が従来のフィンランド（共和国）政府と講和条約を結ぶと同時に、フィンランド人民共和国はカレリア自治ソビエト社会主義共和国と合併され、カレロ＝フィン・ソビエト共和国が成立した（英語版ウィキペディア「Finnish Democratic Republic」）。

さて、この「内閣は、ロシア人とフィンランド内戦後ソ連へ亡命した左派のフィンランド人からなっていた」（英語版ウィキペディア「Finnish Democratic Republic」）のだが、ソ連邦は如何なる国家を考えていたのか？　それは、一九三九年一一月三〇日、ソ連邦外相モロトフが、駐ソ・ドイツ大使に語った次の言葉が端的に示している。「この政府は、ソビエト型の政府ではなく、民主共和国であります。何人もそこにソビエトを設立するものではなく、その政府が、レニングラードの安全保障に関し、私たちと合意に達せられる政府であることを私たちは望んでいるのです」（同前）。

（19）フィンランド国民軍は、「表向きは、赤軍の同志と肩を並べて戦うことに志願した親共フィンランド人で構成されていたものだが、この部隊が実際に戦闘した経験を持つかどうか確実に断言できる者はいない…一回か二回の折にカメラの前で行進したが、目撃者たちは、せいぜい一〇〇〇人いたかいないかだと証言している。ソ連の報道でさえ、フィンランド国民軍が六〇〇〇名以上いたと主張したことはない。兵士の大半が、東カレリア人か亡命した（内戦時代の）赤衛軍の古参兵であることは間違いないが、…正確な兵士数は断定不可能である。もっとも、多いはずはないが」（前掲「William R Trotter, A Frozen Hell : The Russo-Finnish Wintern War of 1939-1940: books. google. com」「この軍隊は、実際には、レニングラード軍管区の管轄下の赤軍部隊の一つで、レニングラード軍管区が前線担当士官を派遣していた。そして、クーシネン政府の国防大臣 Akseli Antilla の指揮下にあった」（Finnish Democratic Army. Finland at War, blogspot com）。

(20) 英語版ウィキペディア「Finnish Democratic Republic 」。

(21) 前掲「William R Trotter, A Frozen Hell : The Russo-Finnish Wintern War of 1939-1940: books. google. com」。

(22) 一九三九年一二月一日にテリヨキにて発布された宣言（ＦＩ02）。その中で「我が母国の将来を重く見る全ての市民よ、起ち上がれ！　数多の陰険な反動主義者どもを人民の双肩から追い払え！」と呼びかけている。

(23) 英語版ウィキペディア「Spirit of the Winter War」。

(24) 英語版ウィキペディア「Background of the Winter War」。冬戦争当時のフィンランド政権は、国家進歩党、社会民主党、農民同盟の連立政権であったが、社会民主党が中心であり、多数の労働者を引き付けていた。また、フィンランド共産党は、一九一八年内戦後、ソ連邦の亡命した社会民主党員により一九一八年に創立されるが、フィンランド国内においては一九四四年まで非合法化されており、国内勢力は微々たるものであった。それ故、労働者階級は言うに及ばず、「フィンランド社会主義者の大多数は、ソ連邦の侵攻を支持せず、共通の敵に対して、同胞と肩を並べて戦った。また、多くの共産党員が、一九三〇年代、『社会主義建設』のためにソ連邦へ渡ったが、結局スターリンの大粛清の犠牲者となる羽目になった。このことによって、フィンランドの社会主義者の間には、ソ連邦政権に対する広範な幻滅感とあからさまな憎悪が広がっていた」(Finnish Communists/Socialists vs Russian Communists in the Winter War, WW2FORUMS, ww3f. com)。

(25) 前掲「William R Trotter, A Frozen Hell：The Russo-Finnish Wintern War of 1939-1940：books. google. com)」。

(26) 前掲、英語版ウィキペディア「Spirit of the Winter War」。フィンランドでは、一九一八年に激しい内戦が勃発し、収束後も、その後遺症として社会が左右に分裂状態であったが、冬戦争の勃発は、それを癒したとしてこう呼ばれた。

(27) 前掲、日本語版ウィキペディア「冬戦争」。

(28) 同前。

(29) 義勇兵は、スウェーデン、デンマーク、エストニア、ウクライナ、ノルウェー、ハンガリーなどから総勢約一二〇〇〇人が参加し、兵器は、イタリアが戦闘機とライフルを、ノルウェーが野戦砲を、イギリスが爆撃機と小火器、弾薬、フランスが戦闘機を、それぞれ売却ないし供給した（英語版ウィキペディア「Foreign support in the Winter War」)。

(30) 当初、フランスは空爆を計画し、一九四〇年二月に、英仏は連合軍兵士の上陸も計画したが、協力を必要とするノルウェーとスウェーデン両政府に拒否された（日本語版ウィキペディア「冬戦争」）。その後三月に入ってからも、英仏は、兵士の上陸を計画したが、ドイツが先に、デンマークとノルウェー南部を占領し、その計画も反故となった（英語版ウィキペディア「Franco-British plans for intervention in the Winter War」）。

（31）前掲、日本語版ウィキペディア「冬戦争」。

＊　＊　＊

さて、以上から言えることは、少数反対派が独ソ不可侵条約締結を契機に、ブルジョア世論の圧力などに屈服し、労働者国家としてのソ連邦の階級的性格を否定した結果、ソ連邦防衛を拒否したという「公的」解釈が、事実的に崩れたということである。

つまり、世界中でソ連邦に対する「気違いじみた非難」（トロツキー）の声が上がり、ブルジョア世論が沸き起こったのは、独ソ不可侵条約の締結直後ではなく、冬戦争、つまりソ連軍のフィンランド侵攻の時だったのである。しかも、少数派が、一分派として「スローガンの修正」を初めて提起したのは、シャクトマンが執筆した、一九三九年九月三〇日のＳＷＰ党員総会に向けた同九月二八日の決議案「少数派決議案：現在の戦争におけるソ連邦に関する決議」（ＭＮ03）においてであり、従って、少数派が「ソ連邦防衛」のスローガンの修正を提起した時点は、独ソ協定締結時ではないのである。

第三章　ＳＷＰ党内闘争の経緯

では、中盤からトロツキーが積極的に介入したＳＷＰ党内闘争とは、一体どのようなものだったのであろうか？　その経緯と結末の概略及び対立点を見ておく必要がある。その内容も、「公的」解釈とは全く異なっているからである。

第一章の注（2）で見たように、ハンセンとウォードは、「マルクス主義の擁護」序文において、「小ブルジョア反対派の形成とそのマルクス主義への攻撃の直接のきっかけとなったものは、ソ連邦の問題であった」と決めつけ、独ソ不可侵条約締結後、シャクトマンとバーナムが、ＳＷＰのソ連邦に関する基本的立場を問題にし始めた、と匂わせているが、これは事実ではない[1]。

シャクトマンが、その条約に初めて言及したのは、条約締結後の八月二九日、「社会主義アピール」第三巻第六三号紙上に載った「独ソ不可侵条約に関する全国委員会の呼びかけ」（ＭＮ01）という文章と「この片隅で」という短いコラムの中でである。この呼びかけの中で、彼は、「一般のスターリニスト労働者大衆は、至る所で混乱に陥って」おり、「批判的かつ緊急不可欠の問いを発し始めている」と分析し、「共産党の下部党員に接触」し、その条約が「労働者階級にとって何を意味するのか」を説明すべきだと訴え、最後に「帝国主義戦争に反対する闘争をより強固に推し進め」よ、と結んでおり、他方のコラムでは、その条約の評価とスターリンへの批判が述べられているだけで、この二篇には、「ソヴィエト国家の評価」を問題とする言辞はない。その後、一九三九年九月五日、六日、九日と連続で同じく「社会主義アピール」紙上に「独ソ不可侵条約の舞台裏」という論文を書いている。ここでも、上記「呼びかけ」の線に沿って、独ソ協定の背景から説き起こし、分析を更に綿密にすると同時に、当時アメリカ共産党書記長アール・ブラウダーの言を例にとりつつ、スターリニストの政策を詳細に分析批判している。最後は、共産党を見限った労働者大衆に対して「社会主義と自由への道」を指し示している。ここにも、「ソヴィエト国家の評価」については一言もない。更に、九月一八日付け「社会主義アピール」第三巻第七一号社説「ポーランドの分割は、ヒトラー＝スターリン協定の一部か？」においても、「ロシア問題」は全く触れられていない。

もしハンセンらの言うとおり、独ソ協定を受けて、シャクトマンが先ず第一に「ソ連邦の評価」を問題としたのなら、この六つの文書の中で触れていないのは、どういうわけか？　答えは簡単、そういうことは問題にしていなかったのである。彼の言葉通り、シャクトマンは「独ソ不可侵条約に対する我々の見解」を主要な関心事としていたということである。また、バーナムに関しては、「はじめに」で述べたように、独ソ協定の遥か以前一九三七年に、彼は既に「ソ連邦＝労働者国家説」に疑問を唱えていたので、独ソ協定は関係ない。

では、論争の実際の展開はどうであったのか？

常駐委員会の内部に危機の始まりが現れたのは、本章の注（1）の③で言及した九月一日の特別会議においてである。グールドの声明と動議は、独ソ不可侵条約の締結と第二次世界大戦の勃発という歴史的「大事件」に照らし合わせて、活動面組織面における党の「方向転換」を訴えるものだったが、この声明と動議に対して、バーナム、マッキンニー、カーター、バーン（全て、将来の小数派メンバー――筆者）は、すぐさま賛同し、他方、ルウィットを除く他の政治委員会のメンバー（将来の多数派メンバー――筆者）は、党員総会の召集には即同意したものの、他の提議に対しては最初保留の態度を採り、幾つかの質問のやり取りの後、やっと同意した。ここに、新事態に対する態度に関し、常駐委員会内に亀裂が生じたことが見て取れる。(2)

その後、九月三日の会議では、キャノンが、「同志諸君、君たちは何の理由もなしにパニックを引き起こし、ヒステリックになっている、現情勢に新たなものは何もない、と非難し」、「党員総会に関しては、党員総会は文書的に準備されなければならないということを理由に、即時の召集に反対を表明した」。九月八日の会議では、「キャノンと彼の支持者たちはロシア問題に関する如何なる討論にも反対すると申し出てきた」。そして、キャノンは、「現情勢には際立って新しいものはない」、「この時期における討論は我々には許されない贅沢である」と言い放った。(3)

結局、九月上旬の諸会議において明らかになったことは、この段階における対立は、指導的党員の一部が、独ソ協定の締結と第二次世界大戦の勃発を新事態と受け止め、理論的にも実践的にもそれに対応できる党活動と心理的準備との必要性を訴えたのに対し、指導的党員の他の部分が、情勢は依然不変、よって何も変える必要はないという態度を採った、という対立であり、ソ連邦の階級的性格に関する問題やソ連邦無条件擁護に関する問題を巡る対立ではなかった、ということである。

その後、ソ連軍がポーランド侵攻を開始した九月一七日の翌日一八日に開かれた特別会議において、九月一日の特別会議で見た対立が新たな様相を帯びて浮上してきた。ソ連軍によるポーランド侵攻が始まったからには、それを新事態と受け止め、それに対する態度を決定するのが党の義務である。シャクトマンを中心とする指導的党員の一部は、「ソ連邦国家の階級的性格に関する党の基本的な評価がたとえどんなものであろうとも、ある個別的な問題には個別の解答が与えられなければならない、という考え」であり、他方、キャノンは、ポーランド侵略を支持するのか反対するのか、という「問いに答えることを断固として拒否してきた。彼の見解は、ポーランド侵略は純粋に一つの軍事問題であり、我々はそれに対して肯定的にも否定的にも意見を表明する立場にない」というもので、「我々の任務はただ説明することだけである」とキャノンは言った。(4)

この時点での焦点は、ポーランド侵略である。FIには、これに対し支持するのか反対するのかという問いが付き付けられていたのである。シャクトマンらは、それに反対すると同時にワルシャワ、ヒトラー、スターリンのいずれの支配にも反対という態度を明確に打ち出しているが、これとは対照的に、キャノンらはまたしても、現状には何ら政策の変更を要求するものはないとし、従来の方針の再確認に終わるだけで、解答を拒否した。前述で見た対立が、ここでは、ポーランドを巡る形で繰り返されている。だが、ここにも、ソ連邦の階級的性格に関する問題やソ連邦無条件擁護に関する問題を巡る対立はない。つまり、「一つの重大な事件、第四インターナショナルの運動が始まって以来最も重大な事件、即ち第二次世界大戦の火蓋が切られ、この大事件が我が党内に、先ず第一にその指導部内に、大きな危機を引き起こしたのである。指導部の一部は、この大事件は、我が党の組織面と活動面において思い切った方向転換をなすこと、及び、独ソ不可侵条約に先立つ七月党大会において、既にジョンソン、シャクトマン、カーターが論じた線に沿って[5]、戦時におけるスターリニズムに対する我々の政策を変更することを突きつけていると判断したが、他の一部（全国委員会多数派）は、如何なる変更をも必要ではないと判断したのである。…危機は現在の戦争を巡って勃発したのであり、ロシア問題を巡ってではない[6]」（傍点の強調は原文）。

　これが真相であった。

　当初の対立が政治性を帯びたのは、九月三〇日に開かれた党員総会であった。ここに至るまで、少数派は、「三つの焦点に沿って、次のことを力説してきた。つまり、一、戦争が提起している具体的な諸問題、とりわけ、当時際立って差し迫った問題だった赤軍によるポーランド侵攻に対して、具体的な解答を出すこと、二、戦争が課す要求に見合った党体制と党活動を再組織するための行動をとること、三、党内討議を開始し、党員総会を召集すること」である。これに対し、「多数派の側は、一、具体的な諸問題に対しては、正しい答えも誤った答えも、とにかく如何なる解答をも与えず、ただ単に、来る日も来る日も『何も変わってはいない』、『我々は、全て前もって予見した』と繰り返すばかりで、会議の諸動議のこととなると、ただ単に『第四インターナショナルの原則的立場を再確認する』と繰り返すばかりであった。二、党体制と党活動の再組織に関しては、時折言葉では同意したものの、何一つとして行動をとらなかった。三、討議の開始に対しては、数週間反対し、党員総会の召集に対しては、できる限り長く引き延ばした」のである[7]。

　そして、「党員総会において、次の二つのものが投票にかけられた。一、シャクトマンの決議案。これは、現段階における戦争並びにこの戦争におけるソ連邦の役割を特徴づけ、そこから、ポーランド侵攻のような諸事件に対する我々の態度に関して結論を引き出したものだった。二、キャノンの動議。これは、我々の基本的立場を再確認しはするが、今次大戦、ソ連邦の役割、ポーランド侵攻のいずれに関しても全く性格付けを行なっていない代物だった」[8]。その内容は、「我々は、我が党大会の以前の諸決定及び第四インターナショナルの綱領の中において定式化されている、ソ連邦国家の性格及びスターリニズムに関する基本的分析、並びにこの分析から導き出された政治的諸結論を再確認する」[9]、という前回と同様の原則の宣言であった。また、シャクトマンが「『ソ連邦無条件擁護』という我々の以前の概念」を「修正」すべきことを初めて提起したのは、この決議案の中であった[10]。

党員総会の当日、トロツキーの論文「戦争におけるソ連邦」が到着した。新事態に対する方針を何一つ持たなかった多数派は、その代替としてそれを掴み取り、総会では、結局、キャノンの動議とトロツキーの論文が採択され、キャノン執筆の「ロシア問題に関する地方支部への書簡」（ＭＪ01）において全国に報告された。この段階においては、まだ論戦といったものは見られなかったものの、ポーランド侵略を巡って、初めて政治的対立が表面化したことが見て取れる。なお、少数派は、基本的には、それらの主張を分裂時まで一貫して堅持した。

以上のように、ＳＷＰ党内闘争は、九月三〇日を契機に、政治的様相を帯び、これ以降、多数派少数派双方の個々人が「党内ブレチン」紙上に論文を発表し、論戦が徐々に激化していく[11]。その争点は、シャクトマン決議案が示した三つの論点を中心としていたが、ポーランドでの赤軍の勝利は既に確定的で、一〇月六日にはソ連邦が占領政策を開始したこともあって、主として、ポーランド問題の評価、ソ連邦のポーランド侵攻時での「ソ連邦無条件擁護」というスローガン、「敗北主義」等々といった政治理論的諸問題に関するもので、少数派決議案にある「ポーランド支配階級と戦うと同様に、ヒトラーとスターリンの両者に対しても戦うことを訴える」という具体的方針に対する、多数派の公的な回答はなかった。しかも、結局のところ、ここにも、ソ連邦に関する一般的な綱領的原則を巡る論争はない。

では、この時期のトロツキーの立場を見てみよう。

彼は、当初、どちらの派を支持するか表明しておらず、一九三九年一〇月二二日の「シャーマン・スタンレーへの手紙」において、少数派が「まちがった政治的態度をとった」と明確に結論付け、多数派支持の方向性を出すわけだが、新事態に対する彼の反応も、多数派と同様だったと言ってよいだろう。同年一一月六日の「マックス・シャハトマンへの手紙」の中で、はっきりそれを表明している。

「われわれの強みは、戦争が始まったからというので方針を変えたりする必要がないという点にあります。…『われわれは不意を打たれた！われわれの方針はまちがっていた！　急いで新しい方針を打ち出さねばならぬ!等々。』これは完全にまちがっており、危険なものであると私には思われます」と。

実際、トロツキーも多数派同様、この態度を最後まで変えることはなかった。

ソ連軍がフィンランドに侵攻を開始し、冬戦争が勃発以降、この事態に対する戦術、方針を巡って、政治的に和解しがたい意見の対立が浮上し、論争は山を迎えることになる。ここでの両派の対立は、簡潔に述べれば、第二次世界大戦の行方と冬戦争における赤軍に対する立場を巡るものが中心である。前者に関しては、多数派は、第二次世界大戦は即刻世界帝国主義によるソ連邦に対する戦争に転化するはずだと捉えるのに対し、少数派は、それは依然世界帝国主義二大陣営間による帝国主義戦争だと見る。また、後者に関しては、多数派は、「防衛主義」の立場を採り、「ソ連邦無条件擁護」を繰り返し、第四インターナショナリストも含め世界の労働者（勿論フィンランド労働者も含む）は、赤軍の勝利を願わなければならないと訴えるのに対して、少数派は、「敗北主義」の立場を採り、赤軍支持の立場を拒否すると同時に「双方の政府とその軍隊…に反対[12]」（傍点の強調は原文）せよと唱え、「第三陣営」戦略[13]を主張する。フィンランド侵略の場合のみに限ってみても、フィンランド労働者に向って「ソ連邦の擁護者たれ[14]」と呼びかける多数派の立場と赤軍の撤退を訴え、赤軍兵士との「交歓[15]」を呼びかける少数派の立場とは相容れない。冬戦争勃発以降、この対立が分裂まで続くのである。

ハンセンらは、「マルクス主義の擁護」の序文において、少数派は「『ヒトラー・スターリン協定によって惹起された具体的諸問題に対する即時の解答』に闘争を限定する」ために、「ソヴィエト国家の階級的性格をめぐる根本問題の討論を回避し延期しようと」した、述べているが、そうではなく、現実に持ち上がった諸問題に対する確固とした解答を見出せず、少数派の問題提起に四苦八苦したトロツキーと多数派が、現実問題から注意をそらせるために、原則的諸問題を必要以上に持ち出さざるを得なかった、ということが真相であろう[16]。先の「序文」にある「少数派指導者が第四インターナショナル綱領を攻撃し、それを修正しようとし始めた一九三九年八月」という語句が、どんなに事実を歪めているかは、明々白々である。

さて、前掲「シャーマン・スタンレーへの手紙」で、少数派が「まちがった政治的態度をとった」と判断したトロツキーが、この時期、一二月一五日付の論文「社会主義労働党における小ブルジョア反対派」をもって、正式に介入して来る。前出のスタンレー、シャクトマン宛の書簡は、少数派の論点に沿った同志的と言える政治的批判であったが、この時期、即ち、冬戦争勃発後のこの論文は些か趣が異なる。勿論、フィンランドを巡る少数派の見解などに対する政治的批判もあるが、それは数ページのみで、その他の二〇数ページに及ぶ部分において、ソ連邦の性格とその擁護といったお決まりの叙述以外、少数派のプチブル規定、弁証法、党体制と分派闘争に関連する組織問題等などが新たに登場する。しかし、これを仕掛けたのはトロツキー個人であり、多数派と少数派の間においては、そのような問題を巡る論争は全くなかった。この論文以降、トロツキーは、少数派に触れるたびに、何かに付けて彼らを「プチブル分子」呼ばわりするようになり、多数派も、党内闘争終結時には、戦術を巡る論争などなかったかのように、「最初から最後まで、あらゆる点において、社会主義労働者党内の二つの分派は、プロレタリア派対プチブル派という階級闘争として対峙していた[17]」という把握に変化した。

では、結末であるが、少数派は、一九四〇年四月五日から八日（九日[18]）にかけて、ニューヨークにて開かれた第3回特別大会の諸決定を拒否したという理由で、四月二二日に党員権停止処分を受け、その処分に不服の少数派が、四月二六日、「労働者党」の創設を宣言する。その後、一九四〇年五月一九日から二六日にかけて開かれたＦＩ緊急協議会の提言を受けて、一九四〇年九月二七日から二九日にかけてシカゴで開催されたＳＷＰ全体会議において、少数派の除名が決定される、ということになる。[19]

除名理由は、「四月大会の諸決定に服することに意を示さない[20]」ということだが、その「四月大会の諸決定」とは何だったのか？　それは本章の注（19）の①にある通り、「我が党の出版物に対抗して、独立の出版物を刊行しないという条件で、…『党内ブレチン』と『ニュー・インターナショナル』誌上において、討論を継続する機会」を与える、というものであった。では、少数派は何故この決定を拒否したのだろうか？　討論開始を強く願っていた少数派が「討論を継続する機会」を拒否することなどありえない。だとすると、小数派が拒否したのは、「我が党の出版物に対抗して、独立の出版物を刊行しないという条件」だったということは明らかである。つまり、少数派が拒否したのは、この「独立の出版物」、言い換えれば、分派機関紙の刊行禁止という条件に対してであった。

これには背景がある。キャノン、多数派は、論争の当初より、少数派の声を封じるため、党内討論、公開討論、党出版物紙上での異論の発表と討論などをことごとく極力回避しようとしてきた。[21]そこで、四月大会に提出した「党の統一に関する少数派決議案」において、「少数派は、我々自身の公的出版物を要求する」と主張したが、このことは、分派の存在を公けにすることと分派機関紙を発行することと同義であった。

これに対し、多数派は、同じく四月大会にて採択された「規律に関する決議」において、「…大会は、少数派のこの最後通牒を断固として拒否すると同時に、それを実行に移し、如何なるものであれ、党の公的出版物に対立する出版物を発行ないし配布しようという試みは、それが個人によるものだろうとグループによるものだろうと全て、我が党の党員であることと両立しない…」と宣言した。結局のところ、表向きは、「大会の諸決定を」「拒否」したというありきたりの理由だが、現実には、「党の公的出版物に対立する出版物」、つまり分派機関紙発行を禁止するという決定を拒否したが故に、少数派は「党員権停止処分」に付され、後に除名された、というのが真相である。

最後に、この一連の事態を、トロツキーはどう見ていたのか？彼が論争の結末をどう見ていたかを示す文書は多くはないが、一九四〇年三月四日付の「ファーレル・ドッブズへの手紙（1）」で、こう述べている。

「二つの独立した組織が外部世界に対して、異なった理論、異なった綱領、異なったスローガン、異なった組織原則をもって呼びかけるというような統一」より、「公然たる分裂のほうが…数千倍もましであろう」。

「我々は、重要な伝統をもつ統一された党をもっていたが、いまや二つの組織をもち、その一つはその社会的構成、外的圧力、のおかげで、この二月のうちに我々の理論、綱領、政策、組織的方法と融和できない闘争に入っている」と。

ＳＷＰ両派の対立理由に関するここでのトロツキーの把握は、全く的を外れている。この両派の間で、「理論」を巡る論争？　ただ「理論」では意味が広すぎて、何を指しているのか分からないが、とにかく、少なくとも「マルクス主義理論」、「弁証法」理論を巡る論争はなかった。「綱領」を巡る論争？　前述のとおり、小数派は、「我々少数派は、先の党員総会に対し、この問題に関する党綱領の修正を提起しはしなかったし、来るべき党大会においてもそのような修正を提起しはしない」と明言している。「組織原則」を巡る論争？　両派とも、民主主義的中央集権主義を認めている。一体いつどこで、このような論争があったと言うのだろうか？　そのような論争は皆無であった。論争としてあったのは、具体的諸事件に対する「スローガン」と「政策」を巡る論争のみであった。

では、四月党大会での諸決定に関しては、トロツキーはどう見ていたのか？　大会後の四月二三日の論文「小ブルジョア・モラリストとプロレタリア党」では、次のように言っている。「多数派は少数派に、大会後その見解を広めるための闘争を行なうことを許す必要な保証を与えた。少数派は、党の頭上を越えて大衆に訴える許可を要求した。多数派がこの奇怪な主張を拒否したのは当然であった」と。(22)

つまり、トロツキーは、多数派のこの決定を完全に支持したのである。まるで、彼が「左翼反対派」を結成したり、「反対派ブレチン」を発行したりしたことが、誤りだったかのように。

〈第三章　注〉

（1）ハンセンらは、その後で、こう述べている。

「一九三九年八月二一日、独ソ協定が発表された。反ソヴィエト宣伝の津波が、『民主主義諸国』を荒れまくった。社会主義労働党の小ブルジョア的翼は、震え上がった。同日、ＳＷＰ政治委員会で、シャハトマンは次の動議を提出した。『次回政治委員会の討論の第一議題を、ソ、ヴ、ィ、エ、ト、国家の評価と関連し、た、かたちでのスターリン・ヒトラー協定の評価と将来の展望に当てよ』。シャハトマンは、まだソ連邦の防衛を認めていた。しかし、彼の動議は、今や彼が、ソ連邦の性質に関しては以前には反対していたジェームズ・バーナムの見解に近づきつつあることを示していた」（傍点の強調は原文）。

「一週間後に、第二次世界大戦が始まった。それまで閉じ込められていた小ブルジョア的傾向が、今や縛を解かれた。九月三日の政治委員会で、バーナムは、次の週に全国委員会総会を招集し、ロシア問題の再検討を議題にするよう動議を提出した。…多数派は…、十分な時間をとってトロツキーの見解を知らせてもらうことを要求した。最初からトロツキーに敵意を抱いていた反対派は、この提案に反対投票した」。「九月五日、バーナムが『戦争の性格について』という文書を全国委員会総会に提出した。その趣旨は次のようであった。『いかなる意味でもソヴィエト連邦を労働者国家と見なすことは不可能である。…ソヴィエトの（戦争への）介入は、全体としての闘争の一般的帝国主義的性格に完全に従属するであろう。そしてまた、いかなる意味においても、社会主義経済の残滓を防衛するものではないであろう』」と。

ここでの問題点は、以下の三点である。

①シャクトマンが一九三九年一〇月一五日に行なった「ロシア問題に関する演説」（ＭＮ04）によれば、シャクトマンの動議の正確な言葉は、「次回の政治委員会の会議は、我々のソ連邦国家に対する評価及び将来の展望に関連するものとして、独ソ不可侵条約に対する我々の見解についての討論から始めるべきである」であり、ここからは、ハンセンらの言う「彼の動議は、今や彼が、ソ連邦の性質に関しては以前には反対していたジェームズ・バーナムの見解に近づきつつあることを示していた」ということは、読み取ることができない。しかも、この動議は「満場一致で通過した」（右記演説。傍点の強

調は原文）のであった。

②二段落目にある、反対派は、多数派の「提案に反対投票した」という部分も事実ではない。前出の「ロシア問題に関する演説」には、「言うまでもないことだが、クラックス（トロツキーのこと―筆者）の諸見解に対する要請は満場一致で可決された。私はというと、現情勢には『何か新たなもの』が存在しているが故、それについてのクラックスの分析を是非とも読みたいと思ったので、とにかく動議に賛成の票を投じた」とある。「満場一致で可決された」のであり、勿論シャクトマンも「賛成の票を投じた」のである。

③「九月三日の政治委員会で、バーナムは、…ロシア問題の再検討を議題にするよう動議を提出し」、「九月五日、バーナムが『戦争の性格について』という文書を全国委員会総会に提出した」という部分である。前掲「ロシア問題に関する演説」と少数派論文「戦争と官僚主義的保守主義」（MN07）によれば、九月三日ではなく、九月一日の特別会議おいて、「ロシア問題」の討議が動議として出されたのだが、それを提起したのはバーナムではなく、当日シャクトマンの代理を務めたグールドであり、その動議は、最終的には出席者全員の賛成を得た。「ロシア問題に関する演説」の中では、「ここで最も興味を引くことは、全員がロシア問題を議題にのせることに賛成し、同志バーナムがそれについての報告を作成するよう満場一致で任命されたことである」とあり、そして、その報告は、「次の会議において」なされるよう指示された。つまり、その動議は、バーナムが提出したものではなく、また、彼が九月五日に提出した文章は、次の会議で報告せよという要請を受けたため、それを文章化して提出したものだ、ということである。

繰り返すが、バーナムに関して言えば、「はじめに」で見たように、彼は、一九三七年以来、ソ連邦＝労働者国家説を受け入れていなかったのである。

（2）少数派「戦争と官僚主義的保守主義」（ＭＮ07）。
（3）この段落の引用は、全てシャクトマン「ロシア問題に関する演説」から。
（4）同前。尚、この一八日の特別会議において、キャノンが提出した動議は、以下の通り。
「ポーランドにおける戦争にソ連邦が参加したことを扱うにあたって、党出版物は、ソ連邦国家の性格に関する我が党の基本的な分析という観点、及び我が党の創立大会と第四インターナショナル創立大会の基本的決議に明言されているスターリニズムの役割という観点から扱うべきである。独立ソヴィエト・ウクライナというスローガンは、ソ連邦防衛という基本方針と完全に一致する方針として擁護されるべきである」
（5）これは、独ソ不可侵条約締結以前の一九三九年七月一日から五日にかけて開かれた党大会において、シャクトマンが行なった国際情勢に関する報告の討論中、既に、ジョンソンが、「万一ソ連邦がポーランドやバルト諸国、並びにソ連邦に隣接する諸領土を侵犯ないし侵略した場合、我々はスターリンの政策及び赤軍に対し、如何なる態度を採るべきかという問題を」論じ、それに対し、シャクトマンとカーターが意見を出したことを指す（シャクトマン「ロシア問題に関する演説」）。
（6）少数派「戦争と官僚主義的保守主義」。
（7）同前。
（8）少数派「戦争と官僚主義的保守主義」。

（9）シャクトマン「ロシア問題に関する演説」。
（10）シャクトマン「少数派決議案：現在の戦争におけるソ連邦に関する決議」（MN04）この決議案の要点は以下の通り。

①「今回提起された新たな諸問題は、『ソ連邦は労働者国家である』及び『我々はソ連邦無条件擁護の立場に立つ』といった宣言の単なる繰り返しによっては、解答を得ることはできないし、得ることはない。…現時点では、ソ連邦国家の階級的性格という問題を提起せずに、独ソ不可侵条約、それに続くポーランドの占領、及びそれに関連した事態によって提起された具体的諸問題に即時の解答を与えることが必要なのである」。

②「我が党は、…ヒトラーと手を携えて行なわれたこのスターリンのポーランド侵攻とその分割に言い逃れをしたり、それを正当化したり、あるいは不問に付したりするいかなる試みも断固として拒絶しなければならない。党は、『ヒトラーかスターリンかどちらかを選ぶとしたら、ポーランド人はスターリンを選ぶべきだ』という定式に要約されている、本質的にスターリンへの屈服を表す観点を拒否しなければならない。…党は、スターリンのポーランド侵略とその隷属化を帝国主義的政策として非難しなければならない」。

③「スターリンと赤軍は、…ポーランドにおいて全くの反革命的役割を果たした…。最近の苦々しい現実、中でもとりわけポーランドにおける出来事は、『ソ連邦無条件擁護』という我々の従来の概念の修正を要求している。革命的国際主義者は、スターリニスト官僚が帝国主義者の手先、人民の抑圧者として行動するよう強いている赤軍の勝利を支持することはできないし、またそうすることはない」。

④「ポーランド・ソ連邦大衆のみならず世界プロレタリアートの革命的利益とも一致する唯一の立場である、上記の立場から、必然的にソ連邦防衛のスローガンを放棄するということが出てくるわけではない。…戦争の性格が、一つあるいは多数の諸国によるソ連邦への直接的な帝国主義の攻撃へと変貌する可能性は、全く除外できない。…ソ連邦の防衛が再び緊急かつ最も重要な任務となるだろう。換言すれば、…現在の帝国主義戦争が、ソ連邦への軍事干渉戦争へと転換する可能性を我々は排除できない」。

簡潔に言えば、少数派は、ソ連邦＝ポーランド戦争において、革命的敗北主義を採る、ということである。なお、ここで注意すべきは、シャクトマンの提起したものは、帝国主義及び内部の反革命勢力からソ連邦を防衛するという綱領的な立場の修正ということではなく、戦時（今の場合はポーランド侵略戦争）における「ソ連邦無条件擁護」というスローガンの「概念の修正」ということである。彼の意味するところは、ソ連邦を、いつでもどこでも無条件に防衛するという概念はおかしいということである。換言すれば、条件つき防衛を唱えたのである。では、それはどのようなものか？　一九三九年一二月二六日付の少数派声明文「ロシア問題に関する論争の争点は何か」（ＭＮ08）には、「ソ連邦が反動的な戦争、つまり、…世界革命の利益に敵対する戦争、を遂行している場合、ソ連邦を防衛するのか？　ノー！。ソ連邦が、世界革命の利益のために、帝国主義に対する進歩的な戦争を遂行している場合、ソ連邦を防衛するのか？　イエス！」とある。これである。

（11）

この決議案に対しての多数派の公式の反論、つまり政治委員会の反論はない。しかし、一九三九年一〇月一〇日の「党内ブレチン」第二巻第一号から多数派の個々人の批判論文が何本か掲載され始める。

多数派の理論的中心人物アルバート・ゴールドマンは、後に引っ込めたが、同ブレチン同号中の論文

「我々は、無条件擁護のスローガンを修正すべきか?」(「Shall We Revise the Slogan of Unconditional Defense」Albert Goldman, Internal Bulletin, Vo2 No1, 10 Oct 1939、MIA)の中で、「私個人としては、ポーランドへのヒトラーの急速な進攻を恐れたスターリンは、ポーランドに進撃することで、自らを軍事的に強化しようと決定したと推測し、侵略を承認することに賛成であった。しかし、諸事件が、その侵略は、実際には、スターリンとヒトラーとの合意の結果だったことを明らかにした時、私は自分が誤まったことを認めた。しかし、…スターリンがヒトラーとの合意の結果としてではなく、ヒトラーに対し自らを軍事的に強固にしたいという一念から、ポーランドに進撃したのだとしたら、私はやはりその行動を支持しただろう…」と述べ、また、同じく多数派の理論家ジョン・G・ライトは、論文「シャクトマン決議案に反対して」(「Against the Shachtman Resolution」、John G. Wright, Internal Bulletin Vol 2 No 2, 6 Nov 1939、MIA)の中で、「ソ連邦ボナパルチスト政権は、進歩的な任務を遂行せざるを得なくなっている。従って、我が同志たちは、赤軍部隊が大土地所有者を収奪し、経済を国有化し、ソヴィエトを創設するのを援助するためにその最前線に立つべきである」とまで言っている。

(12) 少数派「ソ・フィン戦争に関する決議案」(MN06)。

(13) 第三陣営とは、「現在の戦争において、二つの相闘う帝国主義陣営のいずれからも独立した」陣営、即ち、「世界労働者階級の陣営」のことである。引用は、「ニュー・インターナショナル」第六巻第三号一九四〇年四月号「ニュー・インターナショナル」社説「第三陣営へ」(MN16)、から。この用語は、少数反対派が使い始めた彼ら独自のだと受け取られていることが多いが、実はそうではなく、多数派も同じように使用していたものである(詳細は、本書の第四章五節三項「第三陣営戦略」)。

（14）「フィンランド危機におけるクレムリンの目的」（ＭＪ03）。

（15）少数派声明「ロシア問題に関する論争の争点は何か」（ＭＮ08）。

（16）少数派は、上の「声明」の中で、以下の様に語っている。

「我々少数派は、党員総会に提出した我々の決議案に示された政治的立場を基に確固として結束された同志たちによって構成されており、その決議案を再度是認し、この声明の中で述べられていることに賛意を表明する。これは党全体に知られていることだが、なるほど少数派は、ソ連邦は堕落した労働者国家だと評価する同志たちと、ソ連邦が労働者国家だということを否定する同志たちからなる。しかし、少数派全体、とりわけ、この声明の末尾に署名した同志たちは、我々はこの問題に関する現在の党の立場の修正を提起するものではない、ということでは一致している。これが、党員総会に提出した我々の決議案が意味したものであり、その中においては、『ソ連邦国家の階級的性格という問題を今現在提起することなしに、独ソ不可侵条約、それに引き続くポーランド占領やそれに関連する諸事件が提起した具体的な諸問題に対し、即座の解答を与えることが必要である』と述べられていた。我々少数派は、先の党員総会に対し、この問題に関する党綱領の修正を提起しはしなかったし、来るべき党大会においてもそのような修正を提起しはしない」（傍点の強調は原文）。

「我々少数派は、第四インターナショナルのロシア問題における政治的諸任務に関する立場を基礎に結束しているのである。ソ連邦の社会学的性格に関しては異なった見解があるにも関わらず、少数派の全メンバーは、この点で自分たちが割れることは途方も無く馬鹿げた行為だと信じている。他方、キャノン・グループは、同志たちが政治的諸任務に関し彼らと一致している限り、ソ連邦の社会学的性格如何という点でその同志たちと分裂することは意味がないだろう、と指摘している。これは全く正しい。だが、このことは、我々が討論の最初から強調してきたこと、即ち、キャノン・グループが少数派に反対している（少数派と「分離している」）理由は、ソ連邦の階級的性格を巡って意見が対立しているからではなく、政治的諸結論、つまり政治的諸任務を巡って意見が対立しているからだ、ということの単なる言い換えに過ぎない。これと同様に、少数派の同志たちも、自らが非原則的であって、ソ連邦の階級的性格を巡る意見の相違を隠蔽したり、伏せたりするために結束しているのではなく、政治的諸任務に関して一致しているからこそ、結束しているのである」と。

(17) キャノン「プロレタリア党のための戦い」セクション8「社会主義労働者党党大会」から。

(18) 一九四〇年四月一六日発行の「社会主義アピール」第四巻第一五号の記事では、四月五日から九日となっている。

(19) 公的な声明は以下の通り。

①党員権停止処分に関して。キャノン「プロレタリア党のための戦い」パート8「7 バーナム／シャクトマン／アバーン・グループの党員権停止」より。

「諸決議は、少数派が、我が党の出版物に対抗して、独立の出版物を刊行しないという条件で、彼らに、自己の見解を擁護できるように、「党内ブレチン」と「ニュー・インターナショナル」誌上において、討論を継続する機会を与えたのである。

だが、これらの大会の諸決定は、少数派指導者によって拒否されてしまった。このような振る舞いによって、全国委員会は、大会の指示に従い、少数派指導者が大会諸決定に従う用意があると表明するまで、彼らを党員権停止処分に付すしか他に選択肢がなくなった」

②除名に関して。キャノン「プロレタリア党のための戦い」パート11「シャクトマン―アバーン・グループの除名」より。

「一九四〇年五月に開催された第四インターナショナル緊急協議会は、社会主義労働者党4月党大会の諸決定を承認し、我が党に対して、次のように勧告した。党員権停止処分のメンバーが拒否を再考する時間をただ限定された期間のみに絞り、この期間の最後になっても、党大会の諸決定の受け入れを拒む者は、無条件に党から除名すべきである、と。

今や、緊急協議会が勧告した期間が経過した。…全国委員会全体会議は、ここに、今に至るまで四月党大会の諸決定に服することに意を示さない党員権停止処分メンバーを無条件に党から除名することを宣言する」

これらは、全て、一九四〇年一〇月五日「社会主義アピール」第四巻第四〇号に収録。

(20)　(19)の②。

(21)　このことは、ＳＷＰの理論機関誌と一般向け機関紙の出版物を見れば顕著である。「党内ブレチン」では、一九三九年一〇月一〇日発行の第二巻第一号より一九四〇年二月の同巻第一三号までの計一三冊が発行され、多数派少数派の意見が展開されているが、「党内ブレチン」は、その性格上、党外部の人の目には入らない、従って、多数派も意に介さなかったのである。

しかし、理論機関紙「ニュー・インターナショナル」を見ると、論争が始まった一九三九年九月刊の第五巻第九号（通し番号三六号）から分裂前月の一九四〇年三月の通し番号四一号までの全六冊中、一九三九年一二月の通し番号第三九号までは、論争関係の文書は皆無である。その次の一九四〇年二月第四〇号で初めて、論争関係の文書が出るが、この号は、トロツキー、キャノン、多数派の文書のみで、少数派の文書はない。次の同三月第四一号で、初めて、トロツキーの論文と共に、シャクトマン、小数派の文書が載る。少数派の見解は、従って、分裂一カ月前になって、ようやく同誌の読者に知られた、というわけである。しかも、次の号が出たときには、もう分裂の後で、読者は何がなんだか分からなかったと推測できる。

同じことは、シンパ、労働者大衆向けの機関紙「社会主義アピール」にも言える。論争が始まった九月の一日第三巻第六四号から同年一二月の九五号まで、及び、一九四〇年二月六日第四巻第一号から二月三日の同巻第五号までには、多数派少数派の独自の見解を示す文書はない。その次、二月一〇日の同巻第六号からは、多数派の理論家アルバート・ゴールドマンの論文が七回続けて、三月二三日の同巻第一二号まで載せられている反面、少数派の文書は全くない。そして、その次の次の号、第三回特別党大会が既に開始された翌日の四月六日の同巻第一四号で、突如「ニューヨークにて、SWP党大会始まる―ロシア問題に関する論争は解決を見た」という記事が発表される。シンパ、一般大衆は、党内対立があったことをこの時点で初めて知るのである。全く寝耳に水で、何があったのか不明のままである。次の四月一三日と二〇日の第一五号、一六号に初めて全て拒否された少数派の諸決議案が載るが、その時点で彼らの見解を知った一般大衆が、少数派に同調しても、時、既に遅し、である。

この様に、シンパ、一般の労働者大衆、その他関心を持つ人々は、論争期間中、正につんぼ桟敷に置かれていたのである。彼らが、自己の考えや意見を表明しようとした時には、既に分裂していたということである。ここから言えることは、キャノン、多数派が、論争自体の存在と少数派の見解が党外に知られることをどんなに恐れていたかということである。

これに対し、少数派は、第三回特別党大会に提出された少数派の「組織に関する決議案」のパート5の中で、こう反論している。

「民主主義的中央集権主義及び党内民主主義を維持するには、全党員が自由にかつ共同で党政策を練り上げることが要求されると同時に、それに対応して、集団指導部の自由な選択が要求される。…現在の党指導部は、この民主主義的中央集権主義の原則を繰り返し破ってきた。…アピール紙のコラムでの通例の大会前討論や我が党の理論機関誌のページから現在の論争に対する小数派の見解を除外することによって、少数派の見解を封じることは、我が運動の最良の伝統と慣行に対する冒瀆であり、その根本において、戦闘的労働者の面前で革命的な反対者と対峙することへの官僚的な恐怖を表している」と。

(22)　英語版を参照し、訳語を一つ換えた。

第四章　トロツキー論争内容の再検証

一節　少数反対派の「プチブル」規定

トロツキーが、それをもって、ＳＷＰ多数派を支持して党内闘争に公けに介入した論文「社会主義労働党における小ブル反対派」は、「物事は、その正しい名前で呼ばなければならない。闘争における両派の立場が明確になった現在…」という一節で始まっているが、それは取りも直さず、トロツキーは、両派の立場を明確に知っている、ということである。彼が介入した当時の両派の立場は、本書第三章で既に見た。従って、この論文の読者は、トロツキーが、ポーランドから始めるのか、フィンランドを語るのか、或いは、赤軍の役割を論じるのか、と予想するのが自然だが、右記一節の後にこう続く。「全国委員会少数派は、典型的な小ブルジョア的傾向を指導しつつあると言われねばならぬ」と。彼の一声は、なんと、少数派は典型的なプチブルジョア的潮流だというものである。彼は、少数派の政治的主張には全く触れもせずに、分派闘争の検討から、少数派は「プチブル分子」だという結論を引き出したのである。(1) 党内論争の際、多数派が少数派に対して「プチブル」だと罵ったのは事実であるが、彼らは、論争の最終段階までは、公的にそうは規定しなかった。トロツキーが初めてそう結論付けたのである。それに続いて、そう規定する指標が八つ列挙されているので、見ておこう。彼はこう言う。

「社会主義運動内部のあらゆる小ブルジョア集団と同様、現在の反対派も、次のような特徴によって性格づけられている。すなわち、理論に対する軽蔑しきった態度及び折衷主義への傾向、自らの組織の伝統に対する軽蔑、客観的真理への配慮を犠牲にした個人的『独立』への配慮、整合性に代わる神経質、ある立場から他の立場への頻繁な飛躍、革命的中央集権についての無理解とそれへの敵対心、そして最後に、徒党の結びつきや個人的関係を党規律と取り替える傾向、これらである。反対派の全てのメンバーが、これらの特徴を同程度に表しているわけではもちろんない。それにもかかわらず、統一のない集団の常として、その色合いは、マルクス主義とプロレタリア政治から最も縁遠い連中によって与えられているのだ」と(2)。

ジョセフ・ハンセンらも、前掲「マルクス主義の擁護」の序文で、さも当を得たりと、「これらの言葉は、少数派の気取りをスカルペルのようにずばりと切った。今や、分派闘争の十全の意味が、第四インターナショナルの指導者によって、真っ向から提起されたのである」と記しており、キャノンと同一の認識である。上記トロツキーの規定と、第一章にも挙げた同論文後半にある「…反対派は『左翼』小ブルジョアジーの気分の社会主義労働党内での反映となっているわけである」という一文とが、トロツキーのみならず、多数派、戦後FI諸組織の、少数反対派はプチブル分子であるという認識の起源になった、ということである。

確かに、プチブル的党員が規律を軽視したり、中央集権制を嫌ったりすることはよく見られる傾向で、レーニンも含め多くの人々が例を挙げて指摘してきたが、ここでのトロツキーは、少数派に対するこの中央集権制に関する非難も、その他の非難も、具体的に例証していない。その他のものは、プチブルだけに固有とは言えないものである。例えば、神経質がプチブルの特徴などとなると、労働者党員でも元々そういう性格を持つ党員は怖くて口も聞けなくなるだろう。また、「ある立場から他の立場への頻繁な飛躍」とは、誰のことか？党内闘争の実情を知っているはずの人物の口から出たとは思えない虚言である。少数派は終始一貫していたし、この後の検証からも、それが分かるだろう。結局、この一節では、トロツキーは何の論拠もなしに決め付けているだけである。彼がなすべきだったことは、「現在の党内闘争は、プチブル中産階級分子（少数派）とプロレタリア分子（多数派）の対立の現われである」というキャノンの同様な捉え方に対して、少数派が反駁した点、つまり、そういう特徴付けは、「政治的なものではなく、心理学的なものである」が故、もし、トロツキーの言うことが「真実で、意義あることだとしても、それでもやはり、その『プチブル潮流』が到達した立場を政治的に特徴付けること」であった。「少数派をただ単に『プチブル』だと呼ぶことでは、充分でない(3)」（傍点の強調は原文）のである。

トロツキーのこの論文に対する全面的反論が、シャクトマンの論文「アメリカ党の危機(4)」（MN09）において展開されている。この論文中で、シャクトマンは、先ず、「党内においても党外においても、政治的諸傾向は一夜にして生じるものでもなく、一つのグループや個々人の気まぐれや逸脱が自然発生的に成長した産物でもない」。「孤立した一つや二つの例は、一つの傾向（ましてや「プチブル的傾向」、それも「典型的な」それ）を形成するものではなく、それはせいぜい誤謬ないしは逸脱である」と指摘し、「あなたが我々に対するその特徴づけを主張し続けるためには、ここ一、二年の間で少数派の代表的スポークスマンたちのどこにその傾向が現れたのかを、あなたが利用できる我々の政治的記録の中から指摘する義務がある」と正当な要請をトロッキーに突きつけ、次のように述べた(5)。

「(a)少数派がプロレタリア的マルクス主義の路線からの逸脱を表していること、(b)この逸脱が典型的にプチブル的であること、(c)それが個々の逸脱以上のもの、つまり一つの傾向であること、この三点を証明することが何よりも必要だ、ということである。だが、これこそが、いまだに証明されていないことなのである」と。

これに対するトロッキーの回答が、論文「掻き疵から壊疽の危険へ」の開始部分にある。そこには、「同志シャクトマンはこの一年間、或いは二、三年でもよい、党内に『プチ・ブルジョア的傾向』が存在したという証拠を出せと、私に勧告している。…私はシャハトマンの勧告に従って、過去三年間のことに限定するであろう」という宣言があり、その後に、全て自己の書簡を引用した一〇項目の「前例」を挙げ、その「前例」を出し終わった後に、こう豪語している。

「同志シャクトマンは、私に反対派指導者達のこれまでのプチブルジョア的『前例』を示すように求めた。私は、この要求に応じて、同志シャクトマン自身を引き合いに出してみた。…シャクトマンの名前は、この手紙の中で偶然繰り返されているのではないのだ。他の者達はエピソード的な誤りを犯しているのに、シャクトマンは一つの傾向を示しているのだ。…シャクトマンは、これ見よがしに『前例』を求めた。私は彼に『前例』を与えた。それらは、シャクトマンにとって、全く不利なものである」と。

トロツキーは、自分の挙げた「前例」に自信満々のようであるが、トロツキーの断言とは裏腹に、シャクトマンの名は、「繰り返されて」出てくるわけでもなく、大半がＳＷＰ全体と「社会主義アピール」紙に関するもので、少数派ないしシャクトマンの「傾向」を示すものは、皆無と言ってよい。結局、実証なしのシャクトマンへの個人攻撃を狙ったものと言えるだろう。また、この論文によれば、少数派の提起は、「マルクス主義の教義と綱領を軽率に改変しようとの試み」だそうだが、何を根拠にトロツキーはそう断定したのか？次に、「討議は、党内のプチ・ブルジョア的傾向とプロレタリア的傾向との衝突をあらゆる問題の背後に暴き出した。プチ・ブルジョア的傾向は、党綱領を『具体的』問題という小銭に還元しようとする企ての内に、その混乱を露呈している。これに反してプロレタリア的傾向は、あらゆる部分的問題を理論的統一へと関連付けようと努力している」とある。素晴らしい言葉の羅列であるが、惜しむらくは、トロツキーが党内闘争の実情を全く把握していないことを「露呈している」言葉である。その後は、前掲のシャクトマン論文を材料に、彼への個人攻撃が続く。トロツキーによれば、シャクトマンは、党の「プチ・ブルジョア的翼に固有な偏見をも利用し」、「あれこれの軸を巡って様々な歴史的神話を織りなし」、それによって、「有能なジャーナリスト」になっているそうである。しかも、「シャクトマンは常に、文書類[6]や印刷物に現れた政治の考察に注意を奪われている。彼は、階級闘争の現実的諸過程、大衆の生活、労働階級そのものの内にある相異ある諸層の相互関係等への関心を欠いている」という。これも立派な内容の言葉である。ただ、惜しむらくは、シャクトマンはそういった人物ではなかったことである。最後にこうある。「自己の階級的立場、シャクトマンはこれを瑣事の外にうっちゃっている。それ故に、非常なジグザグや場当たりや飛躍があるのだ。ただただ自分の転変を覆い隠すために、自分の昨今の矛盾をカモフラージュするために、彼は階級的分析を脈絡のない歴史的逸話にすり替えるのである。これが、シャクトマンによるマルクス主義の扱い方、自分自身の党の歴史、およびロシア反対派の歴史の扱い方なのだ。これを実行するに当たって、彼は誤謬に誤謬を重ねるのである」、と。ここで言われている「自己の階級的立場」を捨てたとか「非常なジグザグや場当たりや飛躍」、或いは「自分の転変」、「自分の昨今の矛盾」、はたまた、彼がすり替えたという「歴史的逸話」や彼の「誤謬」は、一体どこに現れたのだろうか？客観的な目で党内闘争の進展内容を追って来た者には、到底思いつかない何の論拠もない言葉である。しかも、仮に、シャクトマン、少数派が「マルクス主義の教義と綱領を…改変しよう」としているということが真実だとしたら、分派闘争どころではないのではないか？　前出の「社会主義労働党における小ブル反対派」とこの「掻き疵から壊疽の危険へ」においてなされた、少数派＝プチブル分子という規定は、少数派に悪印象を与え、トロツキー、多数派の立場を優位に保とうという「計略」と言ってよさそうである。(7)

では、トロツキーの挙げる「前例」1から再検討しよう。第一の書簡は、一九三七年五月二五日「社会党内部のボルシェヴィキ・レーニン主義分派の政策について、ニューヨークに」「書き送った」ものである。(8)この書簡において、「(a)大会に関する『マックス』の私信、及び、(b)シャクトマンの論文『革命的社会党を目指して』」を引き合いに出し、トロツキーは、この論文は「誤った展望」を示し、シャクトマンの社会党に対する評価は、「純粋に現実離れした評価である」(9)と批判した後、続けて、「上記の書簡にて言及した二つの文書は、いずれも、シャクトマンがプチブル民主主義者左派の方へ過度に順応していることを示している…」と批判している。

先ず言えることは、トロツキーのこの批判が正しいとしても、それはシャクトマン個人への批判であって、一潮流としての少数派に対する批判ではない、ということである。では、真相は如何に？　トロツキーの「前例」に全面的に反論した少数派論文「プチブル反対派は何処に1」[10]（MN13）では、こう述べられている。

「『マックス』と署名された『私信』とは、当時、我が社会党内分派の政治委員会全体の指示と承認を受けて、社会党内の全トロツキスト・グループに送付された回状のことである。社会党の月刊誌に載ったシャクトマンの論文も然りである。今、仮にこれら二つの文書の方針が誤っており、日和見主義的だとしよう。しかし、この方針は、バーナムを除いた、（社会党内）分派指導部全体の一致した意見を代表していたのである。更に、より重要なことは、この方針はキャノンが初めて提起したのだということである」と（傍点の強調は原文）。

事実は、こうであった。同論文は語る。「社会党シカゴ大会の前夜、我々を党から追い出そうとする党右派からの激烈なキャンペーンが開始された」際、キャノンは、「追放を避けるため、党右派の攻撃の前に後退して我々のテンポとやり方を緩めることが必要だ、という方針を提唱し」、「政治委員会は、…バーナムを除いて、この路線に同意した」。当時の代議員グループは、キャノンとシャクトマンが指導しており、「シャクトマンの書簡と論文は、政治委員会公式の方針を引き継いだものに過ぎなかった」のである、と。少数派は続けて言う。「トロツキーの証明の仕方と判断基準を使えば、バーナムが非妥協的なマルクス主義的方針を代表していたのに対し、キャノンとシャクトマンは、『プチブル民主主義者の左翼への過度の順応性を露呈した』」ということである、と。

以上、「前例」1では、全く立証できていない。

「前例」2。この書簡も、一九三七年七月のSWP党大会後、一〇月三日に同じくニューヨークに書き送ったものである。トロツキーが意図した内容は、「諸分派の階級構成」だとあるが、これを一読した者は、即、この書簡の一体どこに「諸分派の階級構成」を分析した部分があるのかと、首をひねるばかりであろう。実際の内容は、労働者を中央と地方の指導部に引き入れる問題である。書簡はこう言う。「…組織内部での知識人の優位は組織発展の第一段階では不可避である」が、「…もっと天稟ある労働者の政治的教育にとって大きなハンディキャップでもある。次期大会では、出来るだけ多数の労働者を地方及び中央委員会に送り込むことが絶対に必要だ。…困難は次の点にある。即ち、どの組織内部にも因襲的な委員たちがおり、候補者リストの作成において、諸々な第二義的、分派的、個人的な思惑が余りにも大きな役割を演じていることである」と。これは当時の実情であろう。トロツキーは、この後で、「私は、このような諸問題に関して同志シャクトマンが留意や関心を示したものに出くわしたことがない」と批判している。

では、このような問題に関して、「留意や関心を示したもの」は多数派だったのだろうか？　この点について、前掲少数派論文にはこうある。「SWPのシカゴ創立大会においては、全国委員会の候補者リストは、大多数の他の指導的同志たちの理解と承認を受け、主としてシャクトマンが準備した。一九三九年七月の大会においては、二つのリストが提出された。…シャクトマンの候補者リストは、今まで一線には出ていなかった新鮮な分子―ブレイトマンのような労働者出身の闘士やグールド、アーバーといった有能な青年同志—を、全国委員会に送り込むことを意図していた。…ダンの候補者リスト（多数派のリスト—筆者）は、何よりも先ず、キャノン派集団が多数派を占めることを意図したもので、その為に幾人かの『因襲的な委員たち』を残しておくことを目論んだものである。…彼らが名前を挙げて推す、リスト上の…人物は、クラーク、コクラン、モロー、スティーブンスである。だが、彼らのうち誰一人としてプロレタリアートではない」と。つまり、少数派のリストは、「労働者出身の闘士」や「有能な青年同志」を推挙していたが、多数派のは、「『因襲的な委員たち』を残しておくことを目論んだ」ものだった。これが真相であった。

以上、「前例」2でも、立証できず。

「前例」3。これは、一九三七年一〇月一〇日にキャノンに宛てた書簡であり、この書簡では、「党は真の工場労働者をほんの少数しか持っていない。…我が党は非プロレタリア分子によって水増しされ、その革命性を失うこともあり得る。…全組織を工場へ、ストライキへ組合へと実践的に方向付けることである」などと述べ、党員を工場の方に振り向ける必要性、各地方組織あるいはその中の諸グループの全勢力を、当該地域にある一つか二つないし三つの工場に集中させる必要性を強調」しており、言ってみれば、党全体に対してプロレタリア化を促した書簡である。トロツキーはここで、この書簡は、「証拠として遥かに重みを持っている」と言っているが、少数派の「プチブルジョア的偏向の危険」とは、全く縁のない内容である。

以上、「前例」3でも、立証できず。

「前例」4。ここの書簡は、「デューイ委員会[11]」に関連したもので、一九三七年一〇月一四日にトロッキーがキャノン、シャクトマン、ウォードに書き送ったものだとある。内容は、「…委員会から大衆へパイプを通じるために、労働者グループの代表で委員会を席巻することが是非とも必要である。…同志ウォード、シャクトマンその他の人々は、この点で私に同意の旨を明らかにした。…しかし、それ以降、…ただ偶然に、同志シャクトマンがそれに反対していることを漏れ聞いたのみだった。…」というもので、その後に、「シャクトマンが口では私に同意しながら、その実、自由主義的なその場限りの同盟者の過敏な政治的感受性を傷つけはしまいかと考えたのだとは、これっぽちも疑ってみはしなかった」と批判を付加している。

　ここでトロッキーが事実をどんなに歪曲しているか知るために、前掲少数派論文から引用しよう。

「少数派がプチブル的傾向を代表するといういま一つの『証拠』として引用されていることは、『労働者グループの代表によって「デューイ委員会」を取り囲むこと』をシャクトマンが怠った、ということである。二年前のトロッキーのこの提案は、政治委員会内の一同志、マッキンレーによって支持されただけであった。その他のメンバーは誰一人として支持しなかった。シャクトマンもバーナムも、キャノンもルイットも支持しなかったのである。当時の諸状況のもと、政治委員会は実践上の可能性と有効性という観点から検討し、そのような労働者グループを組織することは実現不可能だという結論を下したのである。では、少数派は、この問題において、多数派と、あるいは、とりわけキャノンと、どこで区別されるのか。トロッキーは何も言っていない、いや、区別されるものがないのだから言うことができないのだ。彼が引用した書簡は、キャノン、シャクトマン、ノヴァックに宛てたものだ」（傍点の強調は原文）。

これが真相である。シャクトマンが口では同意しながら、実は、自由主義的な同盟者を傷つけるのを恐れていた、というトロツキーの断言は、何を根拠にしたのだろうか？　少数派論文は、更に続けて、「その全ての弱点にも拘わらず、『モスクワ裁判』を巡って我々が始めたキャンペーン（社会党内で半ば活動の自由を奪われ、半ば口が封じられていた時期において！）は、我々が着手した活動の中で最も成功したもの―党とインターナショナルにとっての真の勝利―であった。…達成された全てのものを、とりわけ、我が運動にとっての政治的成果を無視し、何もかも、我々が前出の労働者グループを組織し得たか否かという比較的末梢な問題に矮小化するということは、与えられた状況下において何が最も重要かを見極める判断力を放棄するに等しい」と正しく指摘している。

以上、「前例」4でも、立証できず。

更に、この「デューイ委員会」の件に関しては、一九四〇年一月七日付けのトロツキーの「同志バーナムへの公開状」においても触れられている。その「弁証法とデューイ氏」というセクションには、こうある。「この議会的機関を利用せよという僕の主張に対して」、バーナムは「ブルジョア世論への」「イデオロギー的依存」のせいで、反対した。そして、「反対派の指導者」は、「自分の意見を公然と表明して、ボイコット賛成を明らかにした」と。これに対し、バーナムは、この「公開状」への回答として同年2月1日に書かれた「科学と文体」（MN11）の中において、「デューイ委員会問題を、論争中の二分派のどちらかの一般的政治と関連したものと見なすことには、些かの理由もない。…ニューヨークの反対派メンバーたちは、この問題に対して意見が分かれ、一般党員の間で表明された態度は、分派の枠を越え、両分派内に賛成者も反対者も混在していた。…デューイ委員会への招聘状が政治委員会に届いたときの問題は、我々の目的に関してどのような結果が得られるかという判断の問題であって、原則に関しては全く問題がなかった。同志バーンと私が一つの判断を下し、政治委員会の他のメンバーとあなた自身が、もう一つの判断を下した」と。ここでも、トロツキーの「誤解」が明らかである。

「前例」5。一九三八年四月一五日にニューヨークへ書き送った書簡で、トロツキーはこう言っている。

「ニュー・インターナショナル誌上にイーストマン(12)の手紙が公開されたのには、ちょっと驚きました。手紙の公開は結構だが、ハーパーズ誌上のイーストマン論文を巡る沈黙と考え合わせると、表紙でそれをこう目立たせるのは、ニュー・インターナショナル誌にとって、ちょっと不名誉なことのように思われます。多くの人々はこの事実を解釈して、こと友情が問題となると、我々は、原則には進んで目を閉じるのだと考えるでしょう」、と(13)。

これに関して、少数派は、前掲論文で、こう答えている。

「五番目の論点もまた、少数派がプチブル的傾向を代表している一方、多数派は革命的マルクス主義を代表している、ということを証明すべきものとして書かれている。それを証明するものは何か。それは、コーリス・ラモント宛の『モスクワ裁判』に関するイーストマンの公開状を『ニュー・インターナショナル』誌上で公表したこと自体ではない。何故なら、トロツキーは『そのことは問題ないが、〈ハーパーズ〉誌上のイーストマン論文に沈黙を保ったことに加えて、この公開状が第一頁で目立ったこと』が問題だと書いているからである。

…恐らく、第一頁の論文紹介が目立ったことが最重要点なのではなく、最重要点は『イーストマン論文に沈黙を保ったこと』である。だとすると、単にこの論点五を仕上げるためにも、イーストマン論文への回答は書かれていたということを指摘した方がよかったのではあるまいか。では、誰がそれを書いたのか。バーナムである。誰じきじきの個人的要請だったのか。トロツキーである。現在においてと同様当時においても、トロツキーは、マルクス主義的弁証法に対するバーナムの見解を知っていた。…もしそうだとすると、彼は何ゆえ、一九三八年『ハーパーズ』誌上のイーストマン論文に反論する回答をバーナムに書かせるよう提案したのか。…」と（傍点の強調は原文）。

「原則」より「友情」を優先させる？　何をか言わんや、である。

以上、「前例」5でも、立証できず。

「前例」6。この書簡は、一九三八年六月一日にシャクトマン本人に宛てたもので、内容はこうである。

「何故あなたがユージン・ライオンズ[14]に対して、こうも寛容であり、友好的であるのか、当地においては理解しかねます。彼は、どうもあなたの晩餐会[15]で喋っているようです。と同時に、彼は白衛軍[16]の晩餐会で喋っております」と。

この内容は、もし真実だとしたら重大なことである。革命党員が、反革命と関係する人物を自分の晩餐会で講演させているのである。とんでもない話である。だが、この内容も、事実ではない。

再び、少数派に聞こう。

「…事実は、…パイオニア出版社が、ロシア革命とマルクス主義に関するシンポジウムにおいて晩餐会を設け、多数の講演者が招待された。その中には、ライオンズ、トレスカ、フック等がいた。だが、この仔細については、政治委員会は何も知らなかった。その晩餐会の通知が『ニュー・インターナショナル』誌上に載った際、キャノンとシャクトマンが討論し、講演者のリストに対し批判的な態度を採った。また、他の指導的同志たちも同様の態度だった。第一の反対理由は、そのリストが、革命的マルクス主義の代表者に非常に不利に『偏っていた』という事実だった。そこで、晩餐会において、ロシア革命の批判者らの講演の後、我が党の見解を公にするため演壇に立ち、マルクス主義者の見解を発表する任にシャクトマンを指名することが決定されたのである。これが、まさにシャクトマンがなしたことで」ある、と。

トロツキーのこの書簡内容は、まさに「事実」捏造と言っても過言ではないと言えないだろうか？　前項の、シャクトマンは自党の原則よりプチブル連中との友情を優先させているとか、ここの前例にある反革命派とコネのある人物を自己の晩餐会に呼んでいるといった言葉は、事情を知らない者は、たやすく信じ込んでしまうだろう。これもまた、自己と多数派を有利に導こうという「計略」の一種であろうか？[17]　当時は、トロツキーとシャクトマンは同志であったことを考えると、これらトロツキーの言葉は、まさしく非同志的な中傷だと言ってもよいだろう。

以上、「前例」6でも、立証できず。

「前例」7、8、9。この三つの書簡もシャクトマン宛のものだが、全て「社会主義アピール」に関するもので、トロツキーは、「社会主義アピール紙は、…政治活動の本当の道具ではない」（一九三八年一〇月六日付）、「編集部の誰かが、スターリニストの思想と行動に時間の大部分を割くべきです。…イーストマンやライオンズその他の人々に、個人的成果を披露するよう勧めるよりその方が千倍も重要でしょう。…これらの人々に、そう多くもないニュー・インターナショナル誌のページを汚すよう、あなたが個人的に勧めているのにはほとほと当惑しております[18]」（一九三九年一月二〇日付シャクトマンへの書簡）、また、「この新聞（社会主義アピール）は、労働者向けの新聞であって、労働者の新聞ではありません。…やるべきことは、手馴れた編集局の協働を通じて新聞を作ることではなく、労働者が独力で語るよう力づけることなのです。…勿論それは新聞だけでなく、政策の全過程の問題でもあります。…ある期間、…労働者を党に獲得しないプチブルジョア的党員は誰でも、党員候補の列に格下げし、もう三カ月後には党から除名すべきである」（一九三九年五月一七日付）というように、全て「アピール」紙とその出版方針の不備、欠陥を批判したものである。

もう一つの少数派論文[19]は、こう述べている。「『社会主義アピール』紙の幾多の欠点について、くどくど述べる必要はない。それらの欠点を、党が知らないわけではない。…党内の二分派のいずれかを、或いは党内の諸グループのいずれかを、或いはまた、個々の同志の誰それを特徴づけるために、『アピール』紙の欠点に言及することは、全く馬鹿げている。同紙の問題は、現在も、今までも常に、そして、これから先も常に、党自体の問題なのである」と。これが正論である。更に、「根本的には、全党が、我が国の政治生活、労働者階級の生活並びに運動に入り込む程度に応じてのみ、『アピール』紙の『顔』と内容が、正しい方向に変更されるだろう」と正しく指摘している。

この「前例」7、8、9の中で、トロツキーは、シャクトマンに対し、「シャクトマンは自分自身の党や自分の新聞の読者の社会的構成よりも、すっかり解決済みの諸闘争の断片的文献的なエピソードにはるかに興味を示している」とか「同志シャクトマン」は、「プチブルジョア学術的兄弟愛の環境に落ち込んでいる」、或いはまた、「最近の諸事情は、悲しいかな、シャクトマンはイーストマン商会に背を向けるどころか、かえって彼らに接近したことをあからさまにしている」とか、自らの「評価」を挟んでいるが、どれもこれも根も葉もない人身攻撃としか言いようのないものである。

以上、「前例」7、8、9でも、立証できず。

「前例」10。これは、一九三九年六月一六日にキャノンに書き送った書簡である。トロツキーはこう言う。

「…党がその構成上プチ・ブルジョア的になればなる程、ますますそれは世論と言われているものの変化に身を委ねると、今こそ強調されなければならない」、また、「君が論文の中で触れている悲観的推論は、もちろん、世論と言われているものの愛国主義的、民族的主義的圧力の反映である」と。正しい。だが、問題は、「いかなる点において、これが、少数派グループが『プチブル的傾向』を代表しているという非難を証明する論点になるのか?」（前掲論文）ということである。最初の指摘は、一般的なことであり、後の「悲観的推論」は誰のものかも分からない。証明とは程遠い代物である。これに対し、少数派は、同論文にて、「革命党は、その成立時の、或いはその発展過程の諸段階の社会的構成如何にかかわらず、絶えずプロレタリア党になるよう奮闘しなければならず、その方向性を主として労働者階級に定めなければならない、という意味において、その社会的構成は、日々の活動においても決定的である。しかしながら、ここからして、いかなる党の段階にあっても、いかなる政治論争にあっても、社会的構成上、プロレタリアートが優勢な党あるいは党内グループの方が、その社会的構成上、プロレタリア的観点から見て劣っている他の党あるいは他のグループより、政治的立場において正しい、という恣意的な推論を引き出すことは誤りだろう」（傍点の強調は原文）と正しく指摘した後、「ロシア社会民主主義党内の実例だが、ボルシェヴィキと比較して、メンシェヴィキは、彼らの隊列内にボルシェヴィキを遥かに上回るプロレタリアを擁することがあったのである。それ故、問題は、根本的に常にそうであるように、結局、政治的立場の問題に要約される。目下の我々の分派闘争においても然りである。そこで、例えば、フィンランドにおけるスターリンの併合主義軍隊の勝利を願う立場と第三陣営の独立した階級活動の発展に力を注ぐ立場とのいずれが、正しい立場、つまり、プロレタリア革命の利益を真に代表する立場なのかについて、客観的に結論を下すことが必要なのである」と述べている。これが正しい視点である。政治的に「正しい立場」とは、「プロレタリア革命の利益を真に代表する立場」なのである。

以上、「前例」10でも、立証できず。

トロツキーが冒頭で挙げた「前例」はこの一〇項目であるが、彼の論文中の「便宜的敗戦主義またはコロンブスと卵[20]」というセクションにおいて、もう一つの「前例」を出している。この例は、一九三七年のスペイン内戦当時の共和国派首相ネグリンの軍事予算に賛成投票するか否かという問題に関する問題を巡って、トロツキーとシャクトマンの間で交わされた書簡である。ここにおいて、トロツキーは、軍事予算に反対投票せよという彼の意見に疑義をはさんだシャクトマンを批判している。では、この問題に対して、少数派は如何に回答しているのか、彼らの声を聞こう。

「さて、この問題に対するシャクトマンの立場が、完全に誤りだったとしよう。しかし、シャクトマンは、誰を代表してこの質問書簡をしたためたのか？　書簡は、『我々は』とか『我々に』という言葉を使用している。この『我々は』とか『我々に』という言葉の中の『我々』とは、政治委員会の大部分の同志たちを指している。我々は共和国派の軍事予算に投票すべきではない、という一九三七年のトロツキーの論文を受け取った時、とりわけキャノンとシャクトマンは、それがトロツキーの立場だとは信じられなかった。これは、彼ら二人の政治的成長にとっては、褒めたこととは言えないかもしれないが、事実だ。そこで、シャクトマンが、彼一人の名だけではなく、キャノンその他の同志たちを代表して、トロツキー宛にそれに関する書簡を送ることが決定されたのだった。少数派の方針の連続性を証明しようとして、トロツキーがシャクトマンただ一人に着せている『日和見的立場』は、キャノンその他の党の指導的同志たちの立場でもあったのである」。

これが真相である。トロツキーが批判した立場は、実際は、ＳＷＰの「指導的同志たち」の立場だったということである。

以上、もう一つの「前例」11でも、立証できず。

結論。「たとえもし、トロツキーの挙げた全ての論点が正しいと仮定しても、それらの論点は、せいぜい、彼が言及した一一の前例全ての場合において、多数派と少数派の立場の双方ともに、全体として、同一だったことを示しているに過ぎない」上、「相反する主張は、客観的に検証されなければならないし、諸議論は、外的要素を排し、それ自体で判断されなければならない」。これから見て、少数派の回答が、「トロツキーが少数派に着せようとしている政治的特徴づけが、全く根拠のないものであることを示している」（前掲論文）と言える。そう、トロツキーの豪語に相反して、彼は何一つ証明できなかったのである。

では、最後に、多数派と少数派が、赤軍のフィンランド侵略など現実の政治問題を巡って、激しい論戦をしている最中、何故、この少数派の「プチブル規定」という問題が突然投げ込まれたのであろうか？

一般に、革命的左翼、取り分け「プロレタリア性」を過度に強調する左翼陣営の間には、プチブルを全否定し、彼らの言うことは誤っており、聞く必要もないといった固定観念を持つ人々がいる。ある論争が沸き起こった時、この心理を利用することを考え付く人がいても不思議ではない。恐らく、そういうことを初めて政治に持ち込んだのはスターリンであろう。彼は、トロツキー左翼反対派との分派闘争が始まって約四カ月後の一九二四年一月ロシア共産党第一三回協議会において、早くも「反対派は、…民主主義への際限のない要求の中に、プチブル分子の勢力を解き放っていると、私は信じている[21]」と述べ、更に、反対派に勝利を収めた後の同年五月二三日から三一日のロシア共産党第一三回党大会の決議では、「現在の『反対派』の中に、我々は、ただ単にボルシェヴィズムを修正せんという企て、レーニン主義からの露骨な離反のみならず、あからさまなプチブル的逸脱を見る。現『反対派』が、客観的に見て、プロレタリア党が保持する立場とその政策に対するプチブルの及ぼす影響を反映している、ということには、些かの疑問もない[22]」と、トロツキーと極めて類似した言い方をしている。これによって、スターリンは、左翼反対派に対する闘争を優位に進めていったのである。

トロツキーも同じように考えたのかを調べる方法はない。しかし、「前例」3で挙げた書簡の引用後の「私は、スターリン＝ヒトラー協定の翌日に、或いはポーランド分割の翌日に、プチブルジョア的偏向の危険を指摘したのではなく、二年以上も前からそれを執拗に持ち出していたということが、この手紙から明らかであると、私は考える」(23)という言葉は、少数派は元々プチブルだったのだ、という観念を党内党外に浸透させるためのものだった、とは言えないだろうか？　だとすると、トロツキーも、スターリン同様、自分と多数派の立場を優位にするため、少数派イコール「プチブル」という恣意的規定を前面に押し出すことを念頭に置いていたのではなかろうか？

〈第四章一節　注〉

(1)　同論文のセクション「組織問題」においても、「反対派は小ブルジョア的気分と傾向の影響下にある」、また、「目下の討論のなかで、反対派はその小ブルジョア的特徴をはっきりと表明した」、と記されているが、少数派の主張のどこを、何を論拠にしたのかは、全く述べられていない。

この点に関するシャクトマンの回答が、彼の論文「アメリカ党の危機」（注4参照）に載っている。曰く、「…数年間にわたる我々の確証された記録に基づいて、我々を政治的に特徴づけていただきたい。しかし、これこそキャノン派が行わなかったし、未だに行なっていないことなのだ。しかも、彼らはそれを試みようともしなかった。なぜなら、その試みは実りがないもので、予め失敗する運命にあるということを誰もが知っているからである。それをしないのは、調べるに足る少数派の指導的同志たちの記録がないからではない。全く反対である。少数派の記録はあり、上述したように、それは簡単に調べられるのである。

あらゆる問題に対する全ての同志の見解が載っている政治委員会の諸記録があり、出版物に載った我々の論文があり、我々の諸綱領と諸宣言があり、そして我々のパンフレットとスピーチがある。これらを引用せしめよ。そうすれば、我が党が過去においてブルジョア愛国主義的圧力や反ソ的圧力、改良主義的圧力を受けた例には事欠かないことが分かるだろう。では、我々の指導的同志たちの誰がいつどこでこの圧力に屈したのか、記録の中から示したまえ！私は確信を持って言うが、それは出来ない。記録が明らかにすることは、全ての種類の改良主義者、愛国主義者、人民戦線派、スターリニスト、左翼中間主義者、極左派に対して、戦争に対する革命的国際主義的立場を常に擁護し、かつまた戦争の危機と戦うことの必要性及びそれが労働者階級の隊列にもたらすあらゆる事態に対して、常に党を一層油断なく警戒させることを追求してきた隊伍の中で、我々は最後尾に座していたのではなく、とりわけバーナムとシャクトマンに関する限り、偽善的な謙虚さなどなしに言うが、我々が最前列に立っていた、ということである」と。

（2）英語版を参照し、訳語を変えてある。

（3）この段の引用は、前掲「戦争と官僚主義的保守主義」より。言うまでもないことだと思われるが、ここで少数派が指摘していることは、「真というもの」は、階級を問わないということである。一〇進法での「一足す一は二」ということは、マルクスが言っても、ヒトラーが言っても、スターリンが言っても「真」であることには変わりがない。従って、ある人ないしグループが、本当にプチブルであったとしても、それだけでは、彼ないし彼らが言っていることが正しいか否かは、判断し得ないということである。

（4）The Crisis in the American Party. An Open Letter in Reply to Comrade Trotsky. New International Vol. 6 No. 2, Mar 1940, MIA

（5）ここで、シャクトマンがトロツキーに要請したことは、実は、当初、キャノン派に向けられていたものであった。
「ニュー・インターナショナル」第六巻第四号一九四〇年五月九日掲載の少数派の文書「プチブル反対派は何処に　1」（MN13）（Where is the Petty-Bourgeois Opposition?, New International Vol. 6 No. 4, May 1940, MIA）に、こうある。

「我々の抗議は、何よりもまず、キャノン派に向けられていた。…シャクトマンは、これら少数派の同志たちの記録文書に関して、こう書いている。『キャノン派は、党の記録文書を所有しており、上述のように、それはたやすく利用できるものだ。そこには、全ての問題に対する全ての同志の見解を収めた政治委員会の記録、出版物に掲載された諸論文、我々の政綱・宣言文、諸パンフレット、諸演説が収められている。例証を上げて証明したまえ！　確かに、過去において、我が党は、ブルジョア愛国主義的、反ソ連邦的、修正主義的圧力を充分過ぎるほど受けてきた。では、記録に基づいて、いつどこで、我々少数派の指導的同志たちのうち誰がこの圧力に屈したかを我々に示したまえ。私は、確信をもって言うことができる。そうすることは不可能だ、と』。案の定、それはなされなかった」と。
（6）英語訳は、「literature」だが、日本語版の「文学」は、そぐわない。
（7）前にも指摘したことだが、「社会主義労働党における小ブルジョア反対派」執筆以降のトロツキーは、少数派に言及する時、必ずといってよいほど、「小ブルル反対派」とか、「ジャーナリストである」とか「ブロンクスに住む(*)」、或いは、「目下の討論の中で、反対派はその小ブルジョア的特徴をはっきりと表明した」（「社会主義労働党における小ブルジョア反対派」）などの文、形容句、単語などを付け加えている。更に例を出せば、バーナムは「…どんな民主的サロンにも入っていけるのだ」（「同志バーナムへの公開状」）、シャクトマンには「プロレタリア的観点と呼ばれるちょっとしたものが欠けております」（「ジョン・G・ライトへの手紙」、「擁護」所収二七六ページ）、「長い政治的経験は、小ブルジョア教授やジャーナリストが高尚な道徳についてのお喋りを始める時にはいつも、ポケットの中でこぶしを固める必要があることを、私に教えてくれた」（「小ブルジョア・モラリストとプロレタリア党」、ここでの「小ブルジョア教授」はバーナム、「ジャーナリスト」はシャクトマンである—筆者）、「小ブルジョアの『第三陣営』を信用しても、一セントの得にもならないのだ！」（同前）、「プチ・ブルジョア的影響、殊に学術的、文献的な影響に屈しがちなシャハトマンの傾向」（「搔き疵から壊疽の危険へ」）、「シャクトマンのふらふらした気まぐれの政策」（同前）、等など枚挙にいとまがない。

では、このようなことは意味を持つのか？　持つ。こういった表現方法は、「充填された言葉」または「含みのある言葉」（英語では、loaded language 或いは emotionally charged words）と呼ばれるレトリックの一つであり、ある言葉やフレーズ、特に否定的なものや偏ったもの（反対に、賞賛するようなものもある）を使って、聞き手ないし読み手の感情や印象を操作しようとするものである。意識的に使えば、もちろん詭弁の類となる。メディアでもよく使われる方法であるが、これを知らないと、事実ではなくそのレトリックの言葉で判断を左右されかねない。つまり、バイアスがかかってしまうのである。

例えば、A氏とB氏の行為は、正当防衛かどうかが問題の場合、A氏に関し、「仕事熱心で律儀な二児の父A氏の…」と紹介されると、多くの人は、それだけで「恐らく正当防衛だろう」と考えてしまい、B氏に関し、「前科三犯、DVの常習者、00組の準構成員B氏の…」とくれば、それだけで「こいつが正当防衛？　まさか」と考えてしまう。しかし、彼らの行為が正当防衛か否かは、彼らの性格、職業などとは無関係で、その事件を客観的に分析することからしか結論は出ない。

政治でもこれと同様である。ある状況に対する二人の同志の方針の内、どちらが適切かということが問題となった時、もし、一人は、「歴戦一三年の○○組合元委員長を務めた生粋の労働者党員A同志の…」と紹介され、もう一人は、「東京都港区の高級マンション在住の元ジャーナリストで、現在大学教授B同志の…」とくれば、結果は明らかである。トロツキーが狙った効果はこれであろう。

トロツキーの「マルクス主義の擁護」に収められた諸論文には、この「充填された言葉」がここかしこに散りばめられているので、注意が必要である。

（＊）当時、シャクトマンは、ニューヨーク市ブロンクスに居住していた。トロツキーは、論文「同志バーナムへの公開状」の中で、二回（二六二ページと二六五ページ）、論文「掻き疵から壊疽の危険へ」の中で一回（二八七ページ）、シャクトマンがブロンクスに住んでいることを、さも「プチブル」の証だとでも言うように彼を揶揄している。しかし、ブロンクスは、元々、アイルランド人、イタリア人、そして特にユダヤ人などの貧しい移民の街であり、禁酒法時代はギャングと密造酒の製造販売人たちで溢れ、一九三〇年以降、小数の比較的裕福な民衆が移転した後は、貧乏な黒人とヒスパニックが多く住むところとなった（英語版ウィキペディア「The Bronx」より）。従って、トロツキーが描くような所ではなかったのである。

（8）ＳＷＰの当時の前身、合衆国労働者党は、一九三六～三七年の間、「加入戦術」に基づき、秘密党員を除き全党員が「アメリカ社会党」に加入していた。

（9）この辺の訳語は、日本語版のではなく、MIAの英語版から訳出したものである。
（10）注（5）を参照。
（11）一九三六年の第一次モスクワ裁判の後、モスクワ裁判でのトロツキーに対する告発の真偽を明らかにするため設立された「レオン・トロツキー弁護アメリカ委員会」が、一九三七年三月に設置した委員会。この時のトロツキーの弁護士が、アルバート・ゴールドマンであった。
（12）マックス・イーストマン。アメリカの詩人、作家。かねてから社会主義を支持しており、ソ連邦滞在中の経験からトロツキズムの支持者となるが、アメリカ大恐慌後、社会主義思想に疑問を抱き、戦後は反共保守派となる。
（13）英語版を参照し、表現を少し変えた。
（14）アメリカのジャーナリストにして作家。アメリカ社会党から出発して、アメリカ共産党の支持者となり、一九三〇年代、トロツキズムに接近するものも、その後右転回する。
（15）日本語版では、「寄席」となっている。
（16）歴史的に有名なのはロシアの白衛軍（白軍）であるが、この論文が書かれた当時はもはや存在していない。従って、ここでトロツキーが念頭においていた白衛軍とは、一九一八年に勃発したフィンランド内戦時に生まれ、一九四四年に解散されたフィンランド白衛軍なのだろうか？　正体不明である。
（17）先の注（6）で、「充填された言葉」というレトリックをみたが、トロツキーがここで使用している方法は、これとも関連する、「論点のすり替え」という詭弁の中の、「人身攻撃」（英語は、argumentum ad hominem 又は「個人攻撃」）と呼ばれる詭弁で、相手の意見、主張そのものに反論するのではなく、それを主張したその人の個性や行動、或いはその人の信頼性や権威を問題にし、批判を加えるというものである。

(18) ここは、MIAより直接訳出。この書簡で言われている、シャクトマンがイーストマンやライオンズらに「ニュー・インターナショナル」誌上に意見を発表するよう勧誘した、というくだりは、バーナムとシャクトマンが共同執筆し、一九三九年一月の「ニュー・インターナショナル」第一巻第一号に掲載された「後退する知識人」という論文に関連するもので、トロツキーは、その論文の中で、バーナムとシャクトマンは、イーストマンらに論文なりを発表するよう勧誘したと批判しているのである。同様な批判は、トロツキーが一九四〇年一月七日付けでバーナムに宛てた「同志バーナムへの公開状」(擁護)の中の「マルクス主義に対しては『科学』、綱領に対しては『実験』」というセクションに更に二カ所ある。一カ所目に、こうである。

「僕は、君がイーストマンとの論争に加わったことも、幾つかの問題では君の議論が立派だったことも知っている。だが君は、君自身のサークルの一代表としての彼と議論しているのであって、階級敵の手先としての彼とではない。このことは、君がシャクトマンとの共同論文で、イーストマン、フック、ライオンズその他に対して、結局、彼らの見解を公表するのに『ニュー・インターナショナル』のページを利用するよう、予想だにしない誘いをかけることになった時、はっきりと暴露されました」と(MIAより)。

先ず、イーストマンが「バーナムのサークル」の一員であったことはない。事実無根である。第二に、この二つの引用を読んだ者は、十中八九、バーナムとシャクトマンは、彼らの論文「後退する知識人」の中で彼らが痛烈に批判している相手に対して、党理論誌上に彼らの見解を自由に公表するよう呼びかけた、と解するであろう。何と無節操な輩だと思うことだろう。だが、これもまた、トロツキーの作り話なのである。そういった勧誘は、論文自体にはない。ただ、その論文最後の両者の著名の下に、大括弧があり、そこにこう書かれている。

「上記論文を収めたニュー・インターナショナル誌のコピーは、論文が批判した全ての個々人に送られる。将来の本誌上での批評発表をお望みの方は、どうぞご批評を。―編集者」と。

これを読むと分かるように、二人は、論文の中で、論敵に彼らの見解を自由に発表するよう呼びかけたのではなく、編集者の資格で、その「後退する知識人」という論文について批評があれば、公開討論も辞さない、と挑戦したということである。

これを踏まえると、もう一カ所の内容が、如何に事実を無視したものであるかが判明する。トロツキーは言っている。

「…同志バーナムよ、シャクトマンに支持された君が、好意的な解説をつけて我々の党機関誌に印刷するから原稿を送れと、ブルジョア民主主義者を勧誘する。…君は君の同盟者シャクトマンと共に、ブルジョア半敵対者の方に顔を向けて、君ら自身の党の方に背を向けた」と。

これが事実だとすると、バーナム、シャクトマンの政治的信用性が大問題になるはずだし、また、これが事実でないとすると、トロツキーは事実を大きく捻じ曲げたということである。どちらなのかは、自ずと明らかである。トロツキーは、彼ら二人の政治的主張に反駁するより、彼らの党員としての、また、マルクス主義者としての信用を落とすことに躍起になっていると判断できそうである。

（19）「プチブル反対派は何処に？　2」、Where is the Petty-Bourgeois Opposition part 2, New International

Vol. 6 No. 5, Jun 1940, MIA

（20）現代思潮社刊のトロツキー選集第九巻「マルクス主義の擁護」の同セクションは、「…コロンブスの卵」となっているが、英語原文は、「…Columbus and the Egg」、となっている。

（21）J. V. Stalin, "Thirteenth Congress of the R. C.P.（B.）", May 23-31, 1924, MIA

（22）J. V. Stalin, "The Social-Democratic Deviation in our Party "Report Delivered at the Fifteenth All-Union Conference of the C. P.S. U.（B.）, November 1, 1926, MIA

（23）ここの訳文は、英語版を参照し、やや変えてある。

二節　少数派「ブロック」の性格

第二の問題点は、バーナムとシャクトマンの「ブロック」の性格であるが、その問題に入る前に見ておかなければならない箇所がいくつかある。

トロツキーは、「社会主義労働党における小ブル反対派」のセクション「理論的懐疑主義と折衷主義」において、一九三九年一月に「ニュー・インターナショナル」誌上に掲載されたバーナム、シャクトマン共著論文「後退する知識人」を例に取り、二人をこう喝破している。

「十分な理由もなしに『理論』の提示者をもって自認する反対者に対して論争を挑みながら、論文（「後退する知識人」）は意識的に、問題を理論的高みに引き上げようとしなかった。何故アメリカの『急進的』知識人が弁証法抜きのマルクス主義（ゼンマイ抜きの時計）を受け入れるのかを、説明することが絶対に必要であったのだ。…合理主義と経験主義との混合としてのプラグマティズムが、合衆国の国民的哲学となった。…しかし時かわって、プラグマティズムの哲学は、アメリカ資本主義と同様、破産の時期に入った。この論文の著者たちは、哲学と社会の物質的発展との間のこの内的関連を示さなかったし、示すこともできず、示そうともしなかった」と。

トロツキーは、彼ら二人は「絶対に必要であった」ことも「哲学と社会の物質的発展との間の」「内的関連」も論じていない、と批判しているわけである。だが、この批判が正当性を得るのは、この論文の主題が、「『急進的』」知識人」と弁証法に関連するものか、或いはまた、プラグマティズムの破産に関連するものだった場合のみであろう。しかし、「後退する知識人」の主題は、論文のサブタイトル、「反スターリニスト知識人のマルクス主義から修正主義への傾斜に関する政治的分析―シドニー・フック、マックス・イーストマン、ユージン・ライオンズ、ベンジャミン・ストルバーグ、チャールズ・イェール・ハリソン、その他のボルシェビキ批判者への批判、彼らはいかなる立場を採り、どこへ向かうのか」から明らかなように、「反スターリニスト知識人」の政治的分析と批判であり、主題が異なる。トロツキーが引用したのは、「後退する知識人」第二セクション2「スケープゴートとしての弁証法的唯物論」の中の記述だが、その記述のすぐ上段に、こうある。

「イーストマン、フック、ウィルソン、ライオンズ、デューイ、そして我々のリスト上に散在するその他の者は、遂に弁証法唯物論という『神学』に矛先を向けてきた。我々は、ここでは、弁証法的唯物論という一般理論を論ずるつもりはない。それには、一論文の一つの章ではなく、一冊の書籍が必要となるだろう。さしあたり、我々は、我々の批判対象者の面々が弁証法的唯物論に対して攻撃している幾つかの特徴点にのみ関心があるだけだ」と（傍点の強調は原文）。

ここに、はっきりと「ここでは、弁証法的唯物論という一般理論を論ずるつもりはない」と述べられている。つまり、彼ら二人の論文は、政治が主題で、哲学やら弁証法は主題ではなく、従って、「弁証法抜きのマルクス主義」とか「哲学と社会の物質的発展との間のこの内的関連」とやらを論じるのが目的ではないのである。彼らがそれら「を示さなかったし、示すこともできず、示そうともしなかった」のは、至極当然のことだったのである。論文の主題とは無関係なことなのであるから。トロツキーは、ここでは、地球の自転がテーマの講演会に行き、全員の前で、「絶対に必要」なのは公転を説明することであり、太陽と地球の運動の「内的関連」を示すことが重要なのにもかかわらず、講演者は、それ「を示さなかったし、示すこともできず、示そうともしなかった」と言ってのける学者に等しい。そういった学者は、出席者全員から侮蔑の笑いを浴びるのが落ちであろう。従って、トロツキーが同論文の次のセクションで引用している彼のシャクトマン宛ての書簡の中の、「…弁証法を論じた部分は、ニュー・インターナショナルの編集者としてのあなたが、マルクス主義理論に与え得た最大の打撃です。…」という箇所、或いは、「私は、弁証法反対者との協働の可能性を些かも拒否したことはありません。ただ、弁証法の問題が非常に重要な役割を演ずる、もしくは演ずべき場合に一緒に論文を書いたりすることは好ましくない、と言っただけです」という箇所も、バーナム、シャクトマンは、弁証法的唯物論を論じない、と言っている以上、相関性がない。要するに、トロツキーの批判は、全く的外れなのである。

続いて、同じく「後退する知識人」から、「この論文の二人の著者は、弁証法的唯物論一般の評価が全く異なり、一人はそれを受け入れ、もう一人はそれを認めない。…このような状況には、何ら変則的なところはない。…弁証法的唯物論というより抽象的な理論に関する見解の一致不一致が必然的に今日明日の具体的政治諸問題に影響を及ぼす、ということを立証した者は、かつて誰一人としていない」という部分を引用した後、こう批判している。

「この驚くべき推論の意味するものは何か？　ある人々が間違った方法を通じて、時折正しい結論に達している限り、また、ある人々が正しい方法を通じて、しばしば正しくない結論に達している限り…方法など重要でない。いつかより多くの暇な時間がある時にそれについて熟考するつもりだ。だが、今は他にすべきことがある」と。

「後退する知識人」の著者たちの主旨は、ある人々なりある組織なりでもよいが、ある哲学に関する評価が互いに異なっていたとしても、そのことは現実の「具体的政治諸問題」に対する態度には影響せず、従って、そういった諸問題に関してはブロックを組める、という意味であり、全く正しい。仏教徒とキリスト教徒、或いは、唯物論者と観念論者がブロックを結び、政府の宗教政策に反対することもありうるし、逆に、同じ唯物論者が、政府の外交政策に関し、意見が異なることもありうるのである。トロツキーが上記最初の引用文から削った部分、つまり、「もう一人はそれを認めない」という文に続く部分には、こう書かれている。「だが、このことは、この二人が長年にわたって、単一の政治組織内において互いに受け入れた諸目的に向かって活動することを妨げはしなかったし、両者とも、私的な或いは公開の場面において、自らの理論的見解を押し隠すということすら必要なかった」と。この様に、バーナム、シャクトマンの論点は、「弁証法的唯物論という…理論に関する見解の一致不一致が…具体的政治諸問題に影響を及ぼす」か否かである。しかし、トロツキーは、それを、「方法」は「重要」か否かという違う論点にすり替え、それを論じているだけなのである。(1)

これに対し、シャクトマンは、前掲論文「アメリカ党の危機」の中で、以下のように、事実を示し反論している。

「…私はこう言いわなければならない。あなたの非難は、全く不当であり、根拠がない、それらは客観的に支持され得ない政治的結論を支持する目論みで恣意的に作られた解釈である、と。では、その根拠を指摘させていただこう。

あなたは先の我々の論文（ニュー・インターナショナル誌、一九三九年一月号）から、弁証法的唯物論に対し意見を異にする我々二人の著者が、それにもかかわらず、いかにボルシェヴィズムのプチブル反対者たちに対抗して共同論文を執筆したかを説明するセクションを引用し、こう結論づける。この二人の著者は、『方法はそれほど重要ではなく、いつかより多くの暇な時間がある時にそれについて熟考するつもりだ。だが今は他にすべきことがある』という見解を持つ、と。失礼！我々の論文の中には、この結論の正当性を示せるような言葉はどこにもない」と。

この点に関しては、トロツキー論文「掻き疵から壊疽の危険へ」の「哲学的反マルクス主義連合」というセクションにも、同様の記述がある。

「まさにここから、(2)シャクトマンの裏切りが始まる。…シャクトマンは、日の浅い革命党に対して、弁証法的唯物論が党の政治的活動に影響するとは、恐らく『いまだ何人も立証していない』と教えを垂れているのである。別の言葉でいえば、マルクス主義がプロレタリアートの闘争に役立つとは、『いまだ何人も立証していない』。従って、党は、弁証法的唯物論を習得したり、擁護したりする意図を持たない。これは、マルクス主義の放棄、科学的方法一般の放棄、経験主義への惨めな屈服以外の何ものでもない(3)」と。

ここでも、トロツキーは、論敵の言っていることを正しく伝えていない。先ず第一に、シャクトマンは、「弁証法的唯物論が党の政治的活動に影響するとは、…『いまだ何人も立証していない』」とは述べていない。上で見たように、彼は、「弁証法的唯物論が」、と言ったのではなく、「弁証法的唯物論…に関する見解の一致不一致が」と言ったのである。つまり、シャクトマンが述べた「影響する」の主語は、トロツキーの言う「弁証法的唯物論」ではなく、それに「関する見解の一致不一致」なのである。トロツキーは、ここでも、主語をすり替えたのである。シャクトマンの主張は、上で見たように、哲学的立場が一致していても、いなくても、同一の政治的結論で合意することはありうるということで、全く正しい。しかし、トロツキーが主語をすり替えた文では、弁証法的唯物論は党の政治活動には無縁であるということを意味し、主旨が異なる。従って、その後ろの、「マルクス主義がプロレタリアートの闘争に役立つとは、『いまだ何人も立証していない』。従って、党は、弁証法的唯物論を習得したり、擁護したりする意図を持たない」という部分も、同様に、トロツキーが「見解の一致不一致が」を「マルクス主義が」に置き換えた彼自身の言葉であり、シャクトマンが述べたものではない。よって、ここでのトロツキーの反論も無効である。

では、「ブロック」の性格に移ろう。

「社会主義労働党における小ブルジョア反対派」のセクション「警告することと実行すること」の中で、「バーナムとシャクトマンは、弁証法の拒否と半拒否を基礎にブロックを形成し」、シャクトマンは、「…哲学の領域でも社会学の領域でも、マルクス主義の概念に対する攻撃ブロックをバーナムと共に擁護している」と指摘しているが、その約一カ月後の論文「掻き疵から壊疽の危険へ」で、「哲学的ブロック」、「哲学的反マルクス主義ブロック」とはっきり規定されているように、主眼は、彼らの「ブロック」は、主として「哲学の領域」におけるブロックだということである。

つまり、トロツキーは、先ず第一に、彼らのブロックの性格は「哲学的」だと決め付けたのである。だが、果たしてそうだろうか？　この問題については、多くを語る必要がないと思われる。何故なら、彼ら二人のブロックが「哲学的」ブロックではないということは、誰の目にも明らかだろうからである。ブロックとは、何らかの共通した目的のために結成される連合体である。従って、ある個人と個人でもよいし、ある集団と集団でもよいが、人がブロックを結ぶのは、当事者同士の共通点を基礎にしてであって、相違点を基礎にしてではない、ということは言うまでもない常識である。異なった哲学的志向を持つ者同士が、共通の政治的目標を基に手を組むことは、多々あることだといってよいだろう。そして、その場合は、「哲学的」ブロックではなく、政治的ブロックと呼ぶのが正しい。具体的に言うなら、既に見たように、バーナムとシャクトマン、そして少数派は、第二次世界大戦初期に発生した具体的諸事件に関する党の政治的任務を共通点として政治的ブロックを組んだのである。トロツキーはこの明白な事実を頑として認めない。この問題に関しては、シャクトマンが、「あなた（トロツキー）は、『哲学の分野における』私の『バーナムとのブロック』

という表現を用いる。だが、この分野こそ、正に我々がブロックを結ばなかった分野である！　…この論文は専ら政治的目的に的を絞って書かれていたもので、その目的は、プチブル知識人の批判者からボルシェヴィズム、ロシア革命、第四インターナショナルを擁護すること、並びに彼らの政治綱領を攻撃することである。私は、依然、その擁護と攻撃は妥当だと考えている。いずれにしても、我々の隊列の中の誰一人として、キャノンさえもが、未だにその論文に異議を唱えていない（当時も現在も）」（シャクトマン前掲論文）と指摘している通りである。

また、同セクションには、こういうくだりもある。「バーナムは弁証法を拒否する。シャクトマンは受け入れるらしい。(4)ところが、…『非一貫性』という天上からの贈り物のおかげで、二人は同じ政治的結論に到達する」と書いている。ここの「『非一貫性』という天上からの贈り物」という得体のしれないものは無視するとして、トロツキーは、ここで、「二人」が「同じ政治的結論に到達」したということを認めているのである。だとすると、これは、政治上の共通点を基にした政治的ブロックということで、トロツキーは、ここで矛盾した結論を述べていることになる。(5)

次に、トロツキーは、バーナム、シャクトマンは方法は重要でないと把握しており、それによって、「弁証法の拒否と半拒否を基礎にブロックを形成した」が故に、そのブロックの性格は、「非原則的」、或いは、「無原則的」だと見なした。

この哲学的傾向が同一でない者同士が共通の政治的目的のために結んだブロックは、「無原則的」なのか否か、という点に関して、シャクトマンは、「後退する知識人」中のレーニンの引用部分を再掲載している。それは、こうである。

「よく知られているように、一九〇七～八年の間、レーニンはマッハ主義者と哲学的な論争に従事していたさなか、同時にメンシェヴィキと激しい政治的闘争を繰り広げていた。ゴーリキーは哲学的諸問題ではマッハ主義者に傾き、明らかに、このことは当時論争中の具体的諸問題に関し、メンシェヴィキに対してレーニンと政治的な連携を結ぶことの妨げになり兼ねないと考えていたが、一九〇八年二月二五日レーニンは下記のようにゴーリキーに書簡を送っている。(6)『私は、全く隠し事せずに私の見解をあなたに話さなければならないと思います。私は、現在ボルシェヴィキの間で哲学の問題に関して一悶着が起きることは全く避けられないと見なしています。しかし、私の意見では、そのために分裂するのは馬鹿げています。私達は、社会民主主義労働党の中で明確な戦術を貫徹するためにブロックを組んできました。我達は、意見の相違なしにこの戦術を遂行してきたし、今でも継続しています（唯一の意見の相違は第三国会のボイコットとの関連で起こっただけです）。しかし、先ず第一に、この意見の相違は我々の間では鋭い形をとったことがなく、分裂の兆候にさえ至りませんでしたし、第二に、それは唯物論者とマッハ主義者との意見の相違とは次元が違います。何しろ、例えばマッハ主義者のバザロフは、私と同じようにボイコットに反対し、『プロレタリー』誌（当時ボルシェヴィキ指導下にあった雑誌のコラム）に長い論文を書いたんですから。唯物論かマッハ主義かという論争のため、労働者党内において社会民主主義的戦術を遂行するという大義を妨げることは、私の考えでは、弁解の出来ない愚かさです。私達は『プロレタリー』紙と分派としてのボルシェヴィキが影響されないようなやり方で、哲学上の論争をすべきなのです。そして、このことは完全に可能なのです」と。面白いことに、上記の手紙のすぐ後、「ノイエ・ツァイト」

誌上で、メンシェヴィキのある人物が哲学的論争は政治的論争と同一である、と宣言した。これに対し、「プロレタリー」紙は次のような編集局声明を発した。

「これに関して、ボルシェヴィキ派をイデオロギー的に代表する『プロレタリー』紙の編集局は、次の如く宣言することが必要だと考える。『実際には、この哲学的論争は分派的な論争ではなく、また編集局の意見では、そうであってはならない。これらの意見の相違を分派的なものと言明する如何なる試みも完全に誤りである。各々の分派のメンバーの中には、弁証法的唯物論を支持する者とマッハ主義を支持する者の双方が存在する』」と。この引用に続けて、「レーニンの上記の見解と引用に照らしてみても、数カ月前にあなたに書いたように、バーナムと共同で論文を書き、彼と共に弁証法に対して上に引用した立場を採ったことのどの点が誤っているのか、私には依然として分からない。いや、それどころか私は誤ってない」とシャクトマンは明言し、もう一カ所、同じゴーリキーへのレーニンの書簡から引用している。

「当時プレハノフは、ボグダノフを修正主義に対する闘争での同盟者、但し、オストワルドと更にはマッハとうまくやっている点で誤りを犯している同盟者、と見なしていました（つまり、ボグダノフは哲学の分野では、非マルクス主義者、マッハ主義者だったのです）。一九〇四年の春と夏、ボグダノフと私はボルシェヴィキとして最終的に手を結び、哲学を中立の領域として暗黙のうちに除外した暗黙のブロックを組みました。このブロックは革命の全期間を通して続き、私が深く確信する唯一の正しい戦術、即ち、革命的社会民主主義の戦術をその革命において貫徹することを可能にしたのです」。（傍点の強調は原文）

要するに、レーニンは、「革命的社会民主主義の戦術を…貫徹する」するため、哲学的志向が異なる者と手を結び、他方、シャクトマンも、第二次世界大戦がもたらした諸事件に対する方針、任務を「貫徹する」ため、哲学的志向が異なる者と手を結んだということであり、両者とも、「原則性」を守った「政治的ブロック」という性格を持つと言えるだろう。

その後、シャクトマンは、「あなたが呼ぶ『哲学の分野における』私の『バーナムとのブロック』と、レーニンのボグダノフとのブロックは、どの点で異なるのか？　なにゆえ後者のは原則的で、我々のは無原則的なのか？　私としては、この質問に対する答えを大いに知りたいものだ」と、トロツキーに問いかけた。

その回答が、トロツキー論文「掻き疵から壊疽の危険へ」のセクション「哲学的反マルクス主義連合」にこうある。

「…ここでは、マルクス主義的方法の問題が中心である。君の尋ねる相違はどのへんにあるか？　レーニンは、『具体的政治問題』を解決するにあたって、弁証法的唯物論は無用の長物だなどとボグダーノフのために弁じたててやったことはなかったという、この点にあるのだ。レーニンは、ボルシェヴィキ党を党一般と理論的に混同したことがかつてなかった、というこの点にあるのだ」と。

誰でもわかる通り、全く質問とは関係のないことを唱え、回答になっていない。

同論文のセクション「『ブロック』の理論」にも、こうある。

「…シャクトマンは、レーニンのボグダーノフとのブロックに訴える。私は、既にレーニンがボグダーノフとの理論的妥協を些かも行なわなかったと述べておいた。レーニンは、ボグダーノフと

『ブロック』を作って、自分自身の組織内部の他の潮流に対立したのではない。…レーニンのボグダーノフとの協働は、プチ・ブルジョア的日和見主義に対するプロレタリア的潮流と中間派主義的傾向との協働であった。

シャクトマンは、バーナム及びアバーンと連合して、自分自身の党のプロレタリア的翼と対立した」と。

レーニンのブロックについては、正しい指摘ではある。だが、シャクトマンの質問の内容とは、これまた全くかけ離れた回答で「反論」の体をなさない。しかも、少数派ブロックの目的が「党のプロレタリア的翼」と「対立」することだったと捉えている点には、全く首を捻らざるを得ない。トロツキーは、少数派が如何に結成されたか知らないはずはないのであるが。

さて、シャクトマンは、彼の論文の後半で、彼らのブロックが無原則的だという批判への反証として、幾つかの歴史的事実を挙げている。①一九二六年、トロツキーがジノヴィエフの「レニングラード反対派」とブロックを組み、「合同反対派」を結成した際、「永続革命論に関して、基本的にスターリニストが持つ概念に賛意を表明していたジノヴィエフ派が、永続革命論は問題となっていないと宣言することに」トロツキー「と合意し、この事実は合同反対派の文書の中に記載された」という事実。シャクトマンは、これを、「ソ連邦とインターナショナルが当面している主要な政治的任務を基軸にして手を結ん」だブロックと見て、無原則的だとは見なさない。②「合同反対派」の中には、ソ連邦を労働者国家とは見なさない「民主主義的中央集権派」[7]も存在していた、という事実。これも、シャクトマンは、無原則的だとは見なさない。スターリン政権への反対が、共通の目的だったからである。③「合同反対派」内で、トロツキーは、「貧農に支持されたプロレタリア革命」を主張し、ジノヴィエフ派は、「労農民主独裁」を主張していたという事実。これも、「全てのメンバーが中国における基本的な当面の政治的任務に（事実上）合意していた」という理由で、シャクトマンは、無原則的とは見なさない。

トロツキーは、①に関して、前掲論文の同じセクションにおいて、このシャクトマンの言及は、「皮相的」だとし、「当時の闘争は…『官僚的保守主義』に対してではなく、世界最強の官僚制、その権威、その恣意的統治、及びその反動的政策に反対して戦われたのだ。ブロック内部の相違の許容度は、敵対者の性格によって決定される」と反駁しているが、ここで言われている「官僚的保守主義」が少数派のキャノン派に対する特徴付け、「世界最強の官僚制」がスターリニスト官僚制だということとは、すぐ察しがつくだろう。しかし、相手が「官僚的保守主義」か「世界最強の官僚制」かは問題外のことであって、見なければならないことは、トロツキー、ジノヴィエフのブロックも、バーナム、シャクトマンのブロックも、同一の政治的任務の下に結束しており、この意味では、両者とも原則的であったということであり、トロツキーは、ここでも、「ブロック内部の相違の許容度は、敵対者の性格によって決定される」などと無関係のことを語っている。②と③については、一言もない。

トロツキーは、同じこのセクションで、シャクトマンが触れていない例を二つ挙げている。その一つは、「レーニンとトロツキーの一〇月ブロック」なるものである。これに関して、トロツキーは、「シャクトマンは更に、一九一七年、長い闘争の後、レーニンとトロツキーが手を結んだ事実に訴え、また、従って、彼らに過去の相違を思い起こさせることは正しくないだろう、と言う」と書いているが、これは非常に奇妙なことで、シャクトマン論文には、そう言っている箇所はない。トロツキーは、何をどう読んだのだろうか？　それはともかく、ここで言われている「レーニンとトロツキーの一〇月ブロック」なるものは、存在しなかったし、存在していたと仮定しても、それとバーナム、シャクトマンのブロックとは、何ら同質性はない。歴史的事実は、第一次世界大戦に関して反戦主義の立場を採った「メジライオンツィ」・グループ[8]が、一九一七年七～八月のボルシェヴィキ第六回党大会にて、ボルシェヴィキに加入した際、当時そのメンバーの一人であったトロツキーもレーニンの指導下に入った、というだけのことである。

もう一つの例は、一九一二年のいわゆる「八月ブロック」である。これは、一九一二年一月、レーニンがプラハ協議会にてボルシェヴィキを独立させたことを受けて、トロツキー、解党主義派、フペリョード派などボルシェヴィキ以外のグループが、党統一を目的として結成したグループで、これも、バーナム、シャクトマンのブロックの問題とは関連性がない。だが、次のトロツキーの言葉は注目に値する。「レーニンは、私がメンシェヴィキ、フペリョード主義者のいずれとも政治的に一致していない以上、私の政策は冒険主義であるということを証明した」、「…二七年前、レーニンが私にあてて言った他ならぬその戒めを、今日私はシャハトマンに当てて言う。『君のブロックは無原則的だ』。『君の政策は冒険主義的だ』」。ここで、トロツキーは、自分の結成したブロックは、参加者が「政治的に一致していない以上」、「無原則的だ」った、と述べているに等しい。言い換えれば、彼は、ここでは、原則的か否かの基準を政治上の一致不一致に置いているのである。この論理に従えば、バーナム、シャクトマンのブロックは、政治上の任務に関して一致しているのだから、原則的だということになり、トロツキーは、自分が強弁していることを自分の言葉で否定しているのである。

以上にて、バーナム、シャクトマン・ブロックは「無原則的な」「哲学的ブロック」だ、というトロツキーの批判が無根拠だったことが明らかになった。

締めくくりをしよう。トロツキーは、そもそもの初めから、少数派は、「プチブル分子」だとか、「プチブル的性格」だとか、「党のプロレタリア的気分と傾向の影響下にある」などと断定しているが、では、多数派を「小ブルジョア的翼」と断定する根拠は何か？　不思議なことに、トロツキーは、これに関する明確な記述を残していない。その根拠と思しきものは、両派の社会的構成であろう。確証は不可能だが、多数派の方が労働者党員が多かっただろうとは推測できる（キャノン自身労働者出身で、デトロイト、ミネアポリスといった当時の工業地帯の細胞は多数派が占めていたのは事実である）。しかし、ここから、即、労働者が多数を占める分派の政策、方針は、必ずプロレタリア的であり、マルクス主義的だという結論は出ない。(9) その性格を決定するのは、労働者党員数、或いは、その割合ではなく、その分派の政策、方針が、与えられた状況で、どの階級、どの階層を利するかという観点から判断しなければならない。そして、この点に照らしてこそ、「党内における如何なる重大な分派闘争も、常に結局は階級闘争の反映である」と言えるのである。従って、SWPの分派闘争も、それぞれの分派の政策、方針が、誰の、つまり、どの階級、どの階層の利益に沿うものか、という観点から判断しなければならない。この観点に立てば、本書第三章で見た様に、少数派の主張する、ソ連邦も含む全ての交戦国の抑圧階級、抑圧階層の打倒を目標とする「第三陣営戦略」は、世界の労働者階級と全ての被抑圧民族の戦いを利するが故、少数派はプロレタリアートの利益を代表していると言えるのに対して、多数派の主張する「赤軍支持」、「ソ連邦無条件擁護」という「防衛主義」は、政治革命という目標を先延ばしすることで（後述）、スターリニスト官僚を利するが故、彼らは、客観的にスターリニスト、スターリニズムの利益を代表していると言えるのではないだろうか？

〈第四章二節　注〉

（1）これは、「論点のすり替え」或いは「論点無視の虚偽」（ラテン語では、gnoratio elenchi、英語では、Irrelevant conclusion）と呼ばれる詭弁である。これは、要するに、論点となっている命題とは関連のない、或いは異なった内容の命題を提示し、それを本来の命題にすり替えて、本来の命題ではなく。すり替えたほうの命題を論証することによって、本来の命題を批判したように見せかける詭弁である。この論証が理路整然としていて正しい場合、人は、さも本来の命題が批判されたような錯覚を起こすのである。

前述の「人身攻撃」のレトリックも、この部類に入るといってよいだろう、その人の主張自体を批判するのでなく、その人の性格や地位や前歴などを批判することによって、本来の主張への批判とするからである。

その他の「論点のすり替え」の重要なものとして、「燻製ニシンの虚偽」、通称「レッド・ヘリング」（両語とも、英語では Red Herring）と「藁人業論法」、或いは「藁人形の虚偽」、通称「ストロー・マン」

（英語では、全て、Straw Man）とがある。「レッド・ヘリング」（語源には諸説あるが、そのうちの一つは、赤い燻製ニシンを使って野ウサギを追いかける猟犬の注意をそらせたこと）とは、本来の命題とは異なる命題（レッド・ヘリング）を持ち出し、本来の論点から注意をそらせることである。これは、トロツキーが、弁証法の問題を党内闘争に持ち込んだ時、バーナムが鋭く突いた点である。（次のセクションで見る）上で見た、少数派の性格はプチブルであるという議論や、バーナム、シャクトマンのブロックは非原則的かつ哲学的であるという議論も、ある意味では、この「レッド・ヘリング」であると言えよう。また、「ストロー・マン」とは、反論する際、議論の相手の主張、前提、論拠などを、意識的に正確に引用しなかったり、内容を歪曲したり、過度に誇張、単純化したりし、その自分で変えて作った反論（ストロー・マン）を攻撃するのである。生身の人間より、藁人形の方が攻撃しやすいということである。上で見た、トロツキーの数々の的外れの批判もこの一種である。彼の部屋には、さぞかし、バーナムとシャクトマンの藁人形が数多く飾られているのだろう。

詭弁というものは、どんな種類のものであれ、相手の正論に真正面から反論できない者が用いる手段だ、ということは言うまでもない。

（2）「後退する知識人」に、「弁証法的唯物論というより抽象的な理論に関する見解の一致不一致が必然的に今日明日の具体的政治諸問題に影響を及ぼす、ということを立証した者は、かつて誰一人としていない」と書いたことを指す。

（3）MIAの英語版を参照した訳。

（4）ここにも、トロツキーの「小細工」が見て取れる。この「らしい」は、どうして付けられたのか？　自分

（5）

で引用した彼らの論文中では、シャクトマンは、「受け入れる」とだけ述べている。

更に、同セクションには、更に、「シャクトマン自身の政治的結論の中には、弁証法に対する軽蔑しきった態度から生じる悲しむべき果実が見出される」という記述がある。だが、弁証法に対する態度が、どう政治的結論に関係するのか、トロツキー自身述べていないので、どういう「果実」のことか分かる人物はいないであろうが、シャクトマンの弁証法に対する態度については、一九四〇年一月一日執筆のシャクトマン論文「アメリカ党の危機（同志レオン・トロツキーに回答する公開状）」の中に、本人の告白がある。

「同志トロツキー、何カ月も前にあなたの一九三九年一月二〇日付の手紙への返信の中で私が書いたように、私は哲学の分野ではただの学徒にしか過ぎない。党活動における差し迫った任務を遂行する必要性があるがゆえ、我々には、革命的マルクス主義者に真に要求される程度まで弁証法的唯物論の知識と理解を深めることが常に可能であるとは限らない。私は、一世代前、レーニンがブルジョアや改良主義の批判家たちからマルクス主義哲学を守るべく、言わば、特別の研究と独立した書物の執筆に専念するために、日常の政治闘争の真っ只中で時間を捻出していたという事実に大いに感銘を受けた。私もその他の諸君も、時間とその時間があれば可能だっただろう一層広い範囲の知識とが不足していたため、いかにささやかなものであろうとも、公的出版物の中で現代（特にアメリカ）の批判者たちから弁証法的唯物論を系統的に、完全に、徹底的に擁護することはできなかった。私はあなたや我々の偉大な教師たちがこのテーマに関して書いたものを読み、研究することができる時はいつでも、最大の注意を払いつつそうしたものである。…擁護という言葉に値するような弁証法的唯物論の擁護といった類のものを書くには、私もいまだ充分な能力が備わっていない」と。

非常に謙虚な見解だと、誰でも思うであろう。これを見ても、トロッキーが、如何に事実を捻じ曲げ、且つ、人身攻撃をしているかが明瞭である。

（6）レーニン全集第一三巻所収の「ゴーリキーへの手紙」からの引用だが、MIAの全集では、日付が一九〇八年一一月二五日になっている。

（7）「労働者反対派」と同様、「戦時共産主義政策（一九一八～二〇）」の導入によってもたらされた党の官僚主義化の進展、及び地方ソヴィエト、党地方支部、労働組合に対する党中央権力の過度の集権化に反対して、一九一九年三月のロシア共産党第八回党大会で形成された。一九二一年の第一〇回党大会で敗北し一時消滅しかけたが、一九二三年トロッキーの「左翼反対派」に加わる。その後、一九二六年の「合同反対派」にも参加する。指導的メンバーは、ティモフェイ・サプローノフ、ヴァレリアン・オシンスキー（オボレンスキー）、ウラジミール・スミルノフなど。

（8）一九一三年一一月、三名のボルシェヴィキと一名のメンシェヴィキによって結成された。第一次世界大戦の勃発と共に成長し、メンシェヴィキが主戦主義、つまり「防衛主義」を採用したのを契機に、ボルシェヴィキに近づき、その後合同に至る。トロッキーは、アドルフ・ヨッフェ、ルナチャルスキーなどと共に、一九一七年の春、このグループに加入した」（英語版ウィキペディアより）。

（9）もしそうなら、プチブルが多い革命党の初期は、革命党は、最初から、プロレタリア的性格を持てなくなってしまうし、支持母体ということで見るなら、ロシア革命時、ボルシェヴィキがソヴィエト内で多数派を占めるのは、革命の直前であり、それ以前のボルシェヴィキは、プチブル的だったということになってしまう。

三節　弁証法

次に登場するのは、弁証法である。論文「社会主義労働党における小ブルジョア反対派」の中で、トロツキーは、バーナムを「プラグマティスト」、シャクトマンを「折衷主義者」と決め付け、両者の「場合に他階級のイデオロギー的影響をはっきり見て取った」と述べると共に、「弁証法的唯物論のＡＢＣ」というセクションを書き、弁証法的唯物論の問題を党内論争の前面に押し出した。このことは、一九四〇年一月九日付のキャノンへの書簡（「擁護」所収）でもうかがわれる。そこで、彼は、「僕」は「弁証法の問題に討論における優先的地位を与えている」云々と書いている。しかし、どうも奇妙である。先に見たように多数派と少数派の論争においては、弁証法の「べ」の字も出ていなかったばかりか、少数派のメンバーの誰かが、トロツキーや多数派に対し弁証法に関する論戦を挑んだという事実もない。更に、既に述べたが、バーナムが弁証法を承認していないということは、ＳＷＰの全党員、更にトロツキーでさえ、論争が始まる数年前から知っているのである。何故、この時期に、この問題が再度持ち出されたのか？バーナムがその答えを的確に指摘しているのを、後に見るであろう。

トロツキー論文で提起された哲学問題に対するシャクトマンの回答は、前掲論文「アメリカ党の危機」に収められており、また、バーナムは、一九四〇年一月一〇日に「絶望の政治」(1)（ＭＮ10）という論文を発表し、その中で反論を展開したが、この論文に対するトロツキーの回答はない。更に「社会主義労働党における小ブルジョア反対派」とは別に、トロツキーは、同年一月七日に「同志バーナムへの公開状」を発表し(2)、これへのバーナムの回答が、同年二月一日の「科学と文体」(3)

（MN11）である。この論文に対しては、トロツキーは、同年二月二三日の「科学と文体」と題した短い書簡に寸評を残したのみである。(4)

シャクトマンとバーナムの反論は後に見ることとして、トロツキーは、何故、この「弁証法的唯物論のABC」というセクションを書いたのだろうか？　それは、勿論、その重要性を説くという目的がなかったとは言えないだろうが、主として、バーナムのソ連論を批判するために、「量から質への転化」という弁証法の一法則を語るためだったと見て取れる。トロツキーには、バーナムは弁証法を拒否するが故、ソ連邦を労働者国家として認めない、という固定観念がある。彼は、同セクションでこう書いている。

「弁証法的思考は、あらゆる事物・事象をその継続的諸変化において分析し、それを踏み越えれば『A』が『A』たることを止め、労働者国家が労働者国家たることを止めるクリティカルな限界を、これらの諸変化の物質的諸条件において決定する。

もしバーナムが弁証法的唯物論者であったならば、次の三つの問いを深く検討したであろう。（1）ソ連邦の歴史的起源は何か？（2）この国家は、その存続中にどんな変化を蒙ったか？（3）その変化は、量的段階から質的段階へ移行したか？　即ち、新たな搾取階級による歴史的に必然的な支配を創出したか？これらの問いに答えることは、バーナムをして、唯一の可能な結論――ソ連邦はなお堕落せる労働者国家である――を引き出させずにはおかなかったであろう」と。

この記述で何が問題かと言うと、ある物の量的変化が「クリティカルな限界」を越えれば、そのある物は質的変化を起こす、ということでは勿論ない。この現象は自然界では有りふれたものである。問題は、トロツキーがここでは、この法則はソ連邦の変化にも当てはまる、と見ていることである。つまり、ソ連邦にも、「労働者国家が労働者国家たることを止めるクリティカルな限界」が存在し、「それを踏み越えれば」、ソ連邦の変化は、あたかも自動的に「量的段階から質的段階へ移行」する、と彼は捉えているのである。そうだろうか？（3）において、「新たな搾取階級」が「歴史的に必然的な支配を創出」したのかと、彼は問うているが、これは、反革命が起こったのかという問いと同義である。しかし、「反革命」とは自然現象ではなく、意志を持った人間の集団が引き起こす社会的事件である。言い換えれば、ソ連邦の質的変化は、意志を持った人間の介入なくしては、起こり得ないということである。これは、弁証法的唯物論者であるか否かには関係なく、理解し得ることであり、この問題でバーナムに弁証法的唯物論の説教を垂れる必要はない(5)。それとも、トロツキーは、ロシア革命は、ユリウス暦一九一七年一〇月二五日に「クリティカルな限界」を踏み越えたが故、自動的に成就した、とでも言いたいのだろうか？　彼自身、一九三三年一〇月一日の「ソヴィエト国家の階級的性格」の中で、「ある階級から別の階級の手中へと権力が移行する瞬間の破局的性格に関するマルクス主義の命題は、歴史が荒々しく前方に飛躍する革命期にあてはまるだけでなく、社会が後戻りする反革命の時期にもあてはまる。ソヴィエト政府がプロレタリア的なものからブルジョア的なものへと漸進的に変化したと主張する者は、言ってみれば改良主義のフィルムを逆に回しているにすぎないのである」（傍点の強調は原文）と言っていたではないのか？

彼は、ここで、人間の意志が関係しない自然現象と、人間の意志が干渉する社会現象を一緒くたにしていると言えよう(6)。

さて、本題に戻るが、トロツキー論文に対して、シャクトマンは短く、だが的確に、「哲学的立場と綱領的立場の関連性、哲学的立場と政治的立場の関連性は、ただ『究極において』のみ当てはまるに過ぎない。この関連性は、必ずしも直接的、即自的なものではない。政治的立場は、哲学的立場から直接に演繹的に導かれるのではなく、具体的科学的な分析を用いて導かれるのである」[7]と回答しているが、その通りである。これに対するトロツキーの回答はない。

バーナムの方は、トロツキーの意図を完全に見抜き、論文「絶望の政治」の中において、的確に反論している[8]。先ず、バーナムは、自分が党内において、「党の創立綱領的な文章、『原則の宣言』から」、「最近五、六年間の大会、協議会、総会の全ての政治決議のうちのかなりの部分」、更には、多数の動議、決議案、論文などを書き、党に政治的に貢献してきた、という事実がある、と指摘している。だが、トロツキーは、「バーナムは弁証法的唯物論を拒否する。そして、この原罪から、…党内反対派の全ての誤謬と罪過が生じる、と言う」。そこでバーナムは、だとしたら、「トロツキーは、ここ数年にわたるバーナムの活動によって、いつの間にか『社会主義労働者党』内に紛れ込んだ反弁証法の全ての痕跡を調査し、消去するための特別委員会の設立を直ちに提案しなければならないだろう」と、トロツキーに挑戦している。続いて、バーナムは、「より重要な点は、…いかなる理由で、正にこの時期、即ち、バーナムが今日明日の具体的な政治諸問題を巡って、トロツキー、キャノンと闘争する反対派に所属しているこの時期において、バーナムの過去が突然弁証法の舞台に照らし出されたのか、ということである」（傍点の強調は原文）と、トロツキーの狙いをはっきり指摘した。そして、その答えを以下のように述べる。

「よく考えたまえ。反対派は、第二次世界大戦、独ソ不可侵条約、ソ連邦の行動、フィンランド侵略に関連して問題を提起した。だが、その回答はこうだ――問題はソ連邦が労働者国家かどうかということ、これだ、と。また、反対派は、ソ連邦の階級的定義を下すことによっては、我々の運動に提起されている戦略的戦術的問題に答えることは出来ない、と説得力を持って論証した。すると回答が飛んで来る――問題は弁証法の法則だ、と（書かれた文書には登場していないが、四つ目の舞台もある。それは、キャノン派がその支持者たちを堕落させている卑しむべき個人的ゴシップである）。同様に、反対派は、保守主義的かつ官僚主義的なキャノン体制に対する具体的な批判を表明し且つその正しさを論証した。だが、その回答はこうだ――問題は反対派の異質的プチブル的な社会的ルーツだ、と。

何ゆえ、弁証法が我々の論戦に持ち込まれたのか？　先ず第一に、『反対派の隊列に楔を打ち込む』という、誰の目にも明らかな、見え透いた、型通りのマヌーヴァーとして。しかし、より一般的に言えば、自らの正統派としての水準では答えることができず、また答えられていない問題を避けるため、自らに不都合な現実から論戦の場へ逃れるため、党員の注意力を混乱させ、彼らが直面している現実の問題から注意力をそらすため、そして、一世紀にもわたって、あらゆる『権威』、『教義』、官僚主義が容認してきた方法を以って、つまり、批判者の声が他の党員の耳に入らないように、批判者に異端者のレッテルを貼るためである。（『学校』の）教科書は、そういった方法に名称を与えている。それは、Ignoratio Elenchi、つまり、『論点のすり替え、または、論点無視の虚偽』という非形式的誤謬の一種である」と（傍点の強調は原文）。

「論点のすり替え」！　バーナムは、しっかりとトロッキーの詭弁を看破していたのである。トロッキーへの積極的批判は、以下の如く。

「だが、次のように仮定してみよう。トロッキーの当該論文の前半全てを私が受け入れ、弁証法に関する私の誤りを認め、弁証法を真理と社会主義への鍵だと承認する、と。では、これで、論争中の政治問題、つまり、その論文の後半で論じられている諸問題に関して、何が変わると言うのか？　これっぽっちも変わりはしない。全てが、弁証法が持ち出される以前と同じである。なぜなら、トロッキーは、いかなる点においても、論文の前半において弁証法について語っていることと、後半においてソ連邦の防衛、ソ・フィン戦争、並びに『組織問題』について語っていることとのいかなる関係をも立証していないからである。…以上から、彼自身が提出している、弁証法に関するその議論全体が政治的諸問題とは無関係だということになる」。（傍点の強調は原文）

　まさにその通りである。トロッキーが、もし、弁証法と政治問題とに必然的関係があると主張するなら、彼は、例えば、「量から質への転換」の法則のここを間違えると、こういう理由で、こういう政治的誤りになる、或いは、「否定の否定」をこう解すると、こういう理由で、こういう政治的誤りになる、更にまた、「対立物の統一」を正しく捉えれば、ポーランド、フィンランド事件では、こういう論理で、赤軍支持が正しいという結論（トロッキーが実際に出した結論―後述）が出るといったことを論証する義務がある。それが出来ない相談であることは、彼自身が理解しているであろうが。また、バーナムは、次のように、トロッキーの矛盾をも突いている。

「トロッキーは、『あらゆる党員に弁証法哲学への専念を要求することは、生気のない衒学趣味であろう』、と書いているが、それについて私は尋ねたい。トロツキーが断言するがごとく、もし弁証法が『科学的社会主義の基』だということが真実なら、また彼が宣言するがごとく、もし弁証法を拒否したら、拒否した者は『異質階級の影響を受けた者』と規定されるなら、更に、もし弁証法が、真に、それによって政治諸問題を正しく解決できる方法だとしたら、トロツキーは、考えられる限りの如何なる原則に基づいて、数人どころではない党員たちが弁証法哲学に専念することは、『生気のない衒学趣味』だと結論づけるのか？　そうではなく逆に、首尾一貫した頭脳明晰な革命的社会主義者たらんとするならば、弁証法は、全ての党員にとって何にもまして重要な研究であるべきだ、と言わなければならないのではないのか？」と。（傍点の強調は原文）

次に、「第四インターナショナルの世論は、マルクス主義理論誌の編集者が科学的社会主義の基礎付けに関するシニカルな金言ばかりひねり出しているのを許しはしないだろう」というトロツキー一九四〇年一月三日付「全国委員会多数派への手紙」に書かれた一文に対しては、バーナムは、こう答えている。

「一月三日付の書簡においては、私の弁証法に対する態度は、私が党の理論誌の編集者であることと相容れない、という趣旨がはっきりと含まれている。当該の論文では、私の弁証法の拒否は他の階級の影響を表す、と明白に述べられている。先ず最初に尋ねたい。ＳＷＰあるいは第四インターナショナルの綱領の中のどこに、弁証法を信じることが我が運動の綱領的基礎の一部分を成し、弁証法の承認が党員たることの条件を成すということが書かれているのか？書かれていないとすれば、トロツキーにせよ、他の如何なる者にせよ、如何なる理由によって、私の弁証法に対する態度を論拠として私を政治的に攻撃したり、第四インターナショナルの機関誌の編集者としての私の地位に反対するのか？」と（傍点の強調は原文）。

　では、トロツキーの「同志バーナムへの公開状」を巡るやり取りの方へ移ろう。この「公開状」では、トロツキーは、後半で、現実の政治問題に言及しているものの、前半では、宗教、科学、弁証法、諸々の諸原則など党内論争の焦点とは無関係のことを論じ、相も変わらず反対派を罵倒しているが、バーナムが上で言っているように、真実を何も見ていない。それは、次の言葉が雄弁に語っている。曰く「反対派の矛盾した政綱は、知識人の誇張した言葉に表現された小ブルジョア的困惑を反映している」、曰く「反対派は、はっきり申し上げて、何も新しいものを生み出していない。理論においては修正主義、政治においては日和見主義といった伝統を守り続けているばかりだ」等など。党内闘争の推移を真摯な目で追ってきた者にとっては、これも全く事実と似ても似つかない言葉である。「公開状」前半の内容は、「論理学を宗教と同等視することに論理はあるか？」、「革命家は宗教と闘う義務を持たないか？」、「君は何を代わりに提案するか？」などといったバーナム個人への詰問、及び、「目下の討論の弁証法」やら「無意識的弁証法家」といったトロツキー個人の見解の展開で埋め尽くされている。

　トロツキーは、「公開状」の一セクション「教訓的な実例」の中で、「日和見主義の側への逃走やブルジョア反動の側への逃走は、弁証法の拒否に始まるものであったことは珍しくない…。偉大な卓越した革命家…は、全て弁証法的唯物論の基盤に立っていた」、と言っている。だがしかし、「哲学的立場と綱領的立場」の間には必然的な関係があると一般化し、全ての革命家は、弁証法的唯物論を受け入れ、全てのプチブルないし日和見主義者の類は弁証法的唯物論を拒否する、と結論付けることは誤りである。こういった論法は、例外人物を一人見つければ、論理は破綻する。それには、トロツキーが「不屈の革命家の正真正銘の権化」[9]と呼んだカール・リープクネヒトを例に挙げれば充分であろう。シャクトマンは、「よく知られたことだが、彼（カール・リープクネヒト―筆者）は弁証法的唯物論に反対していた」と書いている。[10]

バーナムも、反論論文「科学と文体」において、ずばりこう言っている。「全ての革命家は弁証法を信じ、革命に反対する全ての者はそれを信じない。これは実際とは一致しないが、例えこれが事実だとしても、このこと…は、弁証法が真理か誤りか、或いは科学的に無意義なのかといった諸問題には些かの関連性をも持たない。これらは、二つの全く異なる種類の問題なのである」、と。そして、その後で、トロツキーに疑問を突きつけている。「同志トロツキー、全体としてみた大部分のメンシェヴィキは、どうだろう？　彼らは、弁証法に非常に熱心なボルシェヴィキと同じぐらい、弁証法を論じ、擁護することに多くの注意を注いでいたということを、私は常々書物で読んでいる。更に、適切な例として、スターリニスト理論家たちの場合はどうか、同志トロツキー？　言っておくが、スターリニストが書いた弁証法に関する書誌は、棚の一つや二つを埋めるほどある。しかも、非常に顕著なのは、彼らが忠誠心の強いスターリニストだということだ」と。まさかトロツキーは、スターリンさえもが弁証法的唯物論に関する論文を著していたのを、知らなかったのであろうか？[11]

また、リープクネヒトに関して、上述のセクションで、トロツキーはこう言っている。

「…同志シャクトマンの行動はまるで違う。『諸君も気がつくように』と彼は言う―しかも、若い人に教え込もうとしてだ！―『プレハノフは弁証法的唯物論の卓越した理論家だったが、日和見主義者として終わった。リープクネヒトは注目すべき革命家だったが、弁証法的唯物論には疑問を持っていた』。この議論が意味するものは、もしそれが何ものかを意味するならばだが、弁証法的唯物論は革命家には何らの用もないということだ」と。(12)

シャクトマンが言ったとされる、二重引用符中の言葉が意味するものは、全ての弁証法的唯物論者が、革命家だとは限らず、全ての革命家が弁証法唯物論者だとは限らない、というただそれだけのことであるが、問題は、この二重引用符中の言葉がシャクトマン前掲論文にはないこと、及び、その後の部分は、シャクトマンの言葉ではもちろんなく、トロッキー自身の解釈であり、またもや、まるでシャクトマンが、革命家には弁証法的唯物論は必要ない、と捉えているかのような書き方をしていることである。

このセクションには更に、トロッキーがリープクネヒトを弁護している箇所がある。トロッキーは、「他方シャクトマンは、リープクネヒトは、獄中で書いた弁証法に反対する著作を死後に残した、と主張する」という文に続いて、「獄中にある者の心には、他の人々との交流によって押し留められることのない多くの観念が浮かぶものだ。…リープクネヒトが自由の身であったら、彼の最終的結論がどうなったかを知ることはできない」と言っている。トロッキーは、こう付け加えることによって、間接的に、リープクネヒトも最後には弁証法を受け入れただろう、と仄めかしているのである。だが、推論によって事実を変えることはできない。(13) しかも、リープクネヒトが弁証法的歴史観に批判的だったということは、入獄以前からで、獄中でその「観念」が浮かんだのではない。

「無意識的弁証法家」というセクションでは、トロツキーは、「動物たちでさえ、…ヘーゲルの弁証法に…基づいて、その実践的結論に達する」と述べ、狐の例を挙げている。狐は、「四つ足と鳥は栄養があって味もよいことを知」り、「野兎や家兎や鶏を見て」、「この特定の生物は味がよくて栄養のあるタイプに属する」「と結論」し、「獲物を追っかける。…しかしこの狐も、自分より大きな動物、例えば狼に出くわすと、慌てて、量は質に移行するという結論を下し、向きを変えて一散に逃げる。…明らかに、狐の肢は…ヘーゲル的傾向を備えているのだ」と述べている。ここには、トロツキーが、彼の十八番の「量から質への転換」の法則を如何に理解していないかが如実に表されている[14]が、バーナムもここを捉え、次のように軽くあしらっている。

「『無意識的論理学者』のようなものは存在しない。私は、一人の女性と一匹の狐が登場する『無意識的弁証法家』に関するくだりを驚きの念をもって読んだ。私は、その段落全体がユーモアのつもりで書かれたものであって欲しいと思っていたが、あなたは、それを本気で書いているのだと結論せざるを得なかった。あなたの論法によると、一匹のヒキガエル或いはそれを言うなら一つの小石も同じだが—は科学者なのだ。何故なら、こともあろうに、ヒキガエルも小石も両者とも、重力の法則に従って行動するから、というわけだ！　だが、(未開人や小石から区別されて)科学者を科学者たらしめるものは、彼が科学的法則に従って振舞うということではなく、…科学者がその諸法則を知っている、しかも、(それが何を意味するにせよ)『無意識的』にではなく、完全に自覚して、意識的に知っている、という事実なのである」と(強調の傍点は原文)。

次は、再び、弁証法が、何ゆえ論戦に持ち込まれたかという問題である。トロツキーは、「公開状」の「君は何を代わりに提案するか」というセクションで、「分派闘争の過程で、問題が真っ向から提起されている」と述べている。ここの「問題」とは弁証法的唯物論の問題のことである。バーナムは言う。

「あなたは書いている。『分派闘争の過程で、（弁証法の）問題が真っ向から提起されている…』、と。同志トロツキーよ、何と無邪気な、何と客観的な、何と非主体的なことか！　バンクォー（シェイクスピアの「マクベス」に幽霊となって登場する武将—筆者）の幽霊のように、全ての反対意見論者を怖気させるために、突然、弁証法がその怒り狂った顔を我々の政治舞台に現した。だが、ああ、あらゆる幽霊騒ぎの場合と同様に、超自然現象を作り出すからくりを操るのは、まさに人間の手であり、今回の手は、同志トロツキー、あなたの手だったのである。…我々は、この問題に関心を寄せている全ての人と同じように、からくりの手腕は賞賛するが、その説明は嘲笑する」と。

全くその通り。弁証法的唯物論の問題を持ち出したのは、トロツキーである。その狙いについては、前出「絶望の政治」でも見たが、「科学と文体」では、違った角度から反論している。バーナムは、トロツキーも関係した以前の分派闘争時の経験から、「その当時、どこに弁証法があったのか？　当時は、私が弁証法を拒否していることの危険性について、あなたから一言も聞かれなかったが、どうしてそういうことがあり得たのか？　当時と現在の差は、以前の分派闘争の際は、私がたまたまあなたの側に立っていたという事実と関係があるのではあるまいか？…これは完全には除外できない仮定なのだが、もし私が今日、偶然あなたとキャノンの側に立っていたとしたら、言わせていただくが、現在の論争の舞台に弁証法がこうも顕著にその姿を現さなかったのではなかろうか、という推論は全く馬鹿げているだろうか？」、「同志トロツキーよ、唯一の本物中の本物、真の（意識的無意識的を問わず）弁証法家は、政治的にあなたの見解に同意する者ではあるまいか！」（傍点の強調は原文）と、疑問を投げかけた上、以下の如く、核心を突いた。

「ここで、量から質への転換から統一された対立物まで、また、遠方の星からはるばる下ってきたあなたの弁証法的農婦や狐まで　あなたの言う『進化の論理学』を私が認めるとしよう。さて、同志トロツキー、どうかどうか、私と我々全員に次のことを説明していただきたい。つまり、私が認めたそのありとあらゆることから、我々が現在議論している第二次世界大戦の第一段階における我が運動の戦略的方針を巡る政治論争の答えが、如何に、まさにどのようにして導き出されるのか、ということである。あなたがこの問いに答えることができないでいること――そして今後も答えることができないだろうが――、そのことは、あなたが弁証法の問題を論争に持ち出したことが言い逃れであること、騙されやすい人々を欺く芳香を放つペテンであることを証明している」と（傍点の強調は原文）。

続いて、バーナムは、トロツキーの、反対派はマルクス主義社会学やら諸原則やらを拒否しているという非難に対しては、真っ向からこう反論している。

「我々がマルクス主義社会学を拒否している、というのは偽りであり、また、私が弁証法を拒否することによって諸原則を受け入れるのを拒んでいる、というのも偽りである。更に、反対派は、現在の戦争に関連する諸事件に関して、目前の出来事が変化するたびに、ころころ急転換したり、

『フィンランドにおける諸任務』を『ポーランドにおける我々の立場』から切り離したりするなど、完全にエピソード的立場を採ってきた、という作り話を以って、『諸原則』に関するあなたのぐらついた主張を補強しようとする時、それは輪に輪をかけた偽りである。そういう立場を採ってきたのは、我々でなく、同志トロツキー、あなた、そして、よりひどい程度でキャノンのほうだ。あなた方は、戦争が勃発して以来、諸事件に直面して、ただ自らの理論の無力さを示す以外の何ものでもない、我が党を当惑させる立場を次々に打ち出し、我が党、我々の出版物の読者、そしてあなた方自身を混乱させてきたのだ。…あなたの『諸原則』への訴えは、弁証法に関するあなたの記述と全く同様の性格を持っている。それは、問題となっている現実の諸々の政治問題から注意をそらすための目くらましという性格である」と。

トロツキーは、一貫して、SWP分派闘争で問題となっているのは、やれ弁証法だとか、やれソ連邦の階級的性格だとか、やれマルクス主義社会学だと、強引に吹聴してきたが、そうではないことは、バーナムが鮮やかに語っている。

「我が党と第四インターナショナルの隊列を二分させている最も主要な問題は、弁証法でも、社会学でも、論理学でもない。問題をこのように提起することは、真の問題の回避、あるいはペテンである。…今日、第四インターナショナル内部には、二つの分派が存在する。これらは、実践的政策を決定するにあたって、鋭く異なる二つの戦略的方向、軸を提起しているという事実によって、区別される。トロツキーとキャノンは、より小さな悪としてスターリニスト官僚を防衛するという戦略を提起している。…反対派は、国内的にも国際的にも（何故なら、我々の論争は、当然にも、また、そうなるべきだが、既に我が党の枠を越えて広がっている）、第三陣営の戦略を提起してきた。…戦略的方向性に関するこの対立こそが、中心的な政治問題なのであって、その他にはない。…トロツキー、キャノンが提出する反論の九五％は、その真の姿で見れば、的外れ、回避、目くらましだと判断し得る。現在の分派闘争における、はっきり区別される主眼点は、論争中の問題―これは著しく単純かつストレートな問題だ―の難しさにあるのではなく、問題は何かということを理解する難しさなのである。このことは、彼ら自身の力では擁護し得ない絶望的な立場に立っているトロツキー、キャノンが、分派闘争の全てのエネルギーを、真の問題を党員が認識することを封じようという画策に費やさざるを得なくなっている、という事実から生じているのだ」と（傍点の強調は原文）。

さて、この「科学と文体」に関して、トロツキーは、同年二月二三日に同名の党員宛の書簡「科学と文体」を書いているが、これは、たった二ページの短いもので、「科学と文体」を内容的に批判したものではなく、下の引用にあるように、党員たち、特にアバーンとシャクトマンに対し、マルクスの伝統とバーナムの概念のいずれを選ぶのかと問うているものである。ただ、その中で、トロツキーは、批判のつもりだろうか、バーナムは、「ストルーヴェが四〇年も前にロシアで書いたこと、そしてある程度まではデューリングがドイツ社会民主党を四分の三世紀も前に教育しようとしたこと」を「繰り返しただけである」と書いているが、そのストルーヴェが書いたこと、デューリングが教育しようとしたことを知らない者には、何を言っているのか全く分からない「批判」である。また、「弁証法に対する千と一回目の教授的反論」と書いているが（この「教授的」という充填された言葉はさておいて）、前にも見たように、バーナムは「科学と文体」の中でも、他の所でも、弁証法を内容的に批判していない。彼は受け入れないだけなのである。

トロツキーが問うたことは、これである。

「腫れ物は切開された。アバーンとシャクトマンは、フィンランドとキャノンについてだけ討論したいのだ、などと繰り返すことはもうできない。彼らは、マルクス主義に関して、第四インターナショナルに関して、盲人を装うことはもうできない。社会主義労働党は、マルクス、エンゲルス、フランツ・メーリング、レーニン、ローザ・ルクセンブルグの伝統―バーナムが『反動的』と呼んだところの伝統―に留まるべきか、それとも、マルクス以前の小ブルジョア社会主義の時期遅れの再生産に過ぎないバーナムの概念を受け入れるべきか？」。

この一段は、ジョセフ・ハンセンらも「マルクス主義の擁護」の序文で引用しているが、このくだりを読んだ者は、全員例外なく、バーナムは、「マルクス、エンゲルス、フランツ・メーリング、レーニン、ローザ・ルクセンブルグの伝統」を「『反動的』と呼んだ」、と理解するに違いない。そう書いてあるのだから。だとすれば、トロツキーの言う、バーナムは「プロレタリア革命とは何の共通点も持たない一人の『指導者』」だという指摘は、完全に正しい。だが、そうでないとすれば、つまり、バーナムがそう呼んでいないとすれば、トロツキーの断言は、「嘘」ということになる。

トロツキーの寸評には、バーナムからの引用文はないが、バーナムの「科学と文体」の中で、彼がマルクス、エンゲルス、フランツ・メーリング等に言及した箇所は一カ所のみで、それは、「真の問題から注意をそらす目くらましとしての弁証法」という的確な名のセクションの中にあり、こう書かれている。

「弁証法に関するあなたの最近の発言の中に見られる全ての混乱の中で、唯一つ、弁証法を擁護する論拠を挙げているが、この論拠も、検討してみると、的外れで反動的だということが判明する。あなたはこう書いている。『全ての偉大な卓越した革命家――誰よりもまず、マルクス、エンゲルス、レーニン、ルクセンブルグ、フランツ・メーリングーは、弁証法的唯物論の基盤に立っていた』。だが、他方、多くの革命からの逃亡者は、弁証法を攻撃することから出発していた、と。こういった論拠は、形式としては、あらゆる反動が回答不能の窮地に陥った際に使うものと同一ではないのか？　例えば、『我々の父、その父の父、更に以前の我々の先祖が信じていたのに、お前は敢えて信じないのか？』、と言うがごときの。社会主義の側につくために、我々の事実上一人残らずが、正にこの論拠が示す弁証法を信じるのか信じないのかとい関門を切り抜けなければならなかった、というわけでもあるまい？　こういった論拠を社会主義者が持ち出す時は、その論拠なるものは些かも説得力を持たない[15]」と（傍点の強調は原文）。

さて、右記引用文のどこをどう読めば、バーナムが、「マルクス、エンゲルス、フランツ・メーリング、レーニン、ローザ・ルクセンブルグの伝統」を「『反動的』と呼んだ」という断言が出てくるのか？　バーナムの文章からはっきり分かることは、彼が「反動的だ」と呼んだものは、「マルクス、エンゲルス、フランツ・メーリング、レーニン、ローザ・ルクセンブルグの伝統」そのものではなく、「弁証法を擁護する論拠」だ、ということである。即ち、彼は、「全ての偉大な卓越した革命家…は、弁証法的唯物論の基盤に立っていた」が、「多くの革命からの逃亡者は、弁証法を攻撃することから出発していた」、という分け方を「弁証法を擁護する論拠」にすることを「反動的だ」と呼んだのである（傍点の強調は原文）。

そうだとすると、どういうことになるのか？　今までに見たように、「充填された言葉」を多用し、「論点のすり替え」やら「ストローマン」といった詭弁を駆使してきたトロツキーだが、これはそんなことでは済むことではない。何しろ、論敵の言っていないことを言っていると偽って書いたのである。これは、マルクス主義者が、いや、物を論じ、物を書く全ての者が決して犯してはならない「事実の歪曲」である。一つでも、こういう事例があれば、その人物が語る全てのことが、疑問の対象になるのは当然のことであろう。事実、この後でも同じことを見ることになろう。トロツキーは、犯してはならない一線を越えてしまったのである。

〈第四章三節　注〉

（1）The Politics of Desperation. New International Vol. 6 No. 3, Jan 1940, MIA

（2）非弁証法家バーナムをトロツキーは非常に嫌っていたようで、同年一月三日の「全国委員会多数派への手紙（3）」には、こうある。「私は今バーナムに公開状を書いている。…いずれにせよ、私は、バーナムの反マルクス主義的理論の正体が、党とインターナショナルの前に暴き出されるまでは、気持ちが休まれない」と書いている。この頃は、バーナムを常に「反マルクス主義者」と規定しているが、それなら除名を勧告すべきであろう。何故そうしないのだろうか？

（3）Science and Style. A Reply to Comrade Trotsky. James Burnham Archive. MIA

（4）ここで、トロツキーが反対派の論文について記述していることを少し見る。彼は、同年四月二三日の論文「小ブルジョア・モラリストとプロレタリア党」の中で、「少数派の唯一の綱領的著作『科学と文体』」と言っているが、とんでもない言葉である。少数派の綱領的文書は、前出の「ロシア問題に関する論争の焦点は何か?」と「戦争と官僚主義的保守主義』である。その他の重要な論文は、現実の政治諸問題を全面的に論じたシャクトマンの「アメリカ党の危機」、及び、現実の政治諸問題を論じると同時に、トロツキーの思考の奥底を突いたバーナムの「絶望の政治」と「科学と文体」である。つまり、重要論文は五本あるということである。だが、トロツキーは、「アメリカ党の危機」に対して反論した「掻き疵から壊疽への危険へ」という論文があるだけで、他の四本に対しては、全く反論していないか、寸評のみである。

非常に面白いことに、「ロシア問題に関する論争の焦点は何か?」と「戦争と官僚主義的保守主義』に対しては、それらを辛辣に批判したトロツキーの言葉がある。それは、注（2）に挙げた「全国委員会多数派への手紙（3）」の中にあり、こうである。「私は反対派の二つの文書を受け取ったが、官僚主義的保守主義に関する文書は既に検討し、もう一つのロシア問題に関するものを今検討している。なんと哀れな文章であることか!正しい思想を表現するなり、正しい思想を正しい位置に置くなりしている箇所は一つも見出しがたい。…今私は、両文書の分析を執筆中である。…余りに初歩的な誤りがあるために、マルクス主義のABCから然るべき論点を思い起こす努力をしなければならない。…」、と。トロツキーの意見では、その二文書は、間違いだらけの代物のようであるが、前者の文書に対しては、全く反論がなく、この箇所以外、それに触れた箇所はない。後者に関しては、既に見たように「官僚主義的保守主義」の「社会的基盤」云々とか「科学的政治」とは何かといった末梢な点以外、反論と呼べる反論がない。手紙の中には「両文書の分析を執筆中」とあるのに、これはどうしたことか？　また、「科学と文体」については、たった二ページの寸評以外、何の言及もなく、更に、不思議なのは、「絶望の政治」で、これについては、批判どころか、この文書の存在さえ触れられていない。

（5）補足しておくが、バーナムは、ソ連邦が質的に変化したと言っているわけではない。これについては、トロツキー自身の一九三七年一一月二五日論文「労働者国家でもなく、ブルジョア国家でもない？」で、彼が認めている。曰く、「バーナム、カーターは、更に、『一〇月革命によって樹立されたものとしての経済的構造は、基本的に不変のまま存続している』ことを認めている」と「同時に彼らは…官僚が独立した階級だということを否定している」、と。バーナムと（カーター）が主張していることは、「プロレタリアートの独裁という概念は、専ら経済的な範疇に入るというわけでなく、圧倒的に政治的範疇に属するものである。…今や、プロレタリアートの階級的支配のためのあらゆる行動様式、機関、制度が破壊されてしまった。これを言い換えれば、プロレタリアートの階級的支配は、今や、破壊されてしまったということ」である。彼の主張は、「もし我々が『労働者国家』という言葉によって、資本主義から社会主義への過渡期社会の形態を指すなら、今日のソ連邦は、その国有化された経済のみを根拠に労働者国家だと見なすことができる。…様々な重要な特徴の中で、国有経済を除いたその他の社会主義的要素の一つでも今日のソ連邦に残っていると主張する者は、スターリニスト以外、如何なる政治的陣営の中にも、誰一人として存在しまい。従って、ソ連邦は労働者国家だと考える者の観点から見ると、国有経済はそう特徴づけるための十分条件である、といって差し支えないだろう」。私は、「少なくとも他の主要な条件の一つ、即ち、労働者民主主義が、資本主義から社会主義への過渡期社会の形態には必要であり、それ故、今日のソ連邦は労働者国家だと誤って特徴づけられている」と考えるというものである（以上、後半の引用は、「絶望の政治」から、傍点の強調は原文）。

（6）

これ以降、トロツキーは、改まって「弁証法」を論じていないが、「掻き疵から壊疽の危険へ」の「抽象的なることと具体的なることと―経済と政治」と題したセクションにて、「シャクトマンは、明らかに抽象的なるものと具体的なるものとの区別を考慮に入れてない」と批判し、次のように自己の見解を述べている。

「『この』『与えられた』『具体的』な犬でさえ、我々が指差した『とたん』に、例えば、尾を垂れることによって変わり続けているのであるから、一つの抽象なのである。…ある場合に具体的であったものが、他の場合には抽象的になる」と。

しかし、誰でも知っているように、具体的なものが抽象的なものにかかわること、また、その反対は絶対にない。しかも、「変わり続け」るものは具体的なものであって、人間の脳の抽象作用の産物である抽象的なものは、一面的であり、固定されており、変化はしない。「一つの抽象」としての犬は、尾を垂れないのである。

更に、そのすぐ後に、こうある。「具体的なるものとは、抽象的なるものの組み合わさったものである――任意の主観的結合ではなく、与えられた現象の運動法則に合致した結合なのである」と（傍点の強調は原文。英語版を参照し、訳文をやや変えてある）。なるほど、「主観的結合ではなく」、「運動法則に合致した結合」。弁証法的である。しかし、その前の「具体的なるものとは、抽象的なるものの組み合わさったものである」という部分は、どうか？　これを言い直せば、「抽象的なるもの」が「組み合わ」されて出来上がったものが「具体的なるもの」だ、ということとなる。とすると、「具体的なるもの」が形成されるには、予め「抽象的なるもの」が存在していなければならない。だとすると、トロツキーの説に従えば、この世界に最初に存在したものは、「抽象的なるもの」だということになってしまう。

（7）「アメリカ党の危機」

（8）ここで、有りうべき誤解を解いておきたい。トロツキーが、何度となく、バーナムは「反」弁証法家だと批判するので、そう思い込んでいる人は少なくないかもしれない。しかし、彼は、「反」弁証法家ではない。彼は、党内外において、弁証法を批判する文を書いて発表したり、同志達に弁証法の内容を批判する話しをしたり、反弁証法の見解を広めたりしたことはない。彼はただ、自分の信じる理論があるが故、弁証法を受け入れない、と言っているだけである。「絶望の政治」の中でも、「事実は」、私は「それを受け入れたことがないのだから」、私「がそれを拒否した、などとは到底言えないということだ」、と言っている。彼は、正しくは、「非」弁証法家なのである。

（9）トロツキー「カール・リープクネヒトとローザ・ルクセンブルク」一九一九年一月一八日、「トロツキー・インターネット・アルヒーフ」より。

（10）シャクトマンの引用は、注（7）論文。英語版ウィキペディア「Karl Liebknech 」に、次のような記述がある。

「リープクネヒトの考えによれば、マルクスは、自己の理論を資本主義時代に限定しすぎたため、社会的発展の複雑さを理解することができなかった。リープクネヒトは、マルクスの哲学的、経済学的基礎は、唯物史観に制約されているが故に、誤っていると見なした。…彼は、労働価値説を受け入れなかった…。

…彼の問題への取り組み方は、マルクスとは違って、全て、自然哲学の概念に基礎を置いていた。…歴史家の Klaus Gietinger は、リープクネヒトがマルクス主義者であるとは考えていなかった」と。

また、オスコッシュ大学のセス・ブルーニグ（Seth Breunig）という学者は、「カール・リープクネヒト、ヴィリー・ブラントとドイツ社会主義」（Karl Liebknecht, Willy Brandt, and German Socialism）という文章の中で、ヘルムート・トロットナウ（HELMUT TROTNOW）の著書「カール・リープクネヒト、一八七一～一九一九、政治的伝記」（Karl Liebknecht（1871–1919）: Political biography. Hamden, CT: Archon Books）を基に、こう記している。「リープクネヒトが『資本論』と『共産党宣言』の著者たちと類似性を持つことを考えれば、彼が若い時からマルクス主義者ではなかったことは、驚くべきことかもしれない。しかし、リープクネヒトがマルクスの弁証法的歴史観に同意していなかったことは、彼の著作物や行動から明らかである」と。

(11) 党内闘争の始まる一年前の一九三八年九月に、スターリンが「弁証法的唯物論と史的唯物論」（「Dialectical and Historical Materialism」、September 1938、MIA）という論文を著している。ことによると、彼は、トロツキー以上に「弁証法的唯物論」に重きを置いていたのではあるまいか?

(12) ここのトロツキーの引用文には、一つの謎がある。シャクトマンは、確かに、「アメリカ党の危機（同志レオン・トロツキーに回答する公開状）」の中で、「よく知られたことだが」、リープクネヒトは、「弁証法的唯物論に反対していた」と、記しているが、「獄中で書いた弁証法に反対する著作を死後に残した」とは書いておらず、更に、二重引用符中の言葉もシャクトマンのその論文中にはない。弁証法が問題になったのは、トロツキーの一九三九年一二月一五日付論文「社会主義労働党における小ブルジョア反対派」以降である。しかし、この一二月一五日から一九四〇年一月一日の「アメリカ党の危機」以前に、シャクトマンが弁証法的唯物論について書いた物は見当たらない。従って、トロツキーが書いている、シャクトマンが主張したとされること、及び、彼が言ったとされる二重引用符中の言葉がどこに記載されていたのかが大きな疑問として残る。

（13）ここのトロツキーの論法は、リープクネヒトが弁証法に批判的だったか否かという論点に、もし彼が「自由の身であったら」という仮定の論点を対置している。このような、仮定をもって事実を論破しようとするのは、「論点のすり替え」の一種「相殺法」と呼ばれる詭弁である。

（14）「量から質への変化」というのは、ある特定の一つの質が、それに内在する量の変化によって、他の質に変わるということである。では、トロツキーは、「野兎や家兎や鶏」という「質」に内在するどの「量」の変化によって、それらの「質」が、狼という「質に移行する」と言うのか？野兎は、どう変化しても野兎という「質」であり、野兎が他の「質」、即ち、狼に変化することは決してない。こんなことは子供でも知っている。トロツキーの挙げている「鳥」や「野兎」、「鶏」そして「狼」は、元々別の「質」なのである。一体ここのどこが「量から質への変化」に関係すると言うのだろうか？

（15）英語版原文は以下の通り。

'In all the elaborated confusion of your new remarks on dialectics, you make only one attempt at an argument in favour of dialectics; and this argument, upon examination, turns out to be both irrelevant and reactionary.'All the great and outstanding revolutionists,'you write,'- first and foremost, Marx, Engels, Lenin, Luxemburg, Franz Mehring-stood on the ground of dialectic materialism'; whereas many deserters from the revolution began with an attack on dialectics. Is this weapon not identical in form with the weapon in extremis of all reaction: do you dare to disbelieve when our fathers believed, and their fathers and fore-fathers before them? Has not virtually every single one of us had to break through this very argument in taking our place on the side of socialism? The argument is not an iota more valid when a socialist employs it.」。

四節　経済と政治

一項　戦争の性格／上部構造と下部構造

トロツキーは、前掲論文「社会主義労働党における小ブルジョア反対派」の「ソ連邦の性格」というセクションにおいて、ブルーノ・R[1]とその追随者を批判した後、矛先を替え、反対派をこう批判している。

「これよりもお粗末で危険なのは、恐らく、ソヴィエト国家の階級的性格は『重要ではない』、我々の政策の方向は『戦争の性格』によって決定されるという見解を表明する折衷主義者たちであろう。あたかも戦争は独立した超社会的実体であるかのように、あたかも戦争の性格は支配階級の性格によって、即ち、国家の性格をも決定する同じ社会的ファクターによって、決定されはしないかのように。諸事件の打撃を受けて、いとも簡単にマルクス主義のＡＢＣを忘れてしまう同志たちがいるとは、驚くべきことだ！」と[2]。

トロツキーは、ここで、はっきり、戦争の性格は「国家の性格をも決定する同じ社会的ファクターによって」決定されるもので、これは、「マルクス主義のＡＢＣ」だと述べているが、この「社会的ファクター」とは、シャクトマンも指摘しているように、具体的には所有形態、ソ連邦の場合は国有財産である。従って、トロツキーの見解は、「戦争の性格は」、「支配階級」或いは「所有形態」の性格によって決定される、というものである。

これに対し、シャクトマンは、論文「アメリカ党の危機」の「国家と戦争の性格」というセクションで、先ず、「『ソヴィエト国家の階級的性格は『問題ではない』という見解を表明する折衷主義者たち』とは誰なのか?誰がそう言ったのか？　また誰が書いたのか？　いつどこで？　私はそんな同志もそんな文書も知らない」と、トロツキーのお決まりとなった事実無根の中傷を指摘した後、こう反論している。

「同志トロツキー、あなたは更に、『戦争は独立した超社会的実体』ではなく、その性格は支配階級の性格、『すなわち国家の性格をも決定する同じ社会的ファクター』―つまり所有形態、この場合は国有財産―によって決定される、と付け加える。…私は、この見解が明白に含んでいる意味を受け入れることはできない。何故なら、それは、問題に対する弁証法的見方に基づくとは思わないからである。換言すれば、それは抽象観念に基づくもので、弁証法的な内的連関の中で考察された具体的現実に基づくものではない。その観点に立てば、私有財産は資本主義国家の性格を決定する社会的要因であり、その同じ要因が更に資本主義支配階級の性格をも決定し、今度は、この要因がその資本主義支配階級が行なう戦争の性格を決定することになるのだ。そして、資本主義国家に当てはまることは、必要な変更を加えれば、労働者国家にも当てはまる。まず第一に、『資本主義国家』及び『労働者国家』という表現を用いることは抽象的な視点から語ることであって、それ自体、与えられた戦争の性格は何によって決定されるかという問題への答えとはならない」と。

続いて、シャクトマンは、同一の支配階級と同一の所有関係に基礎を置いていた資本主義国イタリアが、一八九五年には進歩的戦争を行ない、一九一五年には反動的戦争を行ない、また、同一の条件を保持していた資本主義国プロシア（プロイセン）が、一八七〇年には進歩的戦争を行ない、一九一四年には反動的戦争を行なった、という実例[3]を挙げた後、普仏戦争を例に取り、こう述べる。

「仮に、抽象的に考えられた社会階級と所有関係という要素だけが戦争の性格を決定するとしたら、進歩的戦争と反動的戦争を区別することは不可能となるだろう。一八七〇年にビスマルクが行なった戦争の性格は、専ら、あるいは主観的に支配階級とその土台としての所有関係との性格からは決定され得ず、その当時の支配階級の社会的政治的目的は何かということ、即ち、その支配階級の具体的な歴史的役割から決定されると言えるだろう。ビスマルクとユンカーが、（ジャコバン党―下層階級とは対照的に）上から、官僚的軍事的手段によってではあるが、フランスとロシアの抑圧からのドイツの民族的解放と民族統一を目的としていたのは間違いない。それは歴史的に見て進歩的であった。だが、戦争の末期、彼らが拡張と併合を自らの目的と定めた時、その戦争は反動的戦争に転化し、マルクスとエンゲルスによって容赦なく非難されたのである。しかし、戦争は『独立した超社会的実体』ではない、とあなたは言う。更に続けて、戦争とその目的は、戦争が行なわれているその社会的（社会経済的）土台と切り離せない、と。もちろん、これは正しい。だがしかし、戦争とその社会的土台の関係は、自動的でもなければ、機械的でもなければ、一方向だけを持つものでもない。それは弁証法的関係であって、その関係の中では、非常に多くの場合、政治体制が第一のあるいは直接的な決定要素であり、経済『体制』はただ『究極において』決定する要素に過ぎないのである」と。

つまり、シャクトマンは、戦争の性格は、「…その当時の支配階級の社会的政治的目的は何かということ、即ち、その支配階級の具体的な歴史的役割から決定される」と見ている、ということである。実際、普仏戦争中、フランスもプロシアも「支配階級」、「所有形態」ともに不変であった。変化したものは、シャクトマンの言う通り、ビスマルク政府の目的であった。「民族的解放と民族統一」という当初の目的は、「歴史的に見て進歩的」なものであるが故、プロシアから見て、戦争の性格は「進歩的」であったが、戦争が一段落した後、当初と同じ「支配階級」と「所有形態」を基礎としたその同じ政府が、その目的を「拡張と併合」に変更した時、その戦争の性格が「反動的」なものに転化した、ということである。「支配階級」、「所有形態」に固執するトロツキーの論からは、この戦争の性格の変化は、説明できない。

この見方は、シャクトマンが同論文で触れている「政治委員会少数派が提出したソ連論に関する文書」、即ち「ロシア問題に関する論争の争点は何か」でも言及されているので、それを見ると、こうある。

「戦争に参加した国家の階級的性格は、戦争の性格を判断する際の、より正確に言えば、世界社会主義革命の諸利益と関連させた、戦争におけるその当該国家の役割りを判断する際の決定的基準である。しかし、戦争の性格を判断するために、その国家の階級的性格を抽象的に持ち出すことは、不毛かつ無意味な立場を採用する羽目に陥り、空虚な定式に捕らわれてしまうことになる。戦争の性格は、交戦諸国とその敵国それぞれの主要な政治的社会的諸目的、及びそれらの客観的な成り行きによって決定され、そして、非常にしばしば、戦争を遂行している政権の性格によって決定される。更に言えば、とりわけ我々の時代にあっては、与えられた戦争に対する我々の態度は、世界プロレタリアートと世界社会主義革命の利益に基礎を置かなければならない」と（傍点の強調は原文）。

付け加え得ることは何もないであろう。

トロツキーは、シャクトマン論文への彼の批判論文「掻き傷から壊疽の危険へ」の「階級的基準の放棄」というセクションの中で、戦争を「定義」づけ、シャクトマンをこう批判している。

「戦争は社会の器官ではなくて社会の、つまりその支配階級の機能である。器官、つまり国家を理解しなければ、機能を定義し研究することは不可能である。が他方では、組織、つまり社会の一般構造を理解しなければ、器官の科学的理解に達することは不可能である。社会の骨格と筋肉は、生産力と階級（所有）関係からなっている。シャクトマンは、機能、つまり戦争はその帰属する器官、つまり国家から独立に『具体的に』研究され得るという見解なのだ」と。

トロツキーは、ここで、先ず「戦争は…支配階級の機能である」と定義し、であるから、それを生む「器官」たる国家を理解しなければ、戦争という「機能」を定義できない。しかし、国家を理解するには、社会の階級（所有）関係を理解しなければならないのだから、先ず、社会の一般構造たるその社会の階級（所有）関係を把握した後、社会の器官たる国家を理解し、その上で、国家に帰属する機能としての戦争を「定義」しなければならない、と述べている。簡潔に言えば、社会の階級（所有）関係に基づいて、国家の階級的性格を定め、そこからその国家の遂行する戦争を「定義」しなければならない、ということで、何のことはない、自説の繰り返しである。この一節は、その後に出されている、シャクトマンの「戦争は…国家から独立に『具体的に』研究され得るという見解」を批判するために書かれたもののようだが、シャクトマンが、このような見解を表明したことは、一度もない。ここでのトロツキーの批判は、何の意味も持たない(4)。

そもそも、「戦争は…支配階級の機能である」というトロツキーの「定義」は、正しいのであろうか？「戦争」とは何なのかを、彼は理解しているのだろうか？　ここで、恐らく全てのマルクス主義者がこの問題に関する権威と認めているカール・フォン・クラウゼヴィッツ(5)に登場していただこう。彼の主著「戦争論」の第一巻第一章のセクション23で、彼はこう述べている。

「全ての国々、特に文明化された諸国のような国家群の戦争は、常に、政治情勢から発生し、政治的動機によって引き起こされる。従って、戦争は、一つの政治的行為なのである。…さて、もし我々が、戦争は政治的目的にその根を持っていることを思い起こせば、戦争を発生させた本来のその動機が、当然ながら、戦争の遂行においても、先ず第一の、最も大きな重要性を持っているはずである。…それ故、政策は、戦争の全行動と絡み合いつつ、戦争に継続的な影響を行使つづけることになる」と。

同じくセクション24では、こう言っている。

「戦争は、他の手段による政策の継続に過ぎない。…政治的意図が目的であり、戦争はその手段である。そして、手段は、常に、目的を内包する(6)」と。「戦争は政治的目的にその根を持っている」、「戦争は、他の手段による政策の継続に過ぎない。…政治的意図が目的であり、戦争はその手段である。そして、手段は、常に、目的を内包する」。これこそが、従来マルクス主義者が戦争に対して採ってきた態度であり、「マルクス主義のABC」なのである。トロツキーの見解には、この点の考察が全く欠落している。外政は内政の継続だ、ということに異議を唱えるマルクス主義者はいるまい。そして、戦争は外政の一手段でもある。従って、戦争の性格を判断するのに、当該政府の内政、戦争の政治的諸目的を見ないということがどうして許されよう。「戦争は、一つの政治的行為」なのであり、支配階級、財産形態、国有財産のどこを見ても、その性格は判断し得ない。

これを理解して初めて、レーニンの次の言が理解できるのである。一九一五年七月〜八月、ジノヴィエフと共に著した「社会主義と戦争」の第一章では、「戦争とは、他の（即ち暴力的な）手段による政策の継続である。…マルクス主義者たちは、常に、この命題を、与えられたあらゆる戦争の意義に関する見解の理論的基礎だと正しく見なしてきた。まさにこの観点から、マルクスとエンゲルスは、常に、異なった戦争を評価した(7)」と述べられており、また、一九一六年八月〜一〇月に書かれた「マルクス主義の戯画と帝国主義的経済主義」の中では、次のように述べられている。

「では、我々は如何にして、戦争の『本質』を明らかにして、定義することができるのか？　戦争は政策の継続である。従って、戦争に先立つ政策、戦争に導き、それを引き起こした政策を検討しなければならない(8)」と。

　更に、一九一七年五月一四日（二七日）に行なった講演「戦争と革命」において、レーニンはこうも述べている。

「…戦争は、他の手段による政策の継続である。あらゆる戦争は、それを引き起こした政治体制と不可分である。ある所与の国家、その国家のある所与の階級が、戦争に先立つ長い期間推し進めてきた政策が、必然的に、戦時中にも同じ階級によって、引き続き推し進められるのであって、行動の形態だけが変わるのである」(9)と。

　トロツキーには、国有財産という進歩的な所有形態を擁する国家の行なう戦争は、必ずや進歩的だ、といった固定観念がある。それが正しいと言うのなら、先ず何より、国有財産の何を、或いは、どこを見て、その戦争が進歩的であると判断するのか、国有財産がどういう過程を経て、戦争に進歩的性格を与えることができるのか、という肝心の点を説明しなければならない。だが、それについては、全くの沈黙である。いずれにせよ、戦争とは政府という人間の集団同士の争いなのであるから、戦争の性格を理解するには、その政府の内政、目的、諸政策、また、戦争の具体的状況を分析せずには不可能だ、ということである。

　それにしても奇妙なことは、SWP党内闘争への介入以前の論文、例えば、一九三八年五月二二日の「考えることを学ぶこと　ある極左派への友好的な建議」という論文(10)では、トロツキー自身、「ドイツの高名な軍事理論家クラウゼビッツの、戦争とは他の諸手段による政治の継続であるという命題は、誰もが知っている。この洞察力の深い思想は、当然の如く、戦争に抗する闘争は、平時におけるプロレタリアートの一般的な闘争の継続に過ぎないという結論に導く」と、正しく述べていたのである。また、一九三四年六月一〇日の「戦争と第四インターナショナル」のセクション38には、「戦争に対する我々の態度は、『侵略』といった法律第一主義の定式によってではなく、どの階級が戦争を遂行しているのか、また、どのような目的によってか、という問題によって決定される」と述べられており、この二論文には、「支配階級」、「財産形態」、「国有財産」への言及は一切ない。更に、一九三九年九月五日の「第二次世界大戦の勃発は誰の罪か?」には、次の言葉がある。「科学的歴史的観点から言えば、進歩的かつ正当な戦争とは、被抑圧階級ないし被抑圧民族を解放するという目的を果たし、それによって人類の文化を前進させる戦争である。これに反し、労働者階級と遅れたもしくは弱小民族を奴隷化するための戦争、旧社会秩序を維持するための戦争は、反動的である」と。

ここでは、はっきりと、目的によって「進歩的」な戦争と「反動的」な戦争を区別している。一体如何なる理由で、トロツキーはこれらのことを忘れ去ったのであろうか?

次に、トロツキーは、「掻き傷から壊疽の危険へ」のセクション「抽象的なることと具体的なること―経済と政治」の中で、「悲しむべきシャクトマンの傑作中最も悲しむべき部分は、『国家と戦争の性格』という章である」と述べ、「史的唯物論」を持ち出し、シャクトマンにこう反論している。

「バーナムとの哲学的ブロックを正当化するためにシャクトマンが流布したのとまさに同一のごまかしの理論（弁証法的唯物論は我々の政策を直接的には決定しない、従って…それは一般に『具体的な政治的任務』に影響しない）が、ここで…繰り返されている。つまり、所有諸形態は国家政策を即時的に決定するものではないから、『具体的な政治的任務』を決定するに際して、マルクス主義社会学を放擲することが一般に可能である、と。…価値法則は『直接的に』価格を規定するものではない。しかし、それでもやはり規定せずにはいないのだ。…実際、国有財産が『そのまま』『自動的』『直接的』『即時的』にクレムリンの政策を決定していないことを証明すべく、シャハトマンは自分自身と他の人々の時間を浪費しているのだ。経済的『基礎』が如何にして政治的、法律的、芸術的等々の『上部構造』を規定するかという問題に関するマルクス主義の文献はふんだんにある。…経済が政治を直接的・即時的にではなく究極的に規定しているに過ぎないとしても、にもかかわらず経済は政治をまさに決定しているのである」[11]（傍点の強調は原文）と。

　シャクトマンがこのような「ごまかしの理論」を「流布」したとか、「繰り返」したなどというお決まりの虚言は置いておくとし、ここから分かることは、戦争も含めた国家政策を決定するものは、「所有諸形態」だという自己の理論の論拠を、トロツキーが下部構造が上部構造を規定するという史的唯物論の一般原則に求めたということである。

　しかし、トロツキーの見解は、下部構造が上部構造を決定するという側面のみを眺め、上部構造から下部構造への反作用を見ない俗流唯物論に基づく立場であり、シャクトマンの述べた、「戦争とその社会的土台の関係は、自動的でもなければ、機械的でもなければ、一方向だけを持つものでもない」という点を度外視したものである。なるほど、下部構造が上部構造を規定するということを否定するマルクス主義者は、どこにもいないだろう。だがしかし、ここでの問題は、下部構造と上部構造との間の関係である。この二つの構造の間には、ただ一方向の作用があるだけなのか、そうではないのか、という問題、別の言い方をすれば、上部構造から下部構造への反作用はないのか、あるのか、という問題である。トロツキーは、「究極的に」経済が政治を決定しているとだけ述べ、反作用については何も語っていない。これも妙なことである。マルクス主義を少しでもかじった者は、意識と存在の間には交互作用があり、意識は存在をただ反映するだけではなく、存在へ反作用し、存在を変えられるという、意識の能動的役割を強調したのは他ならぬマルクスとエンゲルスだった、ということを認識しているはずである。人の意識活動たる政治にも同じことが言えるだろう。つまり、上部構造に属する政治なども、それ独自の性格を獲得し、政治を語るなら政治独自の運動を認識しなければならない、ということである[12]。シャクトマンが「アメリカ党の危機」で引用し、トロツキーが完全に無視したエンゲルスの「同志シュミットへの手紙」（一八九〇年一〇月二七日）には、はっきりこう書かれている。

「その新しい独立した（政治的な）力は、勿論全体としての生産活動に従属します。しかし、それは、その内在的な力、即ちかつては一時的な借り物だったが次第に相対的独立性を獲得した力のおかげで、生産の条件と方向性に反作用を及ぼします。二つの異なる力の間には相互作用が働くのです。一方には経済的運動があり、他方には新しい政治権力があり、そして、この新しい政治権力は最大限可能な独立を全力を挙げて求め、ひとたび立ち上がるとそれ独自の運動を与えられるのです」[13]と。

更に、これもトロツキーには完全に無視されたものだが、シャクトマンは、レーニンの一九二一年一月二五日論文「再び、労働組合について、現在の情勢について、トロツキーとブハーリンの誤りについて」の「政治と経済、弁証法と折衷主義」と題されたセクションからも引用している。それにはこうある。

「政治は経済の集中的表現である―と私は自分の演説で繰りかえして言った。何故そうしたかというと、すでにそのまえから、私が問題を『政治的に』取りあげているという、理屈にあわない、しかも、マルクス主義者の言葉としてはまったく許しえないこの非難が、わたしの耳に入っていたからである。政治は経済に対して優位を占めざるをえない。これ以外の考え方は、マルクス主義のイロハを忘れることを意味する。（中略）問題は、もっぱら次のように立てられている（また、マルクス主義の立場からすれば、そう立てることしかできない）からである。すなわち、この階級（労働者階級―筆者注）は、問題を正しく政治的に取りあげずには、自分の支配を維持できず、したがって、自分の生産上の任務をも解決できないであろう」と。

　要するに、少数派との論争当時のトロツキーの立場は、言ってみれば、ただただ国有財産を見つめ、戦争を見ずに戦争を語り、クレムリンの政策を見ずにその政策を語る、ということに尽きる。国有財産が歴史的に進歩的だということは正しい。だが、国有財産を擁するソ連邦の社会的性格とソ連邦政府の政治的性格とは異なるのである。即ち、歴史的に進歩的な財産形態を擁護している政権が、常に政治的に進歩的な政策を打ち出すとは限らないのである。トロツキー自身が述べていたように、国家の政策が進歩的階級階層を利すれば、また、その政策が、世界の被抑圧階級階層の解放を利すれば、その政策は進歩的であり、反対に、それが反動的階級階層を利すれば、また、世界の被抑圧階級階層の隷属状態を継続させるもの、或いはそれ以下の状態に貶めるものであれば、その政策は反動的なのである。でなければ、「進歩的」財産形態を擁するソ連邦政府の官僚が、何故反革命的な政策を採るのかが説明できなくなる。更に、スターリニスト政権と同じ国有財産に基礎を置いていたレーニン政権が革命的で、スターリニスト政権が反革命的なのは如何なる理由によって、説明しうるのか？「進歩的」な国有財産を抱くスターリニスト政府が、国内において、ソヴィエト体制を廃止し、労働者民主主義を粉砕し、また、他民族を抑圧するという政策を採った、ということを如何に説明するのか？　また、「進歩的」な国有財産を抱く同政府が、国外において、労働者階級の政治的利益を踏みにじるかと思えば、他民族を抑圧し、併合するために侵略した、ということを如何に説明するのか？「進歩的」である「国有財産」が、国内外において、このような「反革命的」な「クレムリンの政策」を如何に「決定」したのか？　トロツキーの頭にも多数派の頭にも、こういった問題は、浮かんでこないのであろうか？　結局、財産形態が進歩的であると言う時の「進歩的」は政治的な意味を持たず、財産形態に政治性を持たせるのは誤りである。

最後に、戦争の問題に対するシャクトマンの総括的見解を前掲論文から引用しておこう。

「与えられたどの資本主義国家においても見られるその政治体制の（相対的な）独立性とソ連邦における政治体制の（相対的な）独立性とには非常に大きな違いがある、ということを強調する必要がある。…スターリニスト官僚制は、エンゲルスが言ったように、ただ単に『独自の運動を与えられる』――しかも、並外れて高い程度をもって――だけでなく、この独自の運動は全体としての生産活動と激しく矛盾する。より平易な政治的用語を用いれば、官僚の利益は、社会主義への移行の基礎となる国有経済を維持するという大義と矛盾するということだ。この国有化された経済というもの、これがソ連邦内において我々が擁護し得る唯一のものである。ところで、戦争を遂行するのは国有財産ではない。いつ宣戦布告をなすべきかもしくは開戦すべきか、あるいは誰に向けて戦争を遂行するのか、あるいはそれはいかに遂行されるべきか、ということを決定するのも経済ではない。あるいはまた、（直接的にかまたは間接的にか）労働者階級がそれらの決定を下すのでもない。何故なら、彼らは言論・行動の自由を奪われ、謂わば拘束衣を着せられたように自主的な発展を妨げられているからである。戦争を決定し、指揮することは、完全に官僚の手中にある。官僚は、『それ自身の運動』、つまり、彼ら自身の社会的、経済的、政治的諸利益を追求する運動を『賦与されている』。だが、それら諸利益はあらゆる点で反動的なのである」。

まさにその通りである。繰り返すが、内政も外政も、また外政の一形態である戦争も、決定するのは、人の集団であって、財産ではない。財産形態は、政府が政策を決定する際、政策の選択幅を規定するが、それが政策そのものを決定するなど有り得ない。

〈第四章四節一項　注〉

（1）ブルーノ・リズィ（リッツイとも）。イタリアの共産主義者。一九三〇年イタリア共産党を脱退した後、一九三九年、ソ連邦＝官僚制集産主義説を採る。

（2）英語版を参照して、表現をやや変えてある。

（3）一八五九年と一九一五年のイタリアとオーストリア間の戦争で、「この二つの戦争の内、最初の戦争はマルクス主義者によって常に進歩的だと特徴づけられているが、他方、二番目の戦争は反動的だと特徴づけられている」（「アメリカ党の危機」）。一八七〇年と一九一四年のドイツとフランスの戦争で、前者は「普仏戦争」として知られているもので、国家的統一を目指す戦争、後者は帝国主義戦争であった。

（4）更に、戦争従事者を「支配階級」に限定すると、レーニンが前掲「社会主義と戦争」で「戦争」に含めた、抑圧階級に対する被抑圧階級の戦争や、奴隷所有者に対する奴隷の戦争、また、植民地解放戦争などは、考慮しないということになる。

（5）プロイセン王国の軍人、軍事学者。死後出版された主著「戦争論」は、エンゲルス、レーニンによって高く評価され、以後、マルクス主義に大きな影響を与えた。

（6）ここの引用は、以下より。

Carl von Clausewitz,「On War」,Book 1 Chapter 1, 23.―War is always a serious means for a serious object. Its more particular definition, 24.―War is a mere continuation of policy by other means (ClausewitzStudies. org)

（7）『レーニン全集』第二一巻、MIA。

（8）『レーニン全集』第二三巻、MIA。

（9）『レーニン全集』第二四巻、MIA。

この演説には、更に一つ注目すべき箇所がある。レーニンは言う。

「私は、ある集会の後、一人の労働者が私に聞いた質問を決して忘れることはないだろう。彼は私にこう言った。『あなたは、何故いつも資本家に反対する発言ばかりするんですか？　私は資本家じゃない、そうでしょう？　私たちは労働者なのです。私たちは、自分たちの自由を防衛しているんです』、と。君たちは間違っている。君たちは、自分たちの資本主義政府の言うことに従っているから、戦っているんだ。この戦争を続けているのは、諸国民ではなく、諸政府なのだ。…彼は、戦争と政府との関連性が分からず、この戦争が政府によって遂行されており、彼は政府の手中にあるただの道具だということが分からないのである」と。

（10）「LEAN TO THINK A Friendly Suggestion to Certain Ultraleftists」, May 22, 1938, collected-writings 1937-38

（11）英語版も参照し、表現をやや変えてある。

（12）一例を挙げれば、クラシック音楽、特にバロック音楽以降は、楽器の発展と音楽の発展が軌を一にし、取り分け、鍵盤楽器の発展が、クラシック音楽の新展開を促したのは、よく知られたことであるが、この楽器の発展には、それを生産できる経済の発展が不可欠であった。従って、経済段階が遅れており、簡単な打楽器のみが主流であった早期のアフリカでは、和声学など生まれるべくもなかった。この意味においては、経済という土台が、上部構造の音楽の性格を規定する、と言ってよいだろう。しかし、音楽を語るとき、例えば、如何にして和声学が確立したのか、また、如何にしてバロック音楽が古典派音楽に移行したのかを検討しようとする時、経済過程の発展を見ても何も分からないであろう。それらを検討するには、音楽独自の「法則」を研究しなければならない。これが、エンゲルス、シャクトマンが言っていることである。トロツキーの立場をこれに当てはめれば、それらを検討するには、ただ経済が上部構造を規定するということを繰り返すだけでよく、音楽のことは何も研究しなくてもよい、という滑稽なものになる。戦争の性格は何か？　ああ、ただ財産形態を見ればよい。クレムリンの政策の性格は何か？　ああ、ただ国有財産を見ればよい。万事がこれである。

（13）更に、エンゲルスは、ハンス・シュタルケンブルグ（Hans Starkenburg）への手紙（一八九四年一月二五日付）においても、こう述べている。「政治、法律、哲学、宗教、文学、芸術等などの発展は、経済に基礎を置いています。しかし、それらは、全て、互いに、また、経済的土台と相互作用しています。経済的状況だけが原因で、それのみが能動的であって、その他のものは、全て受動的な結果だというわけではありません。そうではなく、究極においては常に自己を貫く経済的必然性との間で、相互作用があるということです」と（傍点の強調は原文）。

（「A Letter to Hans Starkenburg」from Engels on Historical Materialism,「New International」vol 1, no 3, September–October 1934, MIA）

二項　ブルジョア戦争との比較／より小さい悪

本章四節一項で見た普仏戦争の実例に関し、トロッキーは、「掻き疵から壊疽の危険へ」の「ブルジョア戦争との比較」というセクションの中で、シャクトマンに反論している。彼は、先ず、「ブルジョア的国民戦争の例は、まさに非常にためになる教訓を提出しているけれども、シャハトマンは無関心にそれを見過ごしている」と批判している。ここの「ブルジョア的国民戦争」とは、普仏戦争のことであるが、この例を最初に出したのはトロッキーではなくシャクトマンである。このことは、それを読んだトロッキーには当然分かっているはずなのだが、「シャハトマンは…それを見過ごしている」と言って、シャハトマンを批判している。こういう批判の仕方を、トロツキーはどこで学んだのであろうか？それはともかく、彼はこう言う。

「マルクスとエンゲルスは、ドイツ統一共和国のために闘っていた。一八七〇～七一年の戦争で、統一のための闘争が寄生者たる王朝に簒奪され歪められるという事実にもかかわらず、ドイツ人の側に立った。シャクトマンは、マルクスとエンゲルスがアルザス・ロレーヌ併合を機に直ちに、反プロシアに転じたという事実を引き合いに出している。しかし、この転換は我々の立場を、更に、またはっきりと解明しているだけである。問題にされていたのがブルジョア二国間の戦争だったことを、一瞬たりとも忘れることは許しがたいのである。つまり、両陣営とも階級的共通分母を持っていた、ということである。両者のいずれが『より小さい悪』であるかを決定することは…補足的要因の基礎に立ってのみ可能だったのだ。ドイツ側ではそれは…国民的ブルジョア国家建設という問題であった。当時、国民国家は進歩的な歴史要因であった。その限りで、マルクスとエンゲルスは…ドイツ人の側に立った…。アルザス・ロレーヌの併合は独仏いずれからみても国民国家の原理を踏みにじり、報復戦への基礎を築いた。マルクスとエンゲルスは、当然反プロシアに転じた。…両陣営にブルジョア的関係が支配的だった以上、それによって、劣弱な経済体制に奉仕して、優勢なものに反対するおそれを生むことには、全くならなかった。もし一八六〇年にフランスが労働者国家であったら、その時にはマルクスとエンゲルスは、そもそもの初めからフランスに味方したであろう[1]」と（傍点の強調は原文）。

注意すべきは、元々の争点は、戦争の性格は何によって決定されるかであり、前項で見た普仏戦争の例は、シャクトマンがプロシアの戦争の性格が何によって変化したかを焦点とし、自論を立証するために挙げたものであるが、その際マルクス、エンゲルスが如何なる立場を取ったかということとには触れていない点である。それに対し、ここでのトロツキーは、シャクトマンの反論は全く無視しつつ、焦点をマルクス、エンゲルスの立場に変えている。その際、トロツキーは、「ブルジョア二国間の戦争」で「両陣営とも階級的共通分母を持っていた」場合は、「両者のいずれが『より小さい悪』であるかを決定する」必要があるという彼の「より小さい悪」論を持ち出し、マルクス、エンゲルスも、それに則って彼らの立場を決定したかのように述べている。つまり、トロツキーの観点に従えば、マルクス、エンゲルスは、当初、「国民国家」建設のために「防衛戦争」を行なっていたプロシアを「より小さい悪」と見なし、「ドイツ人の側に立」ったが、プロシアによる「アルザス・ロネーヌの併合」以後は、フランスを「より小さい悪」と見なし、フランスに「味方」した、というわけである。しかし、普仏戦争は、言ってみれば二つの王朝同士の戦争である上、マルクスとエンゲルスは、言わずと知れた国際主義者である。そんなことが有り得るのだろうか？　論文「フランスにおける内乱」所収の二つの「呼びかけ」にあるように、マルクスは、一貫して、フランス、ドイツ、イギリスの労働者階級が見せた反戦の立場並びに国際主義を礼賛しつつ、それに賛同し、労働者階級の視点から、「労働者階級の解放」を「我々の共通の任務」と呼んでいる。「より小さい悪」論に則って、誰彼に「味方」するなどという言明は皆無である。[2]

　次に、トロツキーが好んで使うこの「より小さい悪」論は、レーニンからの借り物と思われるが、レーニンのものとは概念が全く異なる。レーニンは、「ロシアの労働者大衆と労働者階級の利益という観点」（傍点の強調は原文）に立ち、「ツァーリズムの敗北」が「より小さい悪」だとしたが、それは、「ツァーリズムの敗北」が、国内において革命に有利な状況を招来させるという展望に基づいていたからである。しかも、彼は、これをロシアのみに限定して適用し、決して一般化しなかった。(3) これに対して、トロツキーの論は、ただ単に、二つの国家、或いは、状況などを比較し、そのどちらが反動性が少ないかを判断し、その少ない方を「より小さい悪」と見なし、そちらを選ぶ、つまり支持するというものであり、革命の展望とは無関係であった。しかも、「ブルジョア二国間の戦争」において、「両者のいずれが『より小さい悪』であるかを決定」し、それを支持すること自体、労働者階級、勤労大衆の観点からではなく、戦争遂行者であるブルジョア政府の観点から判断するということである。これが、上の引用で、普仏戦争時のマルクス、エンゲルスの立場に到底考えられない解釈を与える結果を生んだのであろう。(4)

もう一つ、上の引用の最後で、トロツキーは、両陣営に「階級的共通分母」が存在しなかった場合の想定として、「もし一八六〇年にフランスが労働者国家であったら、その時にはマルクスとエンゲルスは、そもそもの初めからフランスに味方したであろう」、と言っている。これがトロツキーが真に言わんとしたことではないかと思われるが、これは、交戦国の一方が「労働者国家」であると判断したなら、それがレーニンの「労働者国家」であろうが、スターリンの「堕落した労働者国家」であろうが、また、その労働者国家の戦争が防衛戦争であろうが侵略戦争であろうが、国有財産が存在するというただそれだけの理由で、その国家を無条件に支持する、という従来の主張であり、その場合、レーニン、シャクトマンが主張する命題は適用されず、従って、支配階級階層の

「社会的政治的目的」を考慮する必要はない、とトロツキーは見ているということである。しかし、それでよいのか？　セクション1で見たように、戦争とは、財産形態とは無関係の「一つの政治的行為」なのであり、その性格を判断するためには、支配階級階層の「社会的政治的目的」の考察が必須である。それ故、トロツキーは、一交戦国が国有経済を擁していた場合、何ゆえ、その考察が不要になるのかを、国有財産の存在と関連させて説明する義務があるのだが、その説明はどこにもない。結局は、①で見た、国有財産の存在がその政府が遂行する戦争の「進歩性」を「自動的に」保証するという、俗流唯物論的結論の繰り返しである。

このセクションの最後では、党内論争時の出来事に関連させて、トロツキーは自身の「より小さい悪」論をこう説明している。

「…ポーランドとフィンランド両国の財産所有者の所有権剥奪(5)は、それ自体自ずと進歩的要素なのである。…反動的手段による反動的所有形態の擁護と官僚的手段による進歩的所有形態の導入との二者択一の必要に直面した時にはいつでも、我々は決して双方を同一平面に置くことなく、より小さい悪を選ぶのである」と。

これは、実際には他の選択肢もあるにも拘わらず、二つの選択肢のみに限定する「誤った二分法」と言われる詭弁の一つである。トロツキーは、「我々」が、そしてまた意識ある労働者が選ぶべき道をこの二つに限定し、他の選択肢を見ていない。もう一つの選択肢は、革命的手段による進歩的所有形態の導入、これである。これこそが、ＦＩの採るべき真の方針で、少数派の唱える「第三陣営戦略」である。とにかく、「我々」も労働者も、それが大きかろうが小さかろうが、「悪」は選ばないものであり、「より小さい悪」というものは、労働者に押し付けられた「悪」であって、労働者自身がこれを望んだものでは決してない。上の引用に続いて、「…ここにはスターリニズムへの『屈服』はないのだ」と豪語しているが、別の面から見ると、「官僚的手段による進歩的所有形態」を「導入」する主体はスターリニスト官僚なのであるから、彼の言は、スターリニスト官僚擁護の表明に等しい。(6) 後述の赤軍によるポーランドとフィンランドへの侵攻という事態を語る時も、トロツキーには、この見方が脳裏に刻まれていたと見てよいだろう。

〈第四章四節二項　注〉

（1）英語版を参照し、訳文をやや変えてある。

（2）マルクスは、論文「フランスにおける内乱」所収の一八七〇年七月二三日「第一の呼びかけ」の中において、確かに、「ドイツの側からすれば」、普仏戦争は「ボナパルティストの侵略戦争に対する防衛戦争」だと特徴づけているが、「ドイツ人の側に」立つなどとは言っていない。彼はその「呼びかけ」の中で、国際労働者協会のフランス、ドイツ、イギリス支部などの声明、宣言を数多く引用している。例えば、「人道主義、民主主義、フランスの真の利益の名の下に、戦争に反対する国際労働者協会の強い抗議を完全に強く支持する」（フランス）、或いは、「我々は、あらゆる戦争の、とりわけ、王朝間の戦争の敵である。…我々は、平和と戦争の決定権を人民自身が握り、人民自身が自らの運命の主人になることを…呼びかける」（ドイツ）、或いは、「…我々は、フランスの労働者諸君が我々に差し伸べてくれた友愛の手を握りしめることを嬉しく思う。…全ての国の労働者よ、団結せよ。全ての国の労働者は、我々の友人であり、全ての国の専制君主は、我々の敵だということを、我々は決して忘れない」（ドイツ）などである。そして、マルクスは最後に、「イギリス労働者階級は、フランスとドイツの労働者大衆に連帯の手を差し伸べている。彼らは皆、…全ての国の労働者階級の結束が、最終的に戦争というものを葬り去るだろうと深く確信しているのだ。フランス政府とドイツ政府とが兄弟殺しの抗争に突入している一方、フランスとドイツの労働者たちは、互いに、平和と友好のメッセージを送り合っている。この過去の歴史に類を見ない偉大な事実が、より明るい未来の展望を切り開く」、と国際主義を賛美している。更に、「アルザス・ロレーヌの併合」以後も、マルクスは、「フランスに味方」せよなどとは言わず、同年、九月九日の「第二の呼びかけ」において、「ドイツ労働者階級は、フランスの名誉ある平和とフランス共和国の承認を主張している」とし、ドイツ社会民主主義労働者党の同年九月五日の声明を引用しており、それにはこう述べられている。「…フランスとドイツの労働者の共通の利益のために、…ドイツ労働者は、アルザス・ロネーヌの併合を大人しく容認などしないだろう。…我々は、プロレタリアート共通の国際的大義のために、全ての国の我が労働者同士を断固として援助する所存である」と。そして最後に、「…彼ら自身（フランス労働者階級）の階級組織の活動のために、冷静かつ断固として、共和制の与える自由の機会を彼らに利用させよ。そのことは、フランスの再生、及び、我々の共通の任務、即ち、労働者階級の解放のための新たな超人的な力を授けるだろう」と呼びかけている（「第一の呼びかけ」は、「The First Address July 23, 1870（The Beginning of the Franco-Prussian War）」、「第二の呼びかけ」は、「The Second Address September 9, 1870（Prussian Occupation of France）」から。ＭＩＡ）。

（3）　レーニンは、一九一四年一〇月一七日付けのシリャプニコフあての書簡では、「闘争を正確かつ明確な方針に沿って進展させるためには、闘争を一般化するスローガンが必要です。そして、そのスローガンは、ロシアの労働者大衆と労働者階級の利益という観点から見て、我々ロシア人にとって、より小さい悪は、この戦争における即座のツァーリズムの敗北だ、ということに…疑いはありません」（傍点の強調は原文）と述べ、また、一九一五年九月の「ロシアの敗北と革命的危機」では、「ロシアの敗北がより小さい悪だということが立証された。それは、ロシアの敗北が、革命的危機を著しく高め、何百万、何千万、何億人もの人々を喚起させたからである。更に、帝国主義戦争という状況下においては、ロシアの革命的危機は、人々の思いを、人民が救済されるたった一つの道、…つまり、全ての交戦諸国における内乱という考えに導かざるを得ないだろう」（傍点の強調は原文）と述べている（書簡は、「To : A. G. SHLYAPNIKOV」、『レーニン全集』第三五巻、MIA。論文は、「The Defeat of Russia and the Revolutionary Crisis」、『レーニン全集』第二一巻、MIA）。

（4）トロツキーは、以下の様に、「より小さい悪」論を様々な事態に適用しているが、どれも誤用である。一九三四年六月一〇日の「戦争と第四インターナショナル」セクション58には、こうある。「〝敗北はより小さな悪である〟というレーニンの定式は、敵国が敗北することに比べたら自国が敗北することのほうがより小さな悪だ、という意味ではなく、プロレタリアートと全人民にとって、革命運動の成長がもたらす軍事的敗北のほうが、『国内平和』によって保証される軍事的勝利より、比べ物にならないほど有益だ、という意味である」と（傍点の強調は原文）。だが、「革命運動の成長がもたらす軍事的敗北」は、「悪」ではない。しかも、レーニンは、逆のこと、つまり、自国政府の敗北が「革命運動の成長をもたらす」と言ったのである。

一九三八年五月二二日の「考えることを学ぶこと　ある極左派への友好的な建議」にも、同様の記述がある。

「大衆の革命運動によってもたらされた、或いは早められた自国帝国主義政府の敗北は、国家的統一、換言すれば、プロレタリアートの政治的屈服を代償にして得た勝利に比べれば、比較にならないほどより小さな悪である…」と。

だが、「大衆の革命運動によってもたらされた、或いは早められた自国帝国主義政府の敗北は」、「悪」ではない。

一九三八年五月の「過渡的綱領」セクション12には、こうある。「労働者国家あるいは植民地国家との闘争におけるどの帝国主義国家の敗北も、より小さな悪である」と。「帝国主義国家の敗北」は、「悪」では有りえない。

一九三九年三月七日の「社会愛国主義への一歩、戦争とファシズムに対する第四インターナショナルの立場に関して」では、こう言う。「革命運動が存在するなら、自国政府の敗北は、より小さな悪だ、ということである。レーニンは、これ以外のことは言わなかったし、言いたいとも思わなかっただろう」、と。だが、レーニンは、このようなことは言っていない。革命運動の存在は、「自国政府の敗北」の前提条件ではない。

(5)　本書第二章「時代背景」で見たように、ポーランドでは、「所有権剥奪」があったが、フィンランドではなかった。

(6)　これと同じ見方は、一九三六年「ヴィクトル・セルジュへの一一通の書簡、一九三六年四月〜八月」の中の六月五日の書簡にも見られる（「ELEVEN LETTERS TO VICTOR SERGE April-August 1936」、Collected Writings of Leon Trotsky Supplement 1934-1940）。

「…ファシストと比較すれば、ブレムは、より小さな悪を代表している。しかし、スターリニストと比較して、メンシェヴィキは、より小さな悪を代表していると言うことができるのか？　決してそうではない。もし、ソ連邦において、スターリニストかメンシェヴィキかの選択肢しかない場合、我々は、言うまでもなく、スターリニストを選ばなければならない。何故ならば、メンシェヴィキは、我が国の計画経済とその機関を一掃しようとするブルジョアジーの踏み台としての役割を果たすのみだからである。…計画経済こそがソ連邦の独立とその将来を維持する」と。

三項　抽象としての「労働者国家」

前述の第四節一項で見た、トロツキーの、戦争の性格は所有形態によって決定される、という立場は、「抽象観念に基づくもので、弁証法的な内的連関の中で考察された具体的現実に基づくものではない」という点に関連させて、シャクトマンは、前掲論文中に、もう一つレーニンからの引用文を載せている。それは、有名な「労働組合論争」真っ只中の演説「労働組合について、現在の情勢について、同志トロツキーの誤りについて」の中の次の一節である。

「同志トロツキーは『労働者国家』を云々している。失礼だが、それは抽象である。我々が一九一七年に労働者国家について書いたのは、当然のことであった。だが、いま我々に向かって『ブルジョアジーがいないのに、国家が労働者の国家なのに、一体なんのために、また誰から労働者を擁護するというのか』と言う者がいるとすれば、それは明らかな誤りである。我が国は完全な労働者国家というわけではないのだ。まさにこれが全体の核心なのである。まさにこの点に、同志トロツキーの基本的な誤りの一つがある。…我が国の国家は、実際には、労働者国家ではなくて、労働者農民国家である。これが第一の点である。…だが、それだけではない。わが党の綱領…から、我が国の国家が官僚主義的にゆがめられた労働者国家だということがわかる。…まさにこれが過渡期の現実の結果なのである。…我々の今日の国家は、全員一人残らず組織されているプロレタリアートが自らを擁護しなければならず、そして労働者を彼ら自身の国家から擁護するため、また労働者の手で我々の国家を擁護するために、我々がこれらの労働者組織を利用しなければならないような状態にあるのだ(1)」

トロツキーは、これに関しても反論しており、前掲論文「掻き傷から壊疽の危険へ」のセクション「レーニンとも―シャクトマンは連合する」において、先ずこう述べている。

「…シャクトマンは周章狼狽、引用中ソヴィエト国家の性格規定についての主要な誤謬を見落としている。一月一九日(2)、レーニンは彼の一二月三〇日の演説に関して自らこう書いている。『私は〝我が国は、実際には労働者国家ではなく労働者と農民の国家である〟と述べた…。討議報告を読むに及んで、私は自分が間違っていたことが分かった…。私はこう書くべきであった。〝労働者国家は一つの抽象である。現実には、わが労働者国家は、次のような特殊性を持った労働者国家である。第一に、人口において優位を占めるものは労働者ではなくて農民であり、第二に、それは、官僚主義的歪みをもった労働者国家である〟。このエピソードから二つの結論が導かれる。つまり、レーニンは論戦の真っ最中に自己修正を必要と認めたほど大きな重みを、国家の厳密な社会学的規定に置いた！　しかし、シャクトマンは、二〇年の後になってレーニンの誤謬にもレーニンの修正にも気づいていないほど、ソヴィエト国家の階級性に関心を持っていない！」と。

　トロツキーは、レーニンが彼自身の見解を「修正」したと見て、大喜びの体でシャクトマンに説教を垂れている。しかし、注意すべきは、ソ連邦が「労働者国家」だというトロツキーの規定は抽象的だ、という肝心の見解は、レーニンが修正していない点、及び、ソ連邦は「官僚的にゆがめられた労働者国家」であるという規定も、一二月三〇日でも一月一九日でも変わっていない点である。このレーニンの「修正」は、「誤謬」を正すというより、自己の規定を正確に規定し直したと言ったほうが適切であり、トロツキーの「誤り」に関する部分は、全く「修正」していない。また、シャクトマンがレーニンの「誤謬」と「修正」に気づいていたか否かは、本論とは無関係の問題であり、彼が「ソヴィエト国家の階級性に関心を持っていない」というのも例の作り話である。さて、レーニンの批判に対して、トロツキーは以下のように自己弁護している。

「シャクトマンがレーニンを全く理解していないことは自ずと明らかである。二〇年前には、『労働者国家』という名称はどう見ても抽象一般、つまり非現実的な、現存しない何かとは考えられ得なかった。『労働者国家』という規定は、それ自体としては正しかったが、特殊な任務、つまり、労働組合による労働者の防衛との関連で不適切だったのであり、ただこの意味でのみ抽象的だったのである」と（傍点の強調は原文）。

　ここでは、トロツキーが「レーニンを全く理解していないことは自ずと明らかである」。トロツキーの自己弁護は、二〇年前は、「労働者国家」という名称は現実的なもので、「『労働者国家』という規定は、それ自体としては正しかった」、というものである。しかし、レーニンが、一体どこで「『労働者国家』という規定は…正しかった」と言っているのだろうか？　トロツキーが自分で引用した文章に、「我が国は完全な労働者国家というわけではないのだ。…まさにこの点に、同志トロツキーの基本的な誤りの一つがある」と書いてあるではないか。トロツキーは、ここをどう読んだのだろうか？　レーニンは、ソ連邦を抽象的にただ「労働者国家」だと捉えるのではなく、「官僚主義的にゆがめられた労働者国家」だと具体的に規定してこそ、現実の労働組合の任務が理解できる、そして、これを理解し得なったことこそがトロツキーの誤りだと指摘したのである。確かに、ソ連邦には国有財産があるという意味では、ソ連邦は「労働者国家」であるが、レーニンが言わんとしたことは、問題を具体的に取り上げず、ただただ原則的なことを述べているから、労働組合問題という具体的な問題で誤りを犯した、ということであった。シャクトマンが引用した同じ演説のその前の方の段落で、レーニンははっきりとこう指摘している。

「生産における労働組合の役割を検討している時、トロツキーの基本的誤りは、その問題を扱う際、彼が、それを『一般原則』の問題として、常に『原則的に』扱うことにあると気づいた。彼の全てのテーゼは、『一般原則』に基づいているが、それ自体、根本的に誤ったアプローチの仕方なのである」と。

更に、前項で挙げた一九二一年一月二五日の「再び、労働組合について、現在の情勢について、トロツキーとブハーリンの誤りについて」においても、レーニンは、「彼（トロツキー）は、問題を抽象において捉えるが故、問題の核心に入ることができない（或いは、その気がない）のである」と述べている。SWP党内論争中も、問題はソ連邦の階級的性格だ、或いは、ソ連邦を防衛するのか否かだといった原則問題をことさら繰り返すトロツキーは、二〇年前にも二〇年後の一九四〇年にも、レーニンの指摘から何も学んでいないことが分かる。トロツキーは、二〇年前、現実の「官僚的にゆがめられた『労働者国家』」を見ず、抽象的な「労働者国家」にこだわった結果、労働組合の具体的任務に答えられなかったのと同じように、二〇年後も、抽象的な「労働者国家」或いは「堕落した労働者国家」にこだわった結果、ポーランド、フィンランドといった具体的問題（後述）に正しく対処できなかったのである。「ロシアにおける資本主義の発展」一九〇七年七月の第二版序文で、レーニンは、「具体的な問題に対する答えを、…一般的真理の単なる論理的展開のうちに求めようとするやり方は、マルクス主義の俗流化であり、弁証法的唯物論に対して全くバカにしてかかるものである」と記しているが、これは、ここでのトロツキーに対しても通じるものがある。

それ故、シャクトマンは、同論文中で、抽象的に「堕落した労働者国家」と言うのではなく、「かつて労働組合問題との関連において、ソ連邦には如何なる国家が存在しているのかを具体的に語ることが必要だったように、今日では、現在の戦争との関連において、ソ連邦国家がどの程度堕落しているのかを明確にする必要がある…。そして、スターリニスト体制の堕落の程度は、抽象的に国有財産の存在を持ち出すことによっては論証できず、ただ実際に諸事件が発生している生の現実に注意深く目を向けることによってのみ論証可能なのである」、と述べたのである。彼は、「ソ連邦（その支配的官僚とそれに奉仕する軍隊）」は、「ただ単にプロレタリアートとその前衛、更には植民地人民に対してさえ反動的戦争を仕掛ける」という堕落の程度から、「資本主義諸国家（ポーランド、エストニア、リトアニア、ラトヴィア、そして現在はフィンランド、明日はルーマニア、その他）に対してさえ反動的戦争を行なうところまで堕落した」と結論している。これが論争当時の現実だったと言ってよいだろう。

トロツキーは、この点に関しても、同セクションで批判らしきものを展開しているが、シャクトマンが述べた「現在の戦争に関連」した「スターリニスト体制の堕落の程度」という問題を「労働者国家の堕落」（傍点の強調は原文）の「質的相違」という問題にすり替え、ソ連邦が「搾取的国家の一形態に転化したのか」とシャクトマンに食ってかかり、その後は、「官僚を打倒する必要」とか「ソ連を擁護すること」とか、シャクトマンの主旨とは関連のないＦＩの原則的立場を繰り返すだけで、またもや全く的外れの「批判」である。

さて、こう見ると、トロツキーが小数派との論争中、ソ連邦の行動に言及する際、自分で以前正しく定義した「堕落した労働者国家」という言葉から「堕落した」という文字を削り、「抽象的」に「労働者国家」とだけ語っている場合が目につくのも、うなずける。彼にとっては、ソ連邦が未だ国有財産を有すると「確認」できれば、具体的なソ連邦の堕落程度の変化は重要性を持たない、と考えているのであろう。

〈第四章四節三項　注〉

（1）　一九二〇年一二月三〇日、『レーニン全集』第三二巻、MIA。

（2）一九二一年一月一九日「党の危機」、『レーニン全集』第三二巻、MIA。

四項　防衛主義／政治革命

論文「社会主義労働党における小ブルジョア反対派」のセクション「ソ連邦の擁護」の中で、トロツキーは少数派を次のように批判している。

「彼らの新定式にいくらかでも意味を与えようと、反対派は、あたかも今日まで我々が赤軍やゲーペーウーと共にクレムリン政府の国際政策を『無条件に』擁護してきたかのように問題を言い表そうと試みている。万事が逆転されているのだ！　実際には、長い間、とりわけ我々が蜂起という手段でクレムリンの寡頭制政府を打倒することの必要性を公然と宣言した時以来、我々は、たとえ条件つきであろうと、クレムリンの国際政策を擁護したことはなかった！方針を誤ると、単に当面の任務を損なうだけでなく、自分自身の過去をも誤った見方で言い表さざるを得なくなるのだ」と。

「我々は、たとえ条件つきであろうと、クレムリンの国際政策を擁護したことはなかった！」、トロツキーはこう断言している。だが、この論文が書かれた一九三九年一二月当時、トロツキーは、赤軍のポーランド侵攻を擁護していたばかりか、フィンランド侵攻中の赤軍支持であった。考えられない矛盾である。論文「アメリカ党の危機」で、シャクトマンは、こう矛盾を突いている。

「あなたと共に繰りかえすが、我々はクレムリンの国際政策を支持したことはない。ところで…戦争とは何か？戦争とは他の手段による政治の継続である。ならば、なぜ我々は、過去に支持せず、現在も支持しない国際政策の継続たる戦争を支持すべきなのか？また、第四インターナショナルは、クレムリンの外交政策を支持するなとロシアのプロレタリアートに語ってきた。ならば、なぜ我々は現在、その政策の継続たる戦争を支持せよとソ連の労働者に語るべきなのか？（あなたが支持している）キャノン派のフィンランドに関する決議によれば、第四インターナショナルは、ロシアの労働者に向かって、ソ連邦愛国主義者たれと告げるのみならず、スターリンの戦争のスターリンの軍隊に物質的軍事的支持を与えよと告げる、ということだ」と。

トロツキーは、シャクトマンのこの鋭い問いかけに対しては答えず、「掻き疵から壊疽の危険へ」のセクション「便宜的敗戦主義またはコロンブスと卵」において、以下のように反問している。「この主張が全てを語っている。あからさまな三段論法の形で、我々は完璧な敗北主義の理論を呈せられているのである。…我々はクレムリンの国際政治を支持したことがない、従って、我々はソ連を支持すべきではない。では、どうしてそう言わないのだ？　…彼のクレムリンの政策に対する拒否から、不可分にして完璧な敗北主義が出て来る。では、何故そう言わないのか？」[1]と（傍点の強調は原文）。

これほど奇妙な反問は他にないであろう。赤軍によるポーランド侵略以降、少数派が一貫して敗北主義の立場を採っているということは、少数派の諸論文等から明らかであり、ＳＷＰの全党員が知っているのである。しかも、それらを読んでいるはずのトロツキー自身が知らないなどあろうはずがない。[2]それを、「どうしてそう言わないのだ？」、「何故そう言わないのか？」と責めているのである。だが、ここで問題となるのは、このことではない。トロツキーの採る立場は何か、これが問題なのである。そう、それは、当然、彼が批判しているシャクトマン、少数派とは反対の立場である。つまり、トロツキーは、「ソ連邦を支持すべき」だと唱え、「防衛主義」の立場を採るということである。

では、「防衛主義」とは何か？　何を「防衛」するのか？　彼は、「戦争におけるソ連邦」の中で、「我々のスローガンは、我々がソ連邦における何を防衛しており（国有財産と計画経済）、また誰に対して容赦ない闘争を行なっているか（寄生的官僚とコミンテルン）を労働者たちがはっきり知るように、定式化されねばならない」と述べ、「防衛」するものを「国有財産と計画経済」と規定している。しかし、忘れてはならないことは、一般的に綱領的立場として、「ソ連邦無条件擁護」（国有財産防衛）を採用するということと、戦時において、「ソ連邦防衛」のスローガンを掲げるということとは政治的には意味が異なる、ということである。前項で引用したシャクトマンの言葉にもあるように、「戦争を遂行するのは国有財産では」なく、「戦争を決定し、指揮することは、完全に官僚の手中にある」。換言すれば、前項でも述べたように、「戦争は政治の継続」であり、戦争する主体は人間の集団たる政府であって、国有財産ではない。従って、「敗北主義」か「防衛主義」かという問題は、政府、軍隊に対する態度に関係するもので、交戦中の政府に対する態度を言わなければ、政治的には何も言ったことにならない。戦時にあっても、自国政府打倒のための階級闘争を継続するというのが「敗北主義」であり、他方、戦時には、その自国政府打倒のための階級闘争を中断し、自国政府及びその軍隊を支持するというのが「防衛主義」である。(3)つまり、国有財産を「防衛」するから、「防衛主義」だというわけではないのである。それ故、ソ連邦がポーランドと交戦中の時、また、冬戦争の時、ソ連邦「防衛主義」を採るということは、それを唱える人の「意図」

とは無関係に、ソ連邦政府とその軍隊を支持することを意味してしまうのである。[4]

次に、上記引用文の後、トロツキーは、「しかし、シャクトマンは敢えてそう言うことができない」と断言し、その理由を以下のよう書いている。

「…彼はこう書いている。『我々はこう言った。…もし、帝国主義者が十月革命の最終的成果を潰滅し、ロシアをひとつかみの植民地にする目的でソヴィエト連邦を攻撃するなら、我々はソ連を無条件に支持するであろう』。はばかりながら、ちょっと！　クレムリンの国際政策は反動的である。従って戦争はその反動政策の延長である。従って、我々は反動的戦争を支持することができない。だとすれば、もし有害な帝国主義者がソ連を『攻撃』したら、…つまり、こういう例外的『条件』の下で、シャクトマンがソ連を…『無条件に』…擁護するということに、どうして突如としてそうなってくるのだろう？　これはどうしたら意味をなすのだろうか？　どこに論理があるのか？　シャクトマンは…論理を放逐してしまったのだろうか？」と。

トロツキーは、上では「完璧な敗北主義」を主張したシャクトマンが、ここでは「ソ連を無条件に支持する」と書いている、とシャクトマンの矛盾を突いたつもりだろう。そこで、「…どうして突如としてそうなってくるのだろう？　これはどうしたら意味をなすのだろうか？　どこに論理があるのか？　…論理を放逐してしまったのだろうか？」と問いただしているのである。

しかし、この反論も、何をか言わんやである。シャクトマンが書いたことは、トロツキー自身も知っているはずの、既に本書第一章で見たシャクトマンの「少数派決議案」以来、小数派が再三述べている立場であり、戦争の性格の変化に基づいて政策を変更するという至極当然の主張である。

ポーランド、フィンランドとのソ連邦の戦争の性格は反動的であり、それ故、ソ連邦を支持すべきではないが、戦争の性格が帝国主義諸国による総体的ソ連殲滅戦に変化したら、ソ連邦防衛が再び急務となる、とこういうことであった。トロツキーが、色眼鏡をかけず、真摯に、論敵の言うことを理解しようとしていたら、「どうして…そうなってくるの」かも、「どうしたら意味をなす」のかも、「どこに論理がある」のかも、全て理解できたであろう。

その次に、トロツキーは、「この混乱のもつれを解く鍵」を示すつもりで、その「鍵は」、と続ける。

「『我々がクレムリンの国際政策を支持したことは、かつてない』という論述は、一つの抽象だという事実の中にある。…現在の外政、内政のどちらにおいても、官僚機構は、それ自身の寄生的利益の防衛を最も重要な目標に据えている。その限りで、我々は、官僚機構に対し決死の闘争を展開するが、究極的には、非常に歪められた形ではあるが、労働者国家の利益が、官僚機構の利益を通して、その中に反映されている。その中に反映されているそれら労働者国家の利益を、我々自身のやり方で、我々は防衛する。従って、官僚機構が（それ自身のやり方で！）国有財産及び外国貿易の独占を防衛すること、或いは、ツァーの負債返還を拒否すること、これらの事実に対しては、我々が反対闘争を遂行するということは全くない。しかも、ソ連邦と資本主義世界との戦争によって、渦中に投ぜられるものは、…まさにそれら歴史的諸成果の運命なのである(5)」と。

ここに、トロツキー政治革命論との関連で注目すべき言葉がある。官僚機構が「それ自身の寄生的利益の防衛を最も重要な目標に据えている」「限り」、「我々は、官僚機構に対し決死の闘争を展開する…」という一節の後方にある、「官僚機構が…国有財産…を防衛すること…に対しては、我々が反対闘争を遂行するということは全くない」という一文である。

この引用文の最後に、「ソ連邦と資本主義世界との戦争によって、渦中に投ぜられるものは、…まさにそれら歴史的諸成果の運命なのである」とあるように、この一文は、「ソ連邦と資本主義世界との」戦時を想定したものである。その際、「官僚機構が…国有財産…を防衛する」ために戦っていると判断した場合は、そのことに対する「反対闘争」は「遂行」しないということ、換言すれば、「国有財産…を防衛」している官僚機構には反対闘争はしない、つまり、トロツキーの言葉に従えば、その場合には「官僚機構に対し決死の闘争を展開」しない、ということである。官僚との「決死の闘争」とは、他でもない政治革命である。とすると、トロツキーは、ここでは、戦時中は、政治革命を中断すると言っていることになる。上で見た、戦時中はソ連邦「防衛主義」の立場を採るということとの論理的帰結である。

確かに、党内闘争の遥か以前、一九三六年七月八日の論文「第四インターナショナルとソ連邦」のセクション18[6]においては、トロツキーはこう述べていた。「…第四インターナショナル諸党は、反動的なスターリニスト機構に対する闘争を一瞬たりとも放棄せずに、帝国主義の攻撃からソ連邦を防衛する」と。また、一九三八年五月の「過渡的綱領」セクション12「帝国主義と戦争に対する闘争」にも、「戦争において…ソ連邦を支持するにあたって、プロレタリアートは…ソ連邦のテルミドール官僚とほんのわずかでも連帯するものではない…」とある。ここから、戦時においては、ソ連邦を防衛しつつ、同時に政治革命を追求する、或いは、政治革命を追求しつつ、同時に帝国主義からソ連邦を防衛するというのが戦時における「政治革命」に関する彼の立場だ、と理解していた方も少なくなかったのではなかろうか？

だが、トロツキーの考え方には、これと並行してもう一つの概念があった。それは、一九三三年一〇月一日の論文「ソヴィエト国家の階級的性格」の中で、これを「理解できない者は、およそ何も理解しない者だ」と言い放った、スターリニスト官僚の「二重性」、「二重の役割」に関係するものである。つまり、彼らは、一方では、国内外で労働者、諸民族を抑圧するという反動的役割を果たす反面、もう一方では、「スターリニスト機構」は、「…プロレタリア革命の社会的成果の番人として、その進歩的意義の一部を保存」しており、一〇月の遺産、ひいては「プロレタリア独裁を擁護」するという進歩的役割を果たす、という概念である。ここから、彼は、ソ連邦が資本主義国ないし帝国主義国との交戦中は、「官僚機構に対し決死の闘争を展開」せず、政治革命は中断する、という上で見た結論を引き出すのである。

この点は、一九三七年四月一〇～一七日「レオン・トロツキー聴聞会」（デューイ委員会報告[7]）の第八回聴聞会（四月一四日）で、よりはっきり述べられている。

「（ソ連邦国家の「二重の役割」に関連して）…帝国主義の攻撃から新しい所有形態を防衛せんとして、スターリンと彼の官僚がなすあらゆる奮闘において、私たちは、スターリンと彼の官僚を支持します。と同時に、私たちは、スターリンと官僚から、また、新しい財産形態に対する内部からの攻撃から、新しい財産形態を防衛せんと試みるでしょう。

（英仏ソ同盟が独伊日同盟と敵対していると仮定した場合、どのような態度を採るか、という質問に対して）私に関する限り、戦時中、フランス・ブルジョア政府もイギリス・ブルジョア政府も支持しない、と言明します。しかし、ソ連邦においては、ソ連邦の全ての敵に対して、私は、ソ連邦、赤軍、ソ連邦国家を支持します。

（ソ連邦政府を維持或いは支持する一つの方法は、ドイツと日本において革命を煽動することによるのでしょうか、という質問に対して）ソ連邦国内においては、私は、良き兵士となり、兵士たちの同情を勝ち取り、立派に戦うべく奮闘するでしょう。そして、勝利が保証された最良の瞬間に、『さあ、今や、官僚を片付けるべき時だ』と呼びかけるでしょう。

（『では、氏のお答えは、帝国主義敵諸国に対してソ連邦を防衛するに際して、スターリンと手を結ぶ用意がある、ということですね？』という質問に対して）全くその通りです。…」と。

ここでは、戦時中、ＦＩは、「スターリンと彼の官僚」或いは「ソ連邦、赤軍、ソ連邦国家を支持する」、また、「ソ連邦国内においては…良き兵士」となる、「スターリンと手を結ぶ用意がある」、と明確に述べられている。従って、トロツキーの主唱した「政治革命」は、結局のところ、実践上は無条件ではなく条件付き、即ち、平時にあっては政治革命継続、戦時にあっては一時中断ということが分かる。(8) 戦中は、「ソ連邦国家を支持し」、スターリニスト政府の軍の「良き兵士となり」、「勝利が保証された最良の瞬間」になって、「官僚を片付け」ろと檄を飛ばすという政策である。しかし、反動的戦争が始まるや、それまで主張してきた反戦反政府闘争の中断を宣言し、政府支持を打ち出し、政府軍と共に戦闘に参加する政策は、社会愛国主義そのものではないのか？　そんな連中が「『さあ、今や官僚を片付けるべき時だ』と呼びかけ」たとしても、ついて来る者がいるはず

もない。詰まる所、レーニンの敗北主義を理解していないということである。(9)

〈第四章四節四項　注〉

（1）英語版を参照して、訳文をやや変えている。

（2）一例を挙げれば、一九三九年一二月二六日の小数派論文「ロシア問題に関する論争の争点は何か？」のセクション「防衛主義の諸形態と敗北主義の諸形態」には、「党内討議の過程において、キャノン派は、ある場合にはその不誠実さから、ある場合にはその無知から、防衛主義と敗北主義に対する我々少数派の態度を偽って特徴付けてきた。…では、我々反対派は、いずれの形態を採るのか？　革命的敗北主義、これである」とはっきり述べられており、また、三節「弁証法」の注（4）でも書いたように、この論文をトロツキーが読んだこともトロツキー自身が述べているのである。

（3）レーニンは、一九一五年二月一九日（三月四日）の論文「ロシア社会民主労働党海外グループ協議会」（『レーニン全集』第二一巻、MIA）において、「どの国においても、反動的な帝国主義戦争を遂行している政府に対する闘争は、革命的な宣伝活動の結果その国が敗北する可能性を前にして、中断してはならない。政府の軍隊の敗北は、政府を弱め、その政府に抑圧されている諸国民の解放を促進し、支配階級に対する内乱を容易にさせる」、と記している。これが、「（革命的祖国）敗北主義」の概念であり、「社会愛国主義」や「社会排外主義」とも通じるその対概念が「（革命的祖国）防衛主義」である。その「社会排外主義」については、一九一五年七～八月執筆の「社会主義と戦争」において、「社会排外主義とは、現在の戦争において、『祖国防衛』という考えを擁護することであり、更にまた、この考えは、論理的必然として、戦時における階級闘争の放棄に繫がる」、とレーニンは書いている。

トロツキーも党内闘争の始まる前の論文「考えることを学ぶこと　ある極左派への友好的な建議」（一九三八年五月二二日）において、「階級闘争をその最高の形態、つまり内戦にまで引き上げること、これが敗北主義の任務である。…革命的敗北主義とは、ただ次のことを意味するのみである。即ち、プロレタリア党は、階級闘争を遂行するにあたって、如何なるものであっても『愛国主義的な』見地は顧慮せず闘争を継続する」と正しく述べていた。それが、ここでは、シャクトマンをソ連邦政府を支持しない、「敗北主義」だと言って批判しているのである。

ところで、ここで、スターリニスト官僚は、「階級」ではない、という指摘があるかもしれない。しかし、トロツキーは、一九三九年九月二五日の「戦争におけるソ連邦」において、次のように指摘している。「ソ連邦国家の性格という問題を、抽象的社会学的な側面からでなく、具体的な政治的諸任務の側面から、提起することから始めよう。差し当たり、官僚は新たな『階級』であり、ソ連邦の現政権は階級的搾取の特殊な制度である、ということは正しいと認めよう。では、これら諸定義から、如何なる新たな政治的諸結論が出てくると言うのか？　第四インターナショナルは、かなり以前に、労働大衆の革命的蜂起による官僚の打倒の必要性を認めた。官僚は搾取『階級』であると公言する者たちは、これ以外の何をも提起していないし、提起できないだろう。官僚の打倒によって達成されるべき目標は、ソヴィエトから現官僚を追放し、ソヴィエト支配を再建することである。これと異なることは、彼ら左翼的批判者たちも、何も提起し得ないだろうし、現に何も提起していない」と。

要するに、スターリニスト官僚を「階層」と規定しようが「階級」と規定しようが、「官僚を打倒」して「ソヴィエト支配を再建」するという政治的任務は変わらない、ということである。まさか、官僚は「階層」なのであるから、我々は官僚を打倒しない、とでも結論されるのだろうか？　それはＦＩの綱領と矛盾する。詰まるところ、官僚が「階級」であったとしても、「階層」であったとしても、ソ連邦政府はソ連邦労働者大衆の打倒対象であることには変わりがなく、自国政府の打倒は、「敗北主義」の立場を採ることによって初めて実現しうる以上、政治的任務の観点から見れば、ソ連邦国内においても、「敗北主義」は適用できるということである。

（4）前掲の「戦争におけるソ連邦」において、トロツキーは、こう述べている。我々の「『ソ連邦防衛』は、『祖国のために！スターリンのために！』のスローガンの下に行なわれつつある公認の防衛論とは、雲泥の差が有ることは当然であろう。我々のソ連邦防衛は、『社会主義のために！　世界革命のために！　スターリン反対！』のスローガンの下に推進される。これら二種類の『ソ連邦防衛』が大衆の意識の中で混乱しないがためには、如何に具体的状況に即応したスローガンを定式化するかを、明確かつ正確に知らねばならぬ」（傍点の強調は原文）。…「我々のスローガンは、我々がソ連邦における何を防衛しており（国有財産と計画経済）、また誰に対して容赦ない闘争を行なっているか（寄生的官僚とコミンテルン）を労働者たちがはっきり知るように、定式化されねばならない」と。

ここで、トロツキーは、「公認の防衛論」は、「『祖国のために！　スターリンのために！』のスローガンの下に行なわれる一方、我々の「ソ連邦防衛」は、「『社会主義のために！　世界革命のために！　スターリン反対！』のスローガンの下に推進される」、と相違点を説いているわけだが、この「『祖国のために！　スターリンのために！』」というのも「『社会主義のために！　世界革命のために！　スターリン反対！』」というのも、スローガンの意図である。「祖国防衛」、「ソ連邦防衛」と字面は異なっていようが、内容的には、戦時において、ソ連邦という一国家を支持し防衛するという同一の内容のスローガンである。

トロツキーは、「具体的状況」に言及しているが、これについては、一九一三年七月一三日の「ラボーチヤヤ・プラウダ」紙において、レーニンが次のように述べている。

「ロシアにおいて、我々は、ある党なりあるグループの…スローガンや戦術を判断する際、絶えず誤りを犯しているが、それは、そのグループ自ら主張する彼らの意図なり動機なりに、我々が惑わされるからである。スローガンや戦術の意義、また、それがどういう結末を生むかを決定するのは、その意図とか動機とか、また彼らの使う言葉ではなく、それらから独立した客観情勢なのである」と（「言葉と行動」、『レーニン全集』第一九巻、MIA）。

つまり、スローガンなり戦術は、それを唱える人が〝私はこういう意味で言っているんだ〟と心で念じていることと、それが実際の具体的状況において持つ意味は常に一致するとは限らない、ということである。「ソ連邦防衛」というスローガンも同じで、私は、それによって、「ソ連邦の国有財産と計画経済の防衛」を意図しているのだ、と言ったところで、反動的な戦争中に、そのスローガンを掲げることは、客観的にはスターリンの「祖国防衛主義」スローガンと同じことを意味し、「社会愛国主義」と同様の政府支持の立場になってしまうのである。

結局、トロツキーは、自分で述べている「具体的状況に即応したスローガンを定式化する」ことが出来なかったのである。

（5）英語版を参照して、訳文をやや変えている。

（6）「collected writings of Leon Trotsky 1935-36」所収。

（7）「The Case Of Leon Trotsky Report of Hearings on the Charges Made Against Him in the Moscow Trials」、MIA

（8）トロツキー論文「戦争におけるソ連邦」の最後では、「我々にとって、ソヴィエト官僚の打倒は、ソ連邦における生産手段の国有を維持する問題に従属」すると、はっきり書いてある。

（9）このセクションの最後で、トロツキーはレーニンの敗北主義を「解説」しており、こうある。

「レーニンは敗戦主義という政策を戦争の帝国主義的性格から引き出したが、彼は、しかし、そこに止まらなかった。戦争の資本主義的性格を、資本主義制度とその支配階級の特殊な局面から演繹した。ひとたび戦争の性格が他ならぬ社会と国家の階級的性格によって決定されると、レーニンは帝国主義戦争に対する政策を決定するに際して、民主主義や専制主義、侵略や防衛といったから自分自身を抽象することを薦めた」と（英語版を参照し、訳語を一つ変えてある）。

まず第一に、既に見たように、レーニンは、「戦争の性格」を「社会と国家の階級的性格によって決定」しはしなかった。

第二に、戦争の性格が資本主義的ないし帝国主義的だと決定されたら、戦争に対する政策を決定するのに、「民主主義や専制主義、侵略や防衛といった『具体的』環境を無視せよ、とレーニンが「薦めた」？レーニンは、一九一五年七～八月の「社会主義と戦争」の中で「我々マルクス主義者が、平和主義者、アナキストと異なるのは、各々の戦争を別々に歴史的に研究することが必要だ、と見なしている点である」と述べ、様々な戦争の「『具体的』状況」を分析している。

付言するが、トロツキーには、元々この「敗北主義」という概念を嫌悪していたかの感があり、早くも、一九一五年六月四日「『コムニスト』編集部への公開状」（「トロツキー・インターネット・アルヒーフ」、marxists. org/nihon、「コムニスト」は、当時レーニンとブハーリンが創刊しようとしていた雑誌）の中で、こう言っている。

「私は、諸君の決議のうちに確立されている見解、すなわちロシアの敗北は「より小さな悪」であるという見解にもまったく同意できない。この立場は、基本的に、戦争とそれが生み出した状況とに対する革命的闘争を――現在の状況のもとでまったく恣意的にも――「より小さな悪」をめざす方針にすり替えている社会愛国主義の政治的方法論に対する、まったく不必要でまったく正当化されない原則上の譲歩である」と。

全く見当外れの批判である。その後も、トロツキーは、「敗北主義」スローガンを拒み、「勝利でもなく、敗北でもなく」というスローガンを打ち出したが、これには、レーニンからの痛烈な批判があった。「もし、リヤザノフとトロツキーが、ちょっとでも考えたら、彼らが戦争に関する政府とブルジョアジーの観点に立っていること、即ち、トロツキーの自惚れた言葉を借りれば、『社会愛国主義の政治的方法』にへつらっていることを認識したであろうに」と（傍点の強調は原文、一九一五年七月二六日「帝国主義戦争における自国政府の敗北」、『レーニン全集』第二一巻、MIA）。トロツキーは、生涯、この批判の意義を理解しなかったようだ。このトロツキーの誤った立場、つまり、戦争を論じる際、被抑圧階級や人民の観点に立たず、その抑圧者である戦争執行者の観点に立つという立場は、後述のポーランド、フィンランド事態を論じる時、再び見るであろう。

五項　官僚的プロレタリア革命

「社会主義労働党における小ブルジョア反対派」の「ソ連邦の擁護」というセクションの中に、「第一の場合（スペイン—筆者注）には、官僚は絞首役人の方法によって社会主義革命を絞殺した。第二の場合（ポーランド及びフィンランド—筆者注）には、官僚的方法によって社会主義革命に刺激を与えている」という一節があるが、ここを捉えて、シャクトマンが、「アメリカ党の危機」において、「…官僚的ブルジョア革命、これについては私も知っている。…だがしかし、官僚的プロレタリア革命、こういったものは私は知らないし、信じない。たとえ一日でさえ、それがポーランドにおいて勃発した、或いは、フィンランドにおいて、現在起こっている或いは今まさに起ころうとしている、などと私は考えていない」と批判した。後に見るように、トロツキーは、この時、ポーランドにて社会主義革命が起こり、フィンランドにおいて内乱が発生した、と主張していたのである。更に続けて、シャクトマンは、「繰りかえすが、私は官僚的なプロレタリア（社会主義）革命を信じない。私がその概念を拒否するのは、…マルクスと共に繰りかえすが、労働者階級の解放は労働者階級自身の任務だということが科学的に正しい、と私が信じているからである。…プロレタリア革命は、大衆として行動するプロレタリアート以外の者によっては達成し得ない。とりわけこの点で、プロレタリア革命はそれ以前の全ての革命から区別されるのである。プロレタリアート以外の何者もプロレタリアートを解放することはできないのである」と、その根拠を述べている。正論である。

これに対して、トロツキーは、「掻き傷から壊疽の危険へ」のセクション「再びポーランドについて」の中で、こう反論している。

「クレムリンが官僚主義的方法でポーランドにおける社会主義革命に衝撃を与えたという私の見解は、シャクトマンによって、私の意見に従えば、プロレタリアートの『官僚主義的革命』はありうべきことだ、という断定に改変された。これは単に正しくないばかりか、不誠実である。…それは、『官僚主義的革命』の問題ではなく、官僚主義的刺激というに過ぎない[1]」と。

先ず第一に、ここでも、トロツキーは、相手が使った言葉を正確に伝えていない。「プロレタリアートの『官僚主義的革命』」？　一体誰が、こんな言葉を使ったのか？　シャクトマンではないことは確かである。シャクトマンは、「労働者階級の解放は労働者階級自身の任務」であり、「大衆として行動するプロレタリアート以外のものによっては達成し得ない」革命をプロレタリア革命と呼び、「私は官僚的なプロレタリア（社会主義）革命を信じない」と述べたのである。つまり、シャクトマンが信じないと言ったのは、「官僚的なプロレタリア革命」であって、「プロレタリアートの『官僚主義的革命』」ではない。またしても、トロツキーはシャクトマンの言葉を改変したのである。第二に、確かに、トロツキーはここで、「『官僚主義的革命』の問題ではなく、官僚主義的刺激」のことだと言っている。しかし、前にも引用したが、トロツキーは、「反動的手段による反動的所有形態の擁護と官僚的手段による進歩的所有形態の導入との二者択一の必要に直面した時にはいつでも、我々は決して双方を同一平面に置くことなく、より小さい悪を選ぶ」、簡潔に言えば、「我々は…官僚的手段による進歩的所有形態の導入…を選ぶ」と述べているのである。このことが、トロツキーは、事実上、官僚的プロレタリア革命を認めるということを雄弁に物語っている。国有財産さえあれば、政治体制が如何なるものであってもそれを受け入れる、ということである。かつて、トロツキーは、「社会主義労働党内における小ブルジョア反対派」のセクション「ソ連邦の性格」中において、「ソ連邦から一〇月革命が築いた社会構造を差し引けばファシスト体制が残る」と言っていたのに鑑みれば、彼は、労働者階級に対し、「国有財産を築いてやるから、ファシスト体制に甘んじろ」と言っているのも同然なのである。誰がこれを喜んで受け入れるというのだろうか？

この点に関して、バーナムも、論文「絶望の政治」でこう述べている。

「クレムリンの政策（状況に『強制されて』か自由意志によるかは問題でない）は、本当に階級闘争、社会革命を刺激するのか？　もしそうならば、マルクス主義はそもそもの初めから間違っていたことになる。何故ならば、もしそうなら、社会主義のための闘争は、労働者と貧農の大衆的、意識的、計画的な大衆闘争の代わりとして、（良かれ悪しかれの）官僚的軍事的方法によって行ない得る、ということになるからである。現在の戦争における諸事件に対するトロツキーの解釈を受け入れることは、社会主義への官僚主義的な道という理論を受け入れることである」と（傍点の強調は原文）。

〈第四章四節五項　注〉

（1）　英語版を参照し、訳語をやや変えてある。

六項　ソ連邦の外交政策

トロツキーは、先ず、「社会主義労働党における小ブルジョア反対派」のセクション「ソヴィエト・フィンランド戦争」の中で、「フィンランドでは、スターリニストが資本家の収奪を支持せざるを得なくなっている」と述べた後、「彼ら（反対派）はソ連邦の政策に『帝国主義的』のレッテルを貼る。…今日以降、金融資本の対外政策も、金融資本を根絶する政策も、共に帝国主義的と呼ばれることになろう」と書いている。フィンランド情勢については後述するが、ここで、トロツキーは、ソ連邦の外交政策は、「金融資本を根絶する政策」なのだと言っているのである。ソ連邦の外交政策に対するトロツキーのこの特徴づけは、完全な誤りであり、これに対して、シャクトマンは、こう的確に指摘している。

「あなたは、スターリニストが『金融資本を根絶する政策』を代表しているという表現を用いているが、あなたが文字通りの意味でこう言っているとは、私には信じがたい。そうではなく、スターリニストが果たす役割は、とりわけソ連邦の国境の外においては、金融資本の保守的支柱という役割である。金融資本の代理機関としてのクレムリンが、一夜にしてその根絶者となるわけがない。中国民族ブルジョアジーが革命的役割を果たさなかったのと同様に、また、グチコフが一九一七年三月のロシアにおいて革命的役割を果たさなかったのと同様に、クレムリン官僚も革命的役割を果たさない。スターリニスト官僚の役割は反革命的役割なのである」と。

ところで、「或る同志たち」と呼称して、少数派を名指しにはしていないが、その内容から見て、ソ連邦の外交政策に対する少数派の見解に初めて論評したのは、一九三九年一〇月二一日の論文

「再び、ソ連邦の性格について」であるが、その「帝国主義？」というセクションではトロツキーは、こう言っている。

「モスクワ官僚の背後にある推進力が、権力を拡大し、威信を強化し、歳入を増加させようとする傾向であること疑いない。これこそ、言葉の最広義における『帝国主義』の要素で…」ある、と。

この捉え方は、少数派と同じと言ってよい。だが、その後で、こう続けて、少数派の見解を暗に批判している。

「しかし、現代の文献、少なくともマルクス主義文献にあっては、帝国主義は、…金融資本の膨張政策を意味するものと理解されている。クレムリンの対外政策に対して――意味するところを正確に述べずに――『帝国主義』の語を用いることは、両者とも軍事力を対外膨張に役立てていると いう理由だけから、ボナパルティスト官僚の政策を独占資本の政策と同一視することを意味する」と（傍点の強調は原文）。

ここでのトロツキーの批判の要点は、「マルクス主義文献にあっては、帝国主義は、…金融資本の膨張政策を意味するものと理解されている」が故、それが「意味するところを正確に述べずに『帝国主義』の語を用いる」と、「ボナパルティスト官僚の政策を独占資本の政策と同一視すること」になる、ということである。この指摘は正しい。しかし、同時に、もし、その帝国主義という言葉が意味するところを正確に述べていれば、その使用は可能だという余地を残している。そして、既に見たように、少数派はそれを正確に述べた。問題はない[1]。

では、トロツキー自身が提出したクレムリンの外交政策に対する彼の「正確」な定義は何か？それは、前掲論文のセクション「帝国主義の手先？」の中に書かれている。「クレムリンの外交政策を正確に定義したければ、それは、帝国主義に包囲された堕落せる労働者国家のボナパルティスト官僚の政策であると言わねばならぬ」（傍点の強調は原文）、と。しかし、これは、言ってみれば、誰の「政策」かという問いの答えであって、「クレムリンの外交政策」の特徴づけではない。少数派は、それを「帝国主義的」と特徴付けた。トロツキーも、それを「革命的」、「進歩的」、「反動的」、「侵略的」などの言葉を使って特徴づけなければならないが、無言を保った。このセクションには、以下の言葉もある。

「一般にクレムリンの全外交政策は、…世界労働運動の利益を根本的に犠牲にするのだ。…今やモスクワは、ヒトラーの略奪政策を包み隠すことに専念している。このこと自体もやはり、ソ連邦を帝国主義国家に変えるものではない。だが、スターリンと彼のコミンテルンは、今日疑いもなく帝国主義のもっとも価値ある手先となっているのだ」。

これが、トロツキーの従来の見解であり、全て正しい。それが、たった二カ月後に、突如「金融資本を根絶する政策」になるのだから、驚きである。また、「このこと自体もやはり、ソ連邦を帝国主義国家に変えるものではない」という一文は、誰に対して言ったものか？　少なくとも少数派に対してではないことは明らかである。彼らが、そのようなことを主張したことがないのは、既に見た。

さて、トロツキーは、「ツァー帝国主義政策の継承」というセクションでは、別の角度から、次のように、述べている。

「クレムリンはポーランド分割に参加し、バルト諸国を攻撃し、バルカン、ペルシャ、アフガニスタンに向けて南下しようとしている。言葉を換えれば、クレムリンはツァー帝国主義の政策を継承しているのだ。この場合、クレムリンの政策そのものを帝国主義的と名付ける権利を、我々は持っているか？　この歴史的・地理的議論は…説得力に乏しい。ツァー帝国の領土に起こったプロレタリア革命もまた、その当初からバルト諸国の征服を試み、一時は征服した…。それはまた、ルーマニアとペルシャに侵入を企て、ワルシャワにその軍隊を進撃させた（一九二〇年）。革命的膨張の方向はツァーリズムのそれと同一であった。というのも、革命は地理的諸条件を変えはしないのだから。当時メンシェヴィキは、ボルシェヴィキ帝国主義はツァーの伝統的外交政策からの借り物だと非難したのである。小ブルジョア民主主義は、今日にでさえ喜んでこの議論を採っているのだ」と。

　先ず、ここでトロツキーは、「今日」の「小ブルジョア民主主義」者を例にとり、少数派が、独ソ不可侵条約以降のクレムリンの「拡張」の方向が「ツァーリズムのそれと同一であった」ことを根拠に、それを「帝国主義政策」と名付けたと捉え、それは「メンシェヴィキ」と同じく、「説得力に乏しい」と仄めかしているようだが、それが事実ではないことは、シャクトマンの少数派決議案（本書第三章の注10）を一読すれば、すぐ分かる。

　この問題は、一九三九年一一月六日のトロツキーの『マックス・シャクトマンへの手紙』においても展開されているが、それは、シャクトマンの既出「ロシア問題に関する演説」の次の部分に関係したものである。シャクトマンは言う。

「初期ボルシェヴィキ運動の全期間を通して、我々は赤軍の他の諸国への前進を熱烈に歓迎した。一九二〇年赤軍がポーランドに進軍した時、それが戦術的に正しかったか否かに関わらずその進行を熱狂的に歓迎した。我々は赤軍に対し、ポーランド軍を無力化し殲滅し、赤軍の勝利を一層早めるよう訴えた。赤軍がグルジアに侵入した時も、我々は同じ立場を採った。その際、我々は、国際的メンシェヴィズムが大声でわめきたてていた『民主主義の』諸側面（もしグルジアの場合にもいくらかそれが関係していたとして）は、完全に社会主義の諸問題に従属すると言った。我々は赤軍の反対者たちや批判者たちを非難し、赤軍のグルジアへの進入を正当化したのであった。

さて、もし現情勢に何ら新たなものはないとしたら、何ゆえ多数派は赤軍のポーランド、バルト諸国、フィンランドへの進攻を歓迎すると提起しないのか?何ゆえこれらの諸国の労働者貧農に向かって、赤軍を歓迎せよ、赤軍の勝利を促進せよ、赤軍の勝利の道に立ちはだかる全ての障害を打破せよ、と訴えないのか?」と。

そして、上記書簡中のトロツキーの回答が、以下である。

「あなたは、一九二〇年におけるポーランド及びジョルジア（グルジア）への赤軍の進撃に言及して、こう続けます。『さて、もし現情勢に何ら新たなものはないとしたら、何ゆえ多数派は赤軍のポーランド、バルト諸国、フィンランドへの進攻を歓迎すると提起しないのか?』あなたの演説のこの重要な部分で、あなたは、一九二〇年と一九三九年の間に『新たな状況』がもたらされた、と言います。言うまでもない！　この新たな状況とは、第三インターナショナルの破産、ソヴィエト国家の堕落、左翼反対派の発展、そして第四インターナショナルの創設です。…これらの事件は、軍政をも含めたクレムリンの政策に対する我々の態度をなぜ我々が急変させたかを、十分に説明するものです。

一九二〇年には我々は、赤軍の行為を支持するだけでなく、ゲー・ペー・ウーの行為をも支持していたことを、あなたは忘れているらしい。国家についての我々の評価からすれば、赤軍とゲー・ペー・ウーとの間には、何の原則的相違点もありません。…一九一八年とそれに続く数年には、我々はロシアの反革命家と帝国主義のスパイに対するチェカの闘争に拍手を送ったのですが、ゲー・ペー・ウーが真のボルシェヴィキの逮捕、追放、射殺を始めた一九二七年にはこの組織についての評価を改めるに至りました。…ですから、『我々すべてが一九二〇年に採っていたのと同じ立場を、今日多数派でさえ（！）採ることを拒否している』と、あなたが述べているのには、びっくりさせられます」。

ここでも、トロツキーがシャクトマンの提起している問題をまるで理解していないことが、またもや明白である。シャクトマンが問題にしたのは、「一九二〇年と一九三九年の間」に発生した様々な出来事ではなく、多数派、トロツキーが何故一九二〇年と一九三九年とでは赤軍に対して異なった態度を取るのか？　それは、その二つの時期の赤軍の「進軍」、「進攻」の性格が異なるからではないのか、ということである。「もし現情勢に何ら新たなものはないとしたら」という句は、「現情勢」には、一九二〇年にはなかった新しい要素があるという意味を内包するものである。トロツキーは、ここをその両年の間に発生した「新たな状況」と勝手に解釈して、国際共産主義運動に関係する諸事件を羅列したのみであり、本来の問題、つまり、赤軍の行動の「性格」の相違については何一つ言っていない。更に、トロツキーは「これらの事件は、…クレムリンの政策に対する我々の態度を…急変させたかを、十分に説明するものです」と言っているが、シャクトマンが問題にしている「態度」は、一九二〇年の「赤軍の進撃」と一九三九年の「赤軍のポーランド、バルト諸国、フィンランドへの進攻」に対する我々の態度であり、「クレムリンの政策」一般「に対する我々の態度」ではない。

しかも、この論争に関するトロツキーの見解には、肝心の問題が欠落している。それは何か？それは、この頃のトロツキーが常に避けていた問題、戦争の具体的状況と戦争の性格である。

一九二〇年をはさむ一九一八年三月より一九二〇年春（または、日本がシベリアから撤退する一九二二年）までは、ソ連邦は、国内においては、アレクサンドル・コルチャーク、アントーン・デニーキン、グレゴリー・セミョーノフらの白軍と内戦状態にあった一方、アメリカ、イギリス、フランス、日本などによるソ連邦新政権に対する干渉戦争（シベリア出兵）に抵抗していた時期であったことは、よく知られたことである。従って、一方で反革命的白軍と戦い、他方で諸列強の進撃に立ち向かっていたわけで、この時期のソ連邦の戦争は、それらに対する「防衛戦争」といって間違いない。従って、このソ連邦の戦争には、「侵略」、「征服」、「併合」などといった要素は一つもなく、当時のソ連邦がそういう「企て」を試みたという事実もなかった。全てソ連邦防衛のためであった。例えば、一九一九年二月一四日から一九二一年三月一八日まで続いたポーランド＝ソ連邦戦争は、ソ連邦干渉戦争の一環として、ポーランドがソ連邦に侵攻したことから始まったものであり、その際、ソ連邦防衛のため「ワルシャワにその軍隊を進撃させた」というだけである。また、一九二一年の赤軍グルジア（ジョルジア、ジョージア）進撃の事情も同じである。ロシア革命後の一九一八年五月二六日に建国されたグルジア民主共和国は、メンシェヴィキが政権を握り、白軍を援助しており、同年七月には当時ソ連邦の一部、クバーニ＝黒海ソヴィエト共和国に侵入した。その後、合法化されたグルジア国内のボルシェヴィキが、一九二一年二月一一日蜂起を開始し、ソ連邦政府に援助を要請した。赤軍が進撃したのはその時であった(2)。トロツキーは、こういったソ連邦の政策と赤軍の行動を、なんと、一九三〇年代終わりの赤軍によるポーランド、フィンランドへの侵略と同一視しているのである。これが、赤軍の設立者かつ一九二〇年当時の赤軍の指導者であったトロツキーの口から出た言葉だとは、とても信じがたいことである。

この二度の赤軍グルジア進攻については、更に、フィンランド問題を論じた一九四〇年四月二五日のトロツキー論文「フィンランド事件のバランスシート」中のセクション「ジョルジアとフィンランド」においても取り上げられているが、上の繰り返しである。彼は言う。

「一九二一年ソヴィエト共和国は、コーカサスにおける帝国主義的攻撃の門口になっていたジョルジアを、強制的にソヴィエト化した。民族自決原則の見地から言えば、そのようなソヴィエト化に反対して多くのことが言われよう。…敵に囲まれた労働者国家の自衛という見地から言えば、暴力的ソヴィエト化は正当化される」と。

ここでも、トロツキーは、事実を語っていない。上に見たように、一九二一年のグルジア「ソヴィエト化」は、住民の意思を無視した「強制的」ないし「暴力的」ソヴィエト化ではなく、グルジア大衆の支持を得たグルジア・ボルシェヴィキ派の要請に応じたものであった。トロツキーが言いたいのは、一九三九年のフィンランドも「帝国主義的攻撃の門口」になっているが故、「敵に囲まれた」ソ連邦の防衛という見地から言えば、フィンランドの「暴力的ソヴィエト化は正当化される」ということであろうか？

この様に、論文「社会主義労働党における小ブルジョア反対派」以降のトロツキーは、ソ連邦の外交政策を「金融資本を根絶する政策」と見なし、赤軍の侵攻を支持し、「暴力的ソヴィエト化は正当化」し得る、とさえ述べている。しかし、以前の彼の立場はそうではなかった。前掲「再びソ連邦の性格について」の「武装せる使節」というセクションにおいては、次の記述が見られる。

「ロベスピエールはかつて、民衆は銃剣を持った使節を好まぬと言った。軍事力を用いて他国民に革命的思想や制度を押し付けることはできない。この正論はもちろん、革命に協力するために他国に軍事介入することをも許しがたいとするものではない。しかし、国際的革命政策の一部としてのこうした介入は、国際プロレタリアートによって理解されるのでなければならず、革命軍が侵入する国の勤労階級の希望に応えるものでなければならない。一国社会主義論がこの積極的な国際的連帯を創り出しえないことは当然だが、この連帯のみが武力介入を準備し、かつ正当化することができるのである」。

一句一句が正しい。グルジアは、「軍事介入」を「希望」した。では、ポーランド、フィンランドの「勤労階級」は、それを「希望」したのか？　トロツキー、多数派は、この問いに答える義務を負っている。しかし、誤った理論にしがみつく彼らには、どだい無理な要求である。

ここにおいても、トロツキーは、有効な批判が何一つできていない。

〈第四章四節六項　注〉

（1）ソ連邦の外交政策に関しては、一九三四年六月一〇日論文「戦争と第四インターナショナル」セクション35において、トロッキーは、「一国社会主義論に基礎付けられたソ連邦政府の外交政策は、全面的軍縮と双方による侵略の拒否という二つの考え方に基づいて」（傍点の強調は原文）いた、と述べ、一九三〇年六月二七日にスターリンが行なった「ソ連邦共産党第一六回党大会への中央委員会の政治報告」中の、「我々は、たった一フィートでさえ外国の領土を欲しないが、我々の領土について言えば、たった一インチでさえ誰にも渡さない」という一節を引用している。これが従来のスターリニスト外交政策の指針だったと見てよいであろう。

ところが、独ソ不可侵条約締結後のソ連邦の対外行動を見ると、以前の全面軍縮と侵略拒否という外交政策から侵略と併合という外交政策に転換されたことが明らかである。ソ連邦は、ポーランドを皮切りに、バルト三国、フィンランドに侵攻し、秘密議定書に基づき、一九四〇年六月、ルーマニアから当時ルーマニア領のベッサラビアと北ブコビナ、Hertza 地方を獲得した（英語版ウィキペディア「German-Soviet Axis talks」から）が、それだけではなかった。一九四〇年一〇月から一一月、ベルリンにて、ソ連邦が第四番目の「枢軸国」としてその陣営に加盟する条件を検討するための「ドイツ＝ソビエト枢軸国会談」が開かれたが、その際、ベルリンに派遣されたソ連邦外相モロトフは、「ソ連邦は、トルコ、ブルガリア、ルーマニア、ハンガリー、ユーゴスラヴィア、ギリシャに関心を抱いている」と断言している（英語版ウィキペディア「Soviet Union in World War 2」から）。これは、トロッキーが前掲論文セクション8で述べた従来の「一国的保守主義」の外交政策から拡張主義的外交政策への転換を示すものだと言って差し支えないであろう。こういった傾向をシャクトマンは「帝国主義的」だと言ったのであり、ソ連邦が「帝国主義」国家に変質した、と言ったことはない。

（2）この辺の事情は、日本語版ウィキペディア「ロシア内戦」、「シベリア出兵」、「ポーランド・ソヴィエト戦争」、「グルジア民主共和国」から。

七項　バーナムの反論

トロツキー「社会主義労働党における小ブルジョア反対派」に対しては、先に述べたように、バーナムも「絶望の政治」の中で反論している。重要な部分を幾つか挙げよう。

「…今日のソ連邦は労働者国家であると認めたにせよ、それでもやはり、このことは、現在の戦争におけるソ連邦及び赤軍を防衛するという戦術を理由付けるには全く不十分である（これは、逆に、その命題が否定され、それによって、ソ連邦は労働者国家だということも否定されたとしても、それ自体、敗北主義の戦術を理由付けするには十分でない、ということと同じである）。我々は、『否定の否定の法則』から防衛の戦術を導き出すことができないのと同様に、ソ連邦国家に対する我々の定義から防衛の戦術を導き出すことはできない。更に、国有経済の内容を形作る具体的な社会的政治的、そして歴史的な諸関係から切り離された国有経済それ自体が、ただそれだけで『進歩的』であるという命題を持ち出してきても、それは我々が戦術を決定する際の一助とはならない（国有経済それ自体が、ただそれだけで『進歩的』であるという命題は、我が『弁証法的』な労働者国家説擁護論者の最初の命題に含まれているのだが、その命題は、弁証法が考慮せよと教えていると彼ら自身が言う、変動しつつあるあらゆる実在する現実を巧みに消し去り、それを静的で抽象的なカテゴリーに置き換えるという代物なのである)。

誰が最も社会主義的意識に近いのか？　戦争の反動的な性格を認識し、それに憤りを感じかつ不審の念を抱き、戦争に些かの熱意も見せない彼らソ連邦の兵士・労働者たちか、それとも（特にゲー・ペー・ウーも含めて）、戦争に対するスターリスト愛国主義の熱狂へ駆り立てられている者たちか？　我々反対派は、前者だと言う。トロツキーは彼の理論からこう言わざるを得ない――後者だ、と。

キャノンとトロツキーは我々にこう語る。だが、それなら、君は、帝国主義者たちがソ連邦を支配するのを望んでいることになる、と。これは、革命的敗北主義という国際主義的立場を堅持する者に対して、常に向けられてきたありきたりの誹謗以外の何ものでもない。我々は、全ての交戦国軍隊の敗北と全ての交戦国政府の転覆という立場を採るが、その敗北と転覆は戦場の敵対し合う軍隊によってではなく、第三陣営、つまり、各国の労働者によって達成されるのである。

だが、キャノンとトロツキーは、一般戦略目標及び世界プロレタリア革命に関係させて、彼ら自身の立場の意味について一言も語っていない。赤軍がドイツ国防軍と結託して、ただ単に反革命的官僚の権力、特権、収入の防衛、維持、拡大のために戦っている現在の戦争――われわれのテーゼの中の戦争ではない――において、赤軍に関する防衛主義の戦術が、如何に、正にどの様に革命の進展に役立つと言うのか？　この問いに関して、トロツキーとキャノンは我々に語らないし、語ることができない。だが、彼らの立場は、この問いに対する明白な、説得力のある、そして論理的な回答にのみかかっているのである。

彼らは、益々、『より小さな悪』（彼らの表現）として、スターリニズムを擁護せざるを得なくなっているが、このより小さな悪が、彼らが労働者を誘導していく目標なのである。革命闘争を奮い立たせる何と素晴らしい目標であることか！彼らは、現存する諸政府の存続という観点から結論を下しているのに違いない（論戦の最中、キャノンはフィンランドが北方ロシアを占拠したらどうなるのか、と疑問を呈した）。全てが転倒している！戦争から生じる世界革命という戦略目標が、ロシアの防衛に従属させられているのである。彼らの全方針は、最もよく評価しても、赤軍に関して防衛主義戦術を採るということを中心にすえられており、部分が全体に取って代わっているのである。片手のために、頭と心臓が犠牲に付されているというわけである。トロツキーは、誤った理論に狂ったようにしがみついているが故、簡潔に言えば、敗北と絶望の方針に駆り立てられているのである」（傍点の強調は原文）。

これに対するトロツキーの反論は、無である。先に述べたように、この論文に対する言及も一切ない(1)。

〈第四章第四節七項　注〉

（1）　バーナムのこの論文は、一九四〇年一月のSWP「党内ブレチン」第二巻第九号に掲載されているので、トロツキーの目に触れなかったと考えるのは、不自然なのだが…。

五節　「具体的政治問題」

「反対派は、他でもない自らが特に強いと想像している分野で——日々の革命的政治の分野で——最も弱いのだ。これは、取り分け、同志バーナムよ、君に当てはまる。大事件の際の無能力は、君の場合も反対派全体の場合も、ポーランド、バルト諸国、フィンランドの諸問題において最も目立って現れた」。

　この言葉は、トロツキーが、前掲「同志バーナムへの公開状」のセクション「具体的政治問題」の中で豪語したものである。つまり、反対派は、全体として、具体的政治問題に最も弱く、「無能力」をさらけ出しているのに反し、私は、その分野にはことさら強く、正しく理解している、と彼は言っているわけである。さて、これから、反対派が「無能力」を曝け出した「具体的政治問題」に関する論戦の検討に入るわけだが、その前に、見ておかなければならないことがある。

　それは、トロツキーが独ソ協定と第二次世界大戦の性格をどう見ていたか、という問題である。独ソ協定に関しては、一九三九年九月四日の「独ソ不可侵条約に関する報道機関への声明[1]」中の一セクション「ファシズムへの屈服」の中で、トロツキーは、「独ソ不可侵条約は、ソ連邦寡頭政権の維持を目的とした、スターリンのファシスト帝国主義への屈服である」と特徴づけており、これに関しては、小数派との対立はない。問題は、第二次世界大戦の性格の方である。確かに、彼は、同年九月五日の論文で、「…この戦争は、世界の新たな分割のために、帝国主義的奴隷所有者どもの異なった陣営の間で行なわれている、ということである。その目的と手段からして、現在の戦争は、あの過去の大戦争の直接的延長であり、ただ資本主義経済のより一層進んだ腐敗、並びに、より一層恐るべき破壊と殲滅の手段を伴うという点でのみ異なるものである。それ故、レーニン指導下における、労働運動の最良の代表者たちが一九一四年から一九一七年にかけて練り上げた戦争に関する諸原則を変更するなどという如何なる理由もない。現在の戦争は、両陣営とも反動的性格を持ち、どちらの陣営が勝とうとも、人類は、遥か後方へ投げ戻されるであろう」[2]（傍点の強調は原文）と、正しく特徴付けを行なっている。しかし、トロツキーには、これと平行して別の見方がある。それは、早くも一九三四年六月一〇日の「戦争と第四インターナショナル」セクション7と8の中で言われている、「…歴史的スケールで見れば、世界帝国主義とソ連邦との敵対は、個々の資本主義諸国を互いに対立させている敵対とは比べものにならないほど深い。…ソ連邦に対する帝国主義の武力介入が全くあり得ないと見なすことは、致命的な誤りだろう。…その当初のきっかけはどうあれ、あらゆる大戦争は、資本主義の硬化した静脈に新鮮な血液を注入するために、ソ連邦への軍事介入という問題を真っ向から突きつけるに違いない」という見方である。この見方は、一九三六年七月八日の「第四インターナショナルとソ連邦」の中でも、「…たとえ戦争開始時における諸国家の連合関係が如何なるものであれ、戦争の過程を通して、帝国主義者は、如何なる場合においても、如何にソ連邦を犠牲にして、お互い合意し、連合を組みなおすかという術を心得ているのだ。…」と語られている。本書第一章で見た、第二次世界大戦が諸列強によるソ連邦壊滅戦争へ即刻転換する（或いは転換した）という可能性（或いは現実性）に重点を置いた多数派が、拠り所とした言葉である。トロツキーは、その後一九三八年には、「今次大戦は、様々な政権同士の争いとはならないであろう。今次大戦は、世界を分配するという問題、最終的には、中国を征服し、ソ連邦を資本主義国として取り戻すという問題なのである。戦時中の我々の方針は、従って、この戦争の性格に適応させられなければならない(3)」、とまで言っている。

　これは少数派が既に指摘していたことだが、「世界帝国主義とソ連邦との敵対」を「個々の資本主義諸国」同士の「敵対」に比較すれば、前者の方が「深い」というのは正しいが、この比較は、当時の時代性格とは関係がない。当時は帝国主義時代であり、その主要な矛盾は、帝国主義諸列強間の矛盾であり、これが時代性格を規定するということは、トロツキーも多数派も承認しているのである。それ故、競い合う帝国主義諸国が手を結び、一致団結してソ連邦と交戦を始めるというシナリオは、可能性としては残るが、現実性は極めて低いだろう(4)。しかも、新領土獲得争い、つまり、アジア、アフリカなどの植民地獲得争いを全て中止し、全帝国主義諸列強が、ソ連邦という一つの国を植民地にする目的で戦争を仕掛けたとしたら、その戦利品の分配を巡って新たな世界帝国主義戦争が始まるのは、目に見えている。例えば、ソ連邦に勝利したA国は肥沃なウクライナを割り当てられ、B国は鉱山資源豊富なウラル地帯を割り当てられたのに対し、同じ戦勝国のC国は北方のツンドラ地帯を割り当てられたとしたら、どうだろう。C国は、不満で他国と争うことになりかねない。従って、如何に可能性はあろうとも、このシナリオを本来の帝国主義諸列強間の争いと取り違えることは誤りである。上記引用文中の、「今次大戦は、様々な政権同士の争いとはなら」ず、「最終的には、…ソ連邦を資本主義国として取り戻すという問題」であるから、「戦時中の我々の方針は、従って、この戦争の性格に適応させられなければならない」というトロツキーのこの言葉から、彼がポーランド、フィンランド問題を検討している際も、このシナリオが彼の脳裏にあったと

推測できる。(5)

〈第四章五節　注〉

（1）「Statement to Press on Soviet-German Alliance」,MIA

（2）一九三九年九月五日「第二次世界大戦の開始は、誰の罪か?」（「Who Is Guilty of Starting the Second World War?, MIA）

（3）一九三八年一月二日「敗北主義に関する書簡」（「Letter on Defeatism」,Collected Writings 1937-1938）

（4）もし、トロツキーと多数派が描くように、世界の帝国主義者が、本心では、一致協力してソ連邦の殲滅を図ろうとしていたなら、その最大の好機は、一九四一年六月二二日から開始されたヒトラーのソ連邦侵攻の時だったであろう。当初は、ドイツの圧倒的優勢であった。しかし、連合国側はヒトラーと手を結ばなかったどころか、イギリスは、早くも一カ月後の七月二一日に「英ソ軍事同盟」を締結し、アメリカに至っては、「レンドリース法」という武器貸与法を制定し、一九四一年から一九四五年まで他の連合国へ膨大な量の軍需物資を提供したが、ソ連邦もその中に入っており、アメリカは、レンドリース開始前一回、その後四回ソ連邦に物資援助をしている。その中には、航空機一四七九五機、戦車七〇五六台、機関銃一三万一六三三丁などの兵器の他に、食料四四七万八〇〇〇トン、石油製品二六七万トンなど多くの物資が含まれていた（以上、日本語版ウィキペディア「レンドリース法」）。ソ連邦の歴史家ボリス・ワジモヴィチ・ソコロフは、「全体としてみると、以下のような結論が引き出せるだろう。即ち、レンドリース法に基づく、あれら西欧からの船荷がなかったら、ソ連邦は、『大祖国戦争』に勝利することはできなかったばかりか、ドイツ侵略者に対抗することすらできなかっただろう。何故なら、ソ連邦単独では、十分な量の武器と軍装備品、或いは、適切な燃料と弾薬の補給品を生産することができなかったからである」と述べており、また、ニキータ・フルシチェフは回想録の中で、「初めに、我々が内輪で『自由に討論』していた時、スターリンが数回にわたって述べた意見について、語りたい。彼は、素っ気なくこう言った。アメリカ合衆国が、もし我々を援助してくれなかったら、我々が戦争に勝利することはなかっただろう。もし我々が、ナチス・ドイツと一対一で戦わなければならなかったとしたら、我々は、ドイツの攻勢に対して抵抗できず、敗北していただろう、と」、と語っている（以上、英語版ウィキペディア「Lend-Lease」）。これらの言からすると、第二次世界大戦において、ソ連邦を「防衛」したのは、トロツキーでもＦＩでもなく、アメリカだったのではないかという皮肉な結果が浮かび上がってくるのではなかろうか？

（5）

冬戦争終結の約一カ月前の一九四〇年二月一四月の「世界情勢と展望」の中で、「氏は、資本主義諸国がソ連邦に敵対して同盟を結ぶことがありそうだとお考えでしょうか？」という質問に対して、トロツキーは、こう答えている。

「最近になって、元ドイツ皇帝、ウィルヘルム二世が彼の方針を掲げました。それは、『戦争の当事国は、フィンランドを援助するために、軍事行動を止め、勢力を統一すべきだ。当事国は、この世界と文明からボルシェヴィズムを一掃するため統一戦線を構築すべきだ』というものです。勿論、誰一人として、元ドイツ皇帝の言をそう真剣に受け取る義務はありません。しかし、この場合、彼は、他の者が考え準備することを、賞賛すべき率直さで表明しているのです。この点に関して、ムッソリーニは自己の意図を隠していませんし、ロンドンとパリは、ソ連邦を犠牲にしてムッソリーニとの友好関係を手に入れることに躍起です。ワシントンは、全権大使をローマに派遣しました。合衆国の大統領は、彼自身の言葉によれば、ソ・フィン戦争において中立に立つことを望まないそうです。彼は、フィンランドと宗教を防衛するのだそうです。サムナー・ウェルズ（当時の米国務次官―訳者）は、英仏独伊に意見を求める任を受けていますが、ソ連邦は含まれていません。これは、ソ連邦に敵対する協議を意味します。以上のことから分かるように、ソ連邦壊滅への聖戦の準備に躍起となっている勢力にはこと欠かないのです。『フィンランドの防衛』は、当該勢力が結集する紛れもない中心なのです」と。

一項　ポーランド

本章四節「経済と政治」の五項「官僚的プロレタリア革命」の冒頭に引用したトロツキー「社会主義労働党における小ブルジョア反対派」中の「第一の場合（スペイン―筆者注）には、官僚は絞首役人の方法によって社会主義革命を絞殺した。第二の場合（ポーランド及びフィンランド―筆者注）には、官僚的方法によって社会主義革命に刺激を与えている」という一節が、赤軍のポーランド侵攻を巡るトロツキーとバーナム、シャクトマン間の論戦の発端であった。

ここで、トロツキーが言わんとしていることは、ポーランドにおいて「社会主義革命」が起こり、その際、スターリニスト官僚は、それに刺激、即ち、推進力を与えるという「革命的」役割を果たした、ということである。まさか、と思われる方もおられるかと思うが、これは事実である。同論文の「進化と弁証法」というセクションでも、こう述べている。

「スターリンがヒトラーと同盟を結びポーランドに侵攻し、今また、フィンランドに侵攻している時、卑俗な（プチブル）急進主義者たちは、勝ち誇ったように叫んだ。スターリニズムとファシズムの方法の同一性が証明された、と。しかし彼らも、新しい権力機関が地主と資本家を収奪するよう住民に呼びかけた時、窮地に陥った。何故なら、彼らは、こういうことが起ころうとはまるきり予見していなかったからである！　これに反して、官僚的軍事的手段を通じて実施された社会革命的施策は、ソ連邦に対する堕落した労働者国家という我々の弁証法的定義を混乱させなかったばかりではなく、疑う余地のない最も決定的な確証を与えた[1]」と（傍点の強調は原文）。

ここには、「新しい権力機関が地主と資本家を収奪するよう住民に呼びかけた」、また、「官僚的軍事的手段を通じて」、「社会革命的施策」が「実施された」、とはっきり述べられている[2]。だが、ここに言う「新しい権力機関」とは、もちろんスターリニストの機関であって、ポーランド労働者階級のものではない。更に、同論文から一カ月と経たない一九四〇年一月五日付けの「ジョセフ・ハンセンへの手紙」にも、「赤軍のポーランド介入は、内乱を伴ったか―イエスかノウか？」と問題を提起し、その後で、「赤軍の行手を革命の波が取り囲んだ」というメンシェヴィキの新聞を引き合いに出していることから分かるように、トロツキーは、「イエス」である。更にまた、前掲の「掻き疵から壊疽の危険へ」のセクション「再びポーランドについて」の中では、「クレムリンが官僚主義的方法でポーランドにおける社会主義革命に衝撃を与えたという私の見解…[3]」と、はっきり「ポーランドにおける社会主義革命」と書かれている。この様に、一九三九年一二月一五日以降、彼は、このような立場を採り続けたのである。

しかし、トロツキーは、赤軍のポーランド侵攻の当初からそう捉えていたわけではない。先ず、それを見ておこう。実際の侵攻が始まる以前一九三九年七月一日付けの論文「世界政治におけるクレムリン[4]」中の「反革命としてのクレムリン」というセクションには、こうある。

「…ポーランド、ルーマニアにおいて革命が起こるとすれば、ヒトラーは、実際には、資本主義ヨーロッパの東部における十字軍戦士に成り果てるだろう。この危険性は、クレムリンの内心に悪夢のように重くのしかかっている。何らかの意図があるかどうかはさておいて、たとえ赤軍の部隊がポーランドへ侵入するというまさにその事実が、兎にも角にも、革命運動へ―ルーマニアと並んでポーランドの国内状況には、革命運動への有利な条件が揃っている―刺激を与えたとしても、我々が確信を持って予言できることは、赤軍が鎮圧者としての役割を演じるだろう、ということだ。…」と。

「赤軍の部隊がポーランドへ侵入するというまさにその事実が、…革命運動へ…刺激を与えたとしても、我々が確信を持って予言できることは、赤軍が鎮圧者としての役割を演じるだろう、ということだ」。正しい。これこそ、少数派が主張したことである。そして、実際、「赤軍」は革命の「鎮圧者としての役割を演じ」たのである。ところが、その五カ月後、この仮定の「刺激」が「社会主義革命」を促進し、赤軍が「革命的役割」を担った、とトロツキーは見解を変えたのである。

更に、赤軍のポーランド侵攻が開始された翌日、一九三九年九月一八日付の「ウクライナの一時的な占領者―スターリン[5]」では、トロツキーは的確にこう指摘していた。

「…ポーランド領内に進入する際、ソ連邦軍は、どの地点で――敵としてではなく同盟者として――ヒトラー軍と落ち合うかを事前に知っていた。この作戦は、独ソ不可侵条約の秘密議定書によって、主要なあらすじが決定されていたし、両国の幕僚は、常に協力関係にあった。このスターリニストの侵略は、ヒトラーの作戦を対称的に補完するもの以外の何ものでもない。これが事実である。…今や、クレムリンは、ポーランドを侵略したことを、ウクライナ民族と白ロシア民族との『解放』と『統一』のための懸念からということで覆い隠している。実際には、ソヴィエト・ウクライナ共和国は、ソ連邦の他の諸地域以上にモスクワ官僚の残忍な鎖に繋がれているのだ。諸地域に混在するウクライナ民族の解放と独立に対する願望は、完全に正当であり、熱情的な性格を呈している。だが、その願望は、また、クレムリンに反対することにも向けられている。もし仮に、ソ連邦による侵略が目的を達成したとしたら、ウクライナ民族は、国民的自由の中ではなく、官僚が強いる奴隷状態の中で、『統一』されている自己を発見することだろう。…また、例え、占領下の西ウクライナにおいて、最終的に、ゲッベルスにならって国民投票が実施されたとしても、誰も欺かれないだろう。何故なら、それは、被抑圧民族を解放するという問題ではなく、むしろ官僚的抑圧と寄生とが日常となる地域を拡大するという問題だからである」と。

　これは、第二章「時代背景」で述べた事実と符合した的確な予見である。「侵略が目的を達成したとしたら、ウクライナ民族は…官僚が強いる奴隷状態の中で、『統一』されている」ことになる。「国民投票が実施されたとしても、…それは、…官僚的抑圧と寄生とが日常となる地域を拡大するという」ことになる。その通りであった。この予見も、五カ月後には、「社会革命的施策」が「実施された」に変更された。

　更にまた、一九三九年一〇月一日の「米国もまた今次大戦に参戦する」においては、こう述べている。

「被占領諸地域において、クレムリンが大所有者を収奪し始めているのは事実である。しかし、これは、大衆によって達成された革命などではなく、ソ連邦の体制を新たな領土に持ち込むことを目的とした、行政的な改革である。明日には、この『解放された』諸地域において、当該諸地域の労働者貧農を全体主義的官僚体制の支配下におくために、クレムリンは、彼らを情け容赦なく粉砕するだろう」。

ここでは、トロツキーは、ポーランドの「大所有者」の「収奪」は、「大衆によって達成された革命」ではなく、「行政的な改革である」とはっきり述べ、スターリニスト官僚は、「当該諸地域の労働者貧農を」「情け容赦なく粉砕するだろう」と正しく予見していたのである。それが一カ月後、「社会主義革命」が「実施された」となる。

次に、前掲の「戦争におけるソ連邦」のセクション「占領地域の問題」においては、以下のように、ポーランド問題を見る際の「政治的試金石」を明確に述べていた。

「我々にとって第一義的な政治的試金石は、それら自体どれほど重要であろうと、あれこれの地域における財産諸関係の変革ではなくて、むしろ世界プロレタリアートの意識と組織における変化、即ち、これまでの成果を防衛し新たな勝利を達成する能力を高めること、これである。この唯一の決定的立脚点からすれば、全体として見たモスクワの政治は、その反動的性格を完全に露呈しており、世界革命の前途をさえぎる主要な障害物となっているのだ」と。

また、同論文の「我々はコースを変えない！」というセクションでは、次のように、任務をも明確に述べていた。

「生産手段の国有化は、…進歩的な措置である。しかし、その進歩性は相対的なものだ。…このため我々は、官僚的寄生貴族によって支配される領土の『社会主義的』手段のヴェールを被った拡張は、クレムリンの威信を増大させうること、プロレタリア革命を官僚的マヌーヴァーに置き換える可能性を巡る幻想を生み出しうること、等々を何よりも先ず認識しなければならぬ。この種の悪は、ポーランドにおけるスターリニスト諸改革の進歩的内容をはるかに凌駕するものだ。ソ連邦はもとより、占領地域における国有化された財産が真に進歩的な、即ち、社会主義的な発展のための基礎となるためには、モスクワ官僚を打倒することが必要である」と。

ここには、「生産手段の国有化」も、「モスクワ官僚を打倒」して初めて、「真に進歩的な」、「社会主義的な発展のための基礎となる」と書かれている。

更に、同年一〇月一八日の前掲「再び、ソ連邦の性格について」の「帝国主義の手先？」というセクションには、こうある。

「クレムリンは、ポーランドを犠牲にすることを、まるで余儀なくされたかのように装って、どこでであろうと今までにこの問題について明言したことはない。それどころか、彼らは、ポーランドとの一体化をシニカルに誇っている始末で、そのことは、当然にも、世界中の被抑圧階級並びに人民の最も基本的な民主主義的感情を踏みにじり、それによって、ソ連邦の国際的地位を極端に弱めている。被占領地域の経済的変革も、このことを一〇分の一たりとも償いはしない(6)」と。

ここでは、トロツキーが、クレムリンのポーランド占領を非難し、その地域での経済的変革も、

「世界中の被抑圧階級並びに人民の最も基本的な民主主義的感情を踏みにじり、それによって、ソ連邦の国際的地位を極端に弱めている」ことと比べれば、それ自体、大きな意義をもたないと見ている。それが、二カ月後には、「併合」を黙認し、その「経済的変革」を「革命」の確証とするのである。同論文の「より小さな悪」というセクションでは、東部ポーランドを占領した赤軍を「より小さな悪」と呼び、赤軍をある放火犯になぞらえ、そういう奴は、「射殺されて然るべきだろう」とまで書いていたのであるが…。

以上から分かるように、ポーランド諸事態に対するトロツキーの一九三九年一二月一五日以前の立場、は、少数派とほぼ同一だったと言えよう。それが、それ以降、修正された、というより、少数派の正論に対抗するため修正せざるを得なかったのであろう。

さて、シャクトマンがトロツキーの「官僚的プロレタリア革命」論に反論した部分は、先に述べた。それに続いて、同論文「アメリカ党の危機」において、彼は、トロツキーにこう反論している。「ポーランドの『大佐政権』(7)がドイツ軍の一撃で崩壊した後、ポーランド・ブルジョアジーは四方八方に逃げ去ってしまった。ポーランドのウクライナ地方と白ロシア地方においては、民族的抑圧によって階級搾取が激化していたが(これらの地域のブルジョアジーは圧倒的にポーランド人だった)、これらの地方では、既に逃走態勢に入った地主を追い出すため、貧農たちが自ら土地を接収し始めていた。また、当時の混乱し検閲された報道を通してさえ、労働者たちが同様な行動を取り始めていたということが分かる。ヴィルナにおいて『ソヴィエト』が自然発生的に設立された、という報道もなされた(8)。他方、ポーランドに侵入した赤軍は、語るに足るべきポーランド・ブルジョアジーとその軍隊がいなかったおかげで、彼らからの抵抗を一切受けなかった。赤軍は、反革命的勢力として国境を越えて来たのである。赤軍は、『社会主義革命に刺激を与える』どころか、それを絞殺してしまったのだ（ヴィルナ『ソヴィエト』は、当然のことながら暴力的に鎮圧されてしまった）。それ以来、一体何が『国有化された』のか、それはいかに『国有化された』のか、私は知らないし、誰一人として正確に言うことができないでいる。いずれにせよ、私はあなたと共に繰りかえす。国有化は、それが現実のものだろうが推測によるものだろうが、我々にとって決定的な判断基準とはなり得ない、と。スターリニスト官僚はただ革命を絞殺し得るのみであって、革命を起こすあるいは革命に刺激を与えるなどということは、なし得ないのである。これと反対のことを証明するにはいくらかでもその根拠となる事実を提示しなければならないが、あなたの論文の中にはそれが一つも見当たらない」と。

事実に沿った情勢分析に基づく反論だと言えよう。スターリニスト官僚の役割についても、トロツキーの以前の立場と一致する的確な叙述である。これに対して、トロツキーは、「掻き疵から壊疽の危険へ」のセクション「再びポーランドについて」の中で反論を展開している。彼は、先ずこう言う。

「クレムリンが官僚主義的方法でポーランドにおける社会主義革命に衝撃を与えた…。…西ウクライナ及びベロロシアの一般大衆は、ともかくこの衝撃を感じ、その意味を理解し、所有関係の激烈な転覆を完成するためにそれを使った。この社会主義革命に向けてのこの衝撃は、ソ連官僚制が労働者国家の経済を踏まえており、そこに根ざしているということによって初めて可能であった。

ウクライナ人、ベロロシア人によるこの『衝撃』の革命的利用は、被占領地域の階級闘争と一〇月革命を形どった権力を通じて、初めて可能であった。最後に、この革命的大衆運動の速やかな扼殺または半扼殺は、この運動の孤立化とモスクワ官僚の力を通じて可能となったのである[9]」と。

ここで言われている「ポーランドにおける社会主義革命」とは、そもそも一体何なのか？　前に見たように、当時、俗流唯物論的観点に囚われていたトロツキーは、何につけ、財産形態、所有関係にのみ目を奪われていた結果、ここでは、レーニンが一九一七年九月二七（一四）日論文「革命の根本問題の一つ[10]」の中で、「如何なる革命においても、鍵となる問題」と呼んだ「国家権力の問題」が完全に抜け落ちている。即ち、ポーランド労働者階級への権力の移行があったのか、ソヴィエトが創設されたのか、という問題である。勿論、そういう事実がなかったことは、本書第一章の「時代背景」から明らかである。

「西ウクライナ及びベロロシアの一般大衆」が、赤軍に対し誤った期待を持ち、自然発生的に蜂起ないし反乱を起こしたことは、「時代背景」のセクションで見たとおり事実である。だが、革命的大衆運動の発生それ自体は、革命や内乱の勃発並びにその成功とは別問題である。それ故、問題は、ポーランド東部の革命的大衆運動が革命につながったかどうかという点である。少数派が革命にはつながらなかったと見るのに対して、トロツキーは、「西ウクライナ及びベロロシアの一般大衆」が、クレムリンの「官僚主義的刺激」を「革命的に利用」し、「階級闘争と一〇月革命を形どった権力を通じて」、「所有関係の激烈な転覆を完成」したとして、革命が成就したと見たのである。だが、それが真実だとしたら、それは、ポーランド政権がブルジョアジーの手からプロレタリアートの手に移行し、ソヴィエト制度が打ち建てられたはずである。ならば、それはいつか、誰がまた如何なる政党がそれを指導し、誰が指導者か、更に、革命政府の所在地はどこか、新政府の閣僚は誰か、といった疑問がすぐ浮かぶが、これらに関する記述は何らなく、具体性がない。更に奇妙なことに、次の段落には、「この革命的大衆運動の速やかな扼殺または半扼殺は、この運動の孤立化とモスクワ官僚の力を通じて可能となった」とある。つまり、トロツキーの言によれば、モスクワ官僚は、先ず、ポーランド「社会主義革命に向け」て「衝撃」を与え、次に、「西ウクライナ及びベロロシアの一般大衆」が「社会的転覆」、つまり「革命」を成就させた後、「速やか」にその革命的大衆運動を「扼殺」したことになる。では、最後に「扼殺」するのに、何故、最初に「社会主義革命に向けて」「衝撃」を与えたのか?　全く理解に苦しむ文章である。「時代背景」のセクションで見た通り、初期の段階に自然発生的に生じた蜂起や反乱は、「社会主義革命に向けて」の「衝撃」を得るどころか、逆に、NKVDや他のソ連邦諸機関によって弾圧、「扼殺」されてしまったわけで、トロツキーの言う「西ウクライナ及びベロロシアの一般大衆」が「所有関係の激烈な転覆を完成するために」、「クレムリンの」「衝撃」を「使った」という事実、つまり、ポーランドの権力がブルジョアジーの手からプロレタリアートの手に移行したという事実はなかった、ということで、革命は成就しなかったと見るのが正しい。シャクトマンの言葉通り通りである。以上、トロツキーは、少数派との論戦中、ポーランドの諸事態を誤って捉え、或いは、故意に捻じ曲げて、「ポーランド革命」という虚偽の「事実」を捏造してしまったのである。

その後段では、トロツキーは、西ウクライナ人民議会（国民議会）及び西ベラルーシ人民議会

（国民議会）の「選挙綱領」の一つ、「大工業及び銀行の国有化」を持ち出し、次のように言っている。

「西ウクライナ及び西ベロロシアの国民会議（人民議会）選挙に際しての、勿論クレムリンによって牛耳られた選挙綱領は、極めて重要な三点を含んでいた。即ち、両地域のソ連邦への編入、貧農のために地主の土地を没収すること、大産業と銀行の国有化である。ウクライナの民主主義者たちは、彼らの行動から判断して、単一国家の支配下において統一されることをより小さな悪だと見なしているようだ。そして、独立のための来るべき闘争という観点からすれば、彼らは正しい。

ソ連の社会的基盤のみが社会革命的綱領をクレムリンに強制したという事実をくらまそうとして、シャクトマンは、すべてが旧のままに残ったリトアニアやエストニア、ラトヴィアを引き合いに出す。信じがたい論法だ！　ソヴィエト官僚がいつでもどこでも、ブルジョアジーの収奪を欲し、遂行できるとは誰も言っていない。…我々はただ、…クレムリン官僚が東ポーランドで認可せざるを得なかったような社会的転覆は、他の如何なる政府も成し遂げられなかったであろうと言っているだけである。このことを抜きにしては、クレムリン官僚は東ポーランド諸地域をソ連邦に編入することはなし得なかったであろう[11]」と（傍点の強調は原文）。

ここで、トロツキーは、先ず第一に、「両地域のソ連邦への編入」と臆面もなく書いているが、これは、先に見た通り、両地域の勤労大衆が望んだものでなく、れっきとした併合である。従って、その後ろの「地主の土地」の「没収」と「大産業と銀行の国有化」とは、トロツキー自身が述べていたソ連邦併合への前提条件としての「行政的な改革」に他ならない。次に、「ウクライナの民主主義者たちは、…単一国家の支配下において統一されることをより小さな悪だと見なしている」[12]が、「彼らは正しい」とある。ここの「単一国家」とは、文脈からすればソ連邦である。しかし、この立場も、彼の以前のものとは異なる。彼は、三カ月前の「再びソ連邦の性格について」のセクション「二つの戦線での蜂起」において、「我々は、(ヒトラーからもスターリンからも) 独立したソヴィエト・ウクライナを心から支持する」と述べていたし、一九三九年四月二二日の論文「ウクライナ問題」の「帝国主義とモスクワ・ボナパルティズムに反対して」というセクションでは、「第一の問題は、一方における帝国主義に対する闘争、及び、他方におけるモスクワ・ボナパルティズムに対する闘争において、労働者貧農ウクライナの統一と独立を革命的に保証することである…」[13]、と述べていたのである。少数派も、当然同様に、「我々はただ単にウクライナの民族自決権を支持しているばかりでなく、ウクライナがスターリニストの『共和国連邦』から分離し、統一ソヴィエト・ウクライナを樹立することをも支持している」(傍点の強調は原文) という立場であった[14]。

　更にまた、シャクトマンが「ソ連の社会的基盤のみが社会革命的綱領をクレムリンに強制したという事実をくらまそう」とした、とトロツキーは非難しているが、シャクトマンは、前掲論文で、「財産が国有化された被占領地域」という表現を使っており、これも言いがかりの類の非難である。注目すべきは、その後の一文である。「ソヴィエト官僚がいつでもどこでも、ブルジョアジーの収奪を欲し、遂行できるとは誰も言っていない」とある。これを言い換えれば、「ブルジョアジーの収奪」、つまり「国有化」は、「ソヴィエト官僚」が「欲し、遂行」するものだ、ということ、即ち、ソヴィエト官僚の意志によって行われる、ということである。前に見たように、トロツキーは、終始、「国有財産が…クレムリンの政策を決定」する、或いは、「所有諸形態」が、「究極的に」「国家政策を規定する」と述べてきたのではなかったか？しかし、ここでは、「国有化」も含めた国家政策は、クレムリンの意志によって行われる、と述べており、完全に正しい。トロツキーは、ここで、政策というものは生身の人間が決定するものだ、ということをうっかり漏らすと同時に完全なる自己矛盾を露呈したのである。結局、「ソ連の社会的基盤…が社会革命的綱領をクレムリンに強制した」のではなく、ソ連邦政府の判断で「社会革命的綱領」が選ばれたということである。

このセクションの最後には、ＦＩの任務がこう述べられている。

「ガリシアと西部ベロロシアの農民にとって、農業方面での転覆は最も重要なものであった。第四インターナショナルは、反動的官僚制にイニシアティヴを握られたからといって、この転覆をボイコットすることはできなかった。我々が直ちに行わねばならなかったことは、労働者と農民の側に立って、その限りでは赤軍の側に立って、その転覆に組することであった。同時に、クレムリンの政策の一般的反動性とそれが占領地域に対して有する危険を、うまずたゆまず大衆に警告することが不可欠であった」[15]と（傍点の強調は原文）。

ここに、「労働者と農民の側に立って、その限りでは赤軍の側に立って」とあるように、トロツキーが当時、赤軍は労働者農民側に立っていると捉えていたことが、はっきり見て取れる。しかし、「赤軍は、独立した政治的要素ではなく、ソ連邦ボナパルティスト官僚の軍事的道具なのである。軍事的介入は、ただ政治的介入の継続に他ならない」[16]という捉え方がトロツキーの従前の把握であった。いずれにせよ、前に見たように、当時、「労働者と農民の側」と「赤軍の側」は、敵対する関係としてあったのであるから、ここで、農民なり労働者なりに向って、赤軍に組せよと訴えることは、彼らに自殺を命じるのも同然である。

以上のように、トロッキーは、ポーランドの事態を誤って捉えたのみならず、誤った方針を提示してしまったのである。

では、ポーランド問題に関するトロッキーとバーナムとの論戦はどうだったのかを見てみよう。先ず、バーナムは、トロッキー「社会主義労働党における小ブルジョア反対派」への回答、「絶望の政治」の中で、ポーランドで実際何が起こったのかをこう分析している。

「ポーランドにおいては、ポーランド・ブルジョア政府の軍事的内政的崩壊と共に、赤軍が進軍して来る以前に、またソ連邦の動きとは無関係に、萌芽的な革命的諸手段を含んだ階級闘争の重要な兆候が現れ始めた。これは、敵対する軍隊の性格が如何なるものであれ、自国政府が粉々になった際に出現する通常の当然な事態である。いくつかの都市（どうやら、ヴィルナ、ワルシャワ自体を含んでいたようだ）においては、まとまりを欠いていたものの、萌芽的な『ソヴィエト』がいくつか出現し、労働者や他の大衆的組織が最高権力の任務の多くを事実上引き受け、他方、村落においては、貧農が地主を追い出し始めた、或いは、より正確には、地主は既に逃走していた。

いくつかの地域においては、赤軍の進軍が一定の希望——もっとも、ドイツ国防軍の前進に対する恐怖と比較しての希望だが——を喚起し、また、貧農たちが（もはや土地にはおらず、妨害できない）以前の主人の土地を占拠するにあたって、赤軍が彼らにより大胆な諸手段を採るよう激励さえしたということは、充分に有りうる（だが、それを確証する事実は、明白だというには程遠い）。しかし、こういった希望は、そうした行動を断固貫くに足る勇敢な貧農或いは労働者が消滅すると共に、瞬く間に消滅してしまった。ゲー・ペー・ウーの代理人の手によって、スターリニズム―完全なる集団化経済を伴わないスターリニズーが、押し付けられたのであった。ヴィルナ地域においては、その地域をブルジョア・リトアニアに返還する準備として、萌芽的『ソヴィエト』は粉砕され、闘士達は殺害されてしまった。

その後、赤軍はバルト小三国を占領した。『その行動から、クレムリンは…革命的社会運動を惹起せざるを得ない』と判断した者は誰でも、たちまちにして誤りを悟る羽目に陥った。報道によると、少数の地下共産主義者が頭をもたげ始めたということだが、（世界の報道機関に発表された）公的な声明と共に警察的手段を用い、赤軍はバルト三国政府と手を携えて、再び彼らの頭を押さえつけ、それら諸国のブルジョア支配と資本主義経済を強化したのである。

これらの出来事は、世界中の労働者と貧農、とりわけ、我々の確信めいたものだが、ソ連邦と国境を接している諸国の労働者と貧農――中でもフィンランドの国民――が目の当たりにしたに違いない。社会学的定義づけに非常に長けているわけでもなく、党中枢の弁証法サークルに所属しているわけでもない彼らは、それでも、控えめな流儀で（モスクワ裁判とスペインの経験からは引き出さなかった）、ある一定の諸結論を引き出した。彼らの結論とは、要するに、目下の大戦における赤軍は我々の味方ではない、ということである」と（傍点の強調は原文）。

そして、反対派の立場をこう語る。

「我々反対派の立場は、現存する全ての政府の崩壊という展望と戦争に抗する大衆の反乱という楽観的可能性とに基づいている。それは第三陣営の戦略として要約される。この戦争、既に勃発し、今現在も進行している現実のこの戦争において、革命家は、断固として第三陣営——労働者貧農、全世界の被抑圧者、インド・アフリカの民族の陣営、更に全ての交戦国の国家権力と政府に敵対する陣営——の立場を採らなければならない」と（傍点の強調は原文）。

シャクトマンとも一致するこの分析、立場は、事実に立脚しており、正しいと言える。前にも述べたように、バーナムのこの論文に対するトロツキーの反論はない。しかし、ポーランドにおけるヒトラーとスターリンに対して、また、フィンランドにおけるマンネルハイムとスターリンに対して、如何なる立場を採るかという点を巡って、トロツキーが批判を展開しているので、それを見ることにしよう。

前掲「同志バーナムへの公開状」の「具体的政治問題」というセクションの最初に、こうある。

「シャクトマンは先ず、ポーランドにおけるヒトラーとスターリンに対する同時的反乱という哲学者の石を発見した。着想は素晴らしかった。…東部ポーランドの先進的労働者はこう尋ねる権利があった。『軍隊に占領された一国でヒトラーとスターリンに対して同時に反乱を起こすことは、ブロンクスからは極めて好都合に按配されるかも知れない。しかし、当地方ではもっと難しい。…』」と。

トロツキーは、ここで、「同時的反乱」という言葉を使っているが、シャクトマン、バーナムの主張には、この「同時的」という形容詞はない。彼らは、「同時に」決起せよ、と言っていたのではない。彼らは、ポーランド侵攻以来、「第四インターナショナルは、ポーランド大衆に向って、社会主義ポーランドと統一された独立ウクライナ・白ロシアソヴィエト共和国のために、ポーランド支配階級と戦うと同様に、ヒトラーとスターリンの両者に対しても戦うことを訴える[17]」と一貫して主張してきたのである。どちらが先になるかは、勿論、状況次第であろう。これに対するトロツキーの明快な回答は、ここにはない。

　このヒトラーとスターリン双方に対して闘争を展開するという問題は、トロツキー同論文のセクション「理論的混乱と政治的危険主義」でも触れられているので、それを見てみよう。トロツキーは、先ず、「反対派の躊躇と動揺は矛盾に満ちていて」、「二つの一般的特徴」がある。「第一の一般的特徴は、統一された概念の不在である」と述べ、「社会学を弁証法的唯物論から切り離」すだの、「フィンランドにおける我々の任務をポーランドに関する我々の立場から切り離す」だのと見当違いの例を上げ、最後に、「これは、言葉の完全な意味において、マルクス主義の解体であり、理論的思惟の解体であり、政治のその構成要素への解体である」、と素晴らしい言葉を羅列しつつ、全く事実無根の罵声を浴びせた後、次のように批判している。

「反対派の躊躇と動揺の至る所に、第一の特徴と密接に結びついた第二の一般的特徴、即ち、当然にも、ウルトラ急進主義的言辞を隠れ蓑にした、積極的参加を避けようとする傾向、自分を除外しようとする傾向、棄権主義への傾向が見られる。君は、ポーランドではヒトラーとスターリン、フィンランドではスターリンとマンネルハイムを打倒する立場を支持する。そして、その時までは、君は両陣営を等しく拒絶する。言い換えると、内乱も含めたその闘争から身を引くのだ。君は、フィンランドには内乱は起こっていないと言うが、これは、偶然のその場限りの議論に過ぎない。内乱が始まれば、反対派は、ポーランドの時と同様に、それに気づくまいとするだろう。或いは、モスクワ官僚の政策が性格上『帝国主義的』である限り、『我々』は、この不潔な仕事には手を貸さない、と宣言するだろう」と(18)（傍点の強調は原文）。

ここでのトロツキーの反論は、反論の体をなさない。反対派が「躊躇」も「動揺」もしていないことは、彼らの主張を偏見のない目で追えば、至極明らかであるし、「統一された概念の不在」という「第一の特徴」と「棄権主義への傾向」という「第二の一般的特徴」が、どう「密接に結びつい」ているのか、ここからは皆目見当がつかないが、それはさておき、ここでの問題は、少数派が支持する立場、即ち、「ポーランドではヒトラーとスターリン、フィンランドではスターリンとマンネルハイムを打倒する立場」の解釈なのである。トロツキーの解釈は、この立場は、「両陣営を等しく拒絶」し、「内乱も含めたその闘争から身を引く」という立場で、「棄権主義」だというものである。確かに、両陣営の闘争には参加しないという意味でなら、その闘争には「棄権主義」を採る、と言える。では、何故なのか？　トロツキーはここを理解していないようだが、反対派がいずれの陣営の闘争にも参加しないのは、両陣営とも労働者の利益を代表していないと捉えるからである。少数派の目は、反動的な諸政府ではなく、労働者に向けられているのである。少数派の諸文書に明らかなように、彼らは、ポーランド及びフィンランドの労働者貧農、勤労大衆の立場に立って、彼らの抑圧者たるヒトラー、マンネルハイム、スターリンに対して戦うための方針を提起しているのである。つまり、バーナム、少数派が「棄権」するのは、ポーランドにおけるヒトラーとスターリンのいずれかの陣営に参加すること、及び、フィンランドにおけるマンネルハイムとスターリンのいずれかの陣営に参加することであり、抑圧者に対する労働者の「闘争から身を引く」」、などとはどこでも言っていない。ここに来て、第四章四節「経済と政治」四項の注（6）で引用したレーニンの、「もし、リヤザノフとトロツキーが、ちょっとでも考えたら、彼らが戦争に関する政府…の観点に立っていること、即ち、トロツキーの自惚れた言葉を借りれば、『社会愛国主義の政治的方法』にへつらっていることを認識したであろうに」という言葉が、現実性を持って蘇ってくる。

ところで、一般的に言って、論争や対立が起こった際、対立する両者の見解、立場は、往々にして正反対である。これは自明の理であろう。とすれば、トロツキーの立場は、〝我々は、両陣営の打倒は目指さず、一方を打倒し、他方を支持する〟、また、〝我々は、両陣営を等しく拒絶するということはせず、一方の陣営の闘争を拒絶し、他方の闘争に参加する〟、更に、〝我々は、この不潔な仕事に手を貸す〟というものである。この様に見ると、トロツキー上記引用文の内容は、客観的には、結局、こうなる。我々は、ポーランドにおいてヒトラーとスターリンの両陣営を打倒する立場も、フィンランドにおいてマンネルハイムとスターリンの両陣営を打倒する立場も採らない。我々は、両者を等しく拒絶することはない。我々は、一方は拒絶するが、他方は支持する、こうである。言うまでもないが、トロツキーがファシスト政権や資本家政権を支持することはありえないのだから、ここでは、詰まるところ、いずれの場合にもスターリン政府を支持するということに帰着する。そして、ヒトラーとスターリンとの闘争においても、同じくマンネルハイムとスターリンとの闘争においても、我々はスターリンを選び、モスクワ官僚の「不潔な」「仕事」に手を貸す、ということである。第四章四節「経済と政治」の五項で見た彼の「より小さい悪」論の必然的結果がこれである。確かに、セクション「具体的政治問題」には、「スターリンに対する来るべき蜂起を準備する」という言辞があるが、彼は、この言葉と上の彼自身の引用文が客観的に意味することとの区別ができないでいると言えないだろうか。

一つ付言するが、ポーランド問題において不可思議なことがある。それは、多数派とトロツキーの立場に関するものである。多数派の大部分は、終始一貫して、赤軍のポーランド侵略を非難すると同時に、ソ連邦防衛の立場から赤軍支持を訴えた。トロツキーは、当初の正しい立場を一九三九年一二月一五日以降変更し、ポーランドにおいて「社会主義革命」があっただの、フィンランドにおいて「内乱」があっただのと言い始めた。だが、多数派でさえ、ポーランドにおいて「社会主義革命」があったとか、フィンランドにおいて「内乱」があったとは見ていない。従って、この点では、トロツキーと多数派は判断が異なっているわけである。しかしながら、その両者間で、議論なり論争は生じていない。多数派は、何故、トロツキーに異論を訴えないのだろうか？　また、トロツキーは、何故、多数派に対して、君たちも、フィンランドの「内乱」に「気づくまい」としていると批判しないのだろうか？　これらのことは、全て、トロツキーも多数派も分派的利害を優先させた結果だと見るのが妥当であろう。

この「同志バーナムへの公開状」でトロツキーが論争の争点に関して述べた部分は、全体の約三分の一に過ぎず、その他は、少数派に対する事実無根の中傷とバーナム個人へ向けた悪意と軽蔑に満ちた毒舌が占める。バーナムは、彼の反論論文「科学と文体」の中で、それらに対し、冷静かつ的確な回答を与えている。その幾つかを引用して、このセクションの結びとする。

「我々がマルクス主義社会学を拒否している、というのは偽りであり、また、私が弁証法を拒否することによって諸原則を受け入れるのを拒んでいる、というのも偽りである。更に、反対派は現在の戦争に関連する諸事件に関して、目前の出来事が変化するたびに、ころころ急転換したり、『フィンランドにおける諸任務』を『ポーランドにおける我々の立場』から切り離したりするなど、完全にエピソード的立場を採ってきた、という作り話を以って、『諸原則』に関するあなたのぐらついた主張を補強しようとする時、それは輪に輪をかけた偽りである。そういう立場を採ってきたのは、我々でなく、同志トロツキー、あなた、そして、よりひどい程度でキャノンのほうだ。あなた方は、戦争が勃発して以来、諸事件に直面して、ただ自らの理論の無力さを示す以外の何ものでもない、我が党を当惑させる方針を次々に打ち出し、我が党、我々の出版物の読者、そしてあなた方自身を混乱させてきたのだ。『社会主義アピール』紙を読んできた者なら誰でも、これこそが最もあからさまな真相だということを知っている。我々の方はと言えば、戦争が勃発して間もなく、今次大戦が如何なる性格の戦争で、そこにおけるソ連邦の役割は何か、ということをはっきり見て取った時から、唯一つの戦略的方針、すなわち、我々が第三陣営の戦略と呼ぶ我々の根本的目標に基礎を置いた方針に照らし、首尾一貫して諸事件を分析してきた。我々は、ポーランド、バルト諸国、フィンランドの間に『原則的な』区別を設けないが、あなたやキャノン、ゴールドマンを支持する者たちはそのような区別を設けて、毎週毎週自己矛盾だらけの分析や指示を発表してきた。あなたは、そうせざるを得ないのだ。何故なら、スターリンの国家と軍隊を防衛せよ、というあなたの最も重要な戦略方針が、今や、我が運動の根本的目的と真っ向から衝突しているのであるから。

つまり、あなたは、対立している二者を巧みに両立させようという不可能なことを試みているのである。

真実だけが、誤った理論を打ち崩すことができる。従って、あなたは、真実をはぐらかし、それを隠蔽せざるを得ないのだ。

真実をはぐらかす？　証明。あなたは、反対派によってばかりでなく今次大戦の諸現実によっても提起されている実際の諸問題を一貫して取り上げていない。あなたは、論争のマヌーヴァーとして弁証法の問題を無節操に引っ張り込んでいる。あなたは、我が党が直面している現実の諸問題を除いた、この世のあらゆる物について、終わりのない討論をしている。

真実を隠す？　然り。あなたは、スターリニストやメンシェヴィキ、セクト主義者、それに、プロレタリア革命の敵の中にいる他の連中も、弁証法への確信を公言していることさえ言及していない。あなたは、現在スターリンの属州になったバルト三国の生産関係について、一言も発していない。あなたは、ポーランド侵略の日々以来、諸委員会での投票や『アピール』紙の論文に示されている戦争に対するキャノンの方針が、転換や矛盾に満たされていることについて、一言も発していない。あなたは、反対派がキャノン一派に対して提起している個々の批判について、沈黙、それも非常に如才のない沈黙を守っている。

誤った理論を擁護しているから、あなたは真実から遠ざかり、また、官僚主義的一派を擁護しているから、あなたはそのような一派のやり方に近づかざるを得ないのだ。我々の運動史上において、『ローク（トロツキーのペンネーム）』とサインされた書簡（『出版物』）への脚注以上に、恥ずべき謂れのない中傷が飛び回ったのは、いつか？　そこでは、反対派が非常にはっきりと『スターリニストの影響』と結び付けられている。キャノン一派のゴシップによって、偽ってアバーンに帰せられた評価を根拠に、あなたがアバーン（彼は全生涯を我が運動に捧げてきたのだ）に浴びせかけた非同志的な嘲笑以上に非同志的な嘲笑は、我々の記録のどこにあるのか？」（第四章四節は原文）

〈第四章五節一項　注〉

（1）この訳は、英語版からのもの。
（2）この引用文中の「卑俗な（プチブル）急進主義者たち」には、少数派は含まれない。何故なら、彼らは、「同一性が証明された」などという主張はしていないからである。
（3）英語版を参照し、訳語をやや変えてある。
（4）「The Kremlin in World Politics」、MIA
（5）「Stalin – The Temporary Holder of the Ukraine」、Collected Writings 1939-1940
（6）英語版を参照し訳語を変えてある。
（7）ポーランド第二共和国（一九一八年〜一九三九年）の初代国家元首にしてポーランド軍の最高司令官、ユゼフ・ピウスツキ元帥の周りには多数の大佐達が集まっていたが、一時引退後一九二六年彼が起こしたクーデターの後、特に一九三〇年の選挙での勝利後、その大佐グループが政府の中核を担うようになり、「大佐政権」あるいは「ピウスツキの大佐達」と呼ばれた。この政権は一九三九年のドイツによるポーランド侵攻の時まで続いた。

（8）ここの「ヴィルナ」は、現在のリトアニアの首都、ヴィリニュス（Vilnius）。一九二二年二月ポーランドに併合され、一九三九年までポーランド領。その後、短期間リトアニアに戻るが、一九四〇年八月全リトアニアがソ連邦に併合される。なお、公的表記はヴィリニュスであるが、ヴィルナ、ヴィルノ、ウィルナ、ウィルノなど多くの表記がある。また、バーナムは、「絶望の政治」の中で、こう言っている。「ポーランドにおいて萌芽的な内戦が勃発したということを遥か以前に指摘したのは反対派であったが、その事実はキャノンによって繰り返し否定され、嘲笑された」と。

（9）この引用文は、英語版も参照し、日本語版の訳語を二、三変えてある。

（10）「One of the Fundamental Questions of the Revolution」、一九一七年九月二七日（一四日）、『レーニン全集』第二五巻、MIA

（11）この引用文も、英語版を参照し、日本語版の表現を少し変えてある。

（12）当時、ウクライナ人は、ソ連邦、ポーランド、チェコスロヴァキア、ルーマニアなどに分散されていた。

（13）「Problem of the Ukraine」、（MIA）

（14）前掲「ロシア問題に関する論争の争点は何か」。この文書では、「新領土の掌握」、つまり「併合」に対する多数派の見解への少数派の批判が、以下のように述べられている。

「…文書記録上では、彼らは『クレムリンによる新領土の掌握』及び『併合』に反対なのである。それでは、ゴールドマン或いは全体としてのキャノン派は、どうして、侵略（それが『ヒトラーとの合意の結果ではない』として）を『是認』しておきながら同時に併合に反対できるのか？　それは、明らかに、彼らが併合が完遂された後でのみ併合に反対する、ということに基づいて判断しているからである。スターリンが新領土を併合した後になって、我々は新領土内の大衆に対して、併合に反対して戦え、民族自決権のために、分離のために戦え、と訴え、また恐らくソ連邦大衆に対しても、この戦いにおいて新領土の民衆を援助せよ、と訴えるが、新領土の併合以前には、（キャノン・グループによれば）我々は、新領土の住民に対して、ソ連邦防衛のために戦えと訴え、（新たな諸領土を併合するという目的を持った！）侵略を支持し、ソ連邦の労働者に対しては、その侵略に際してスターリンの軍隊に有形無形の援助を与えよ！と訴える、というわけである…」と（傍点の強調は原文）。

(15) 英語版を参照し、訳語を変えてある。

(16) 一九三九年一一月二四日「インドに関する書簡」(Letter on India, collected writings 1939-40) 更に「ロシア反対派ブレチン」六六〜六七号（一九三八年五〜六月）に載った「スターリニストの堕落の二〇年間」("Twenty Years of Stalinist Degeneration", MIA）には、こう書かれている。「…官僚は、労働者階級の独立性を示すあらゆるものを粉砕することに成功した瞬間から、公然と、軍隊を彼ら自身の支配の道具に変えてしまった。…元帥や将官と共に士官階級も、復活した。軍隊は、社会主義を防衛する道具から、官僚の特権を防衛する道具に変えられてしまったのである」と。

(17) MN04「少数派決議案」

(18) 英語版も参照し、表現を多少変えてある。

二項　フィンランド

フィンランドに関しては、トロツキーは、論文「社会主義労働党における小ブルジョア反対派」の「ソヴィエト・フィンランド戦争」というセクションで、以下のように、少数派の「ソ・フィンランド戦争に関する決議案」を批判することから始めている。

「ソヴィエト・フィンランド戦争に関する反対派の決議文は、…ボルシェヴィキ・レーニン主義者の署名は決してもらえそうもない文書である。ソヴィエト官僚の特徴と単なる『侵入』の事実とに依拠したこの決議は、些かの社会的内容も持っていない。それは、フィンランドとソ連邦を同じ水準に置き、『両国政府とその軍隊を非難し、排撃し、反対し』ている」と（傍点の強調は原文）。

「フィンランドとソ連邦を同じ水準に置」く？　これは、既に見た言いがかりの繰り返しであるが、その後に、彼はこう批判している。少数派は、「両国政府とその軍隊を非難し、排撃し、反対している」と。では、これに対し、トロツキーの立場は？　それは、バーナムとの論争時と同様、ここでも、「両国政府とその軍隊を非難し、排撃し、反対」することはせず、一方のフィンランド政府とその軍隊に対してだけそうするが、他方のソ連邦政府に対しては、非難も排撃も反対もしない、というものである。次に、上記引用文のすぐ後で、こう言う。

「しかしながら、若干の具合の悪さに気づいて、この決議は不意に、文章の脈絡を無視して、こう付け加える。『この展望の適用にあたっては（！）第四インターナショナルは、勿論（この『勿論』はなかなか効いているではないか）フィンランドとソ連邦の異なる経済諸関係を考慮にいれる（！）であろう』。どれも真珠のような言葉である。『具体的』情勢という言葉によって、我が『具体的』の愛好者たちは、軍事情勢、大衆の気分、そして三番目に対立する経済体制を意味している。一体どんな風にこれら三つの『具体的』情勢が『考慮にいれ』られるのかについては、決議は些かのヒントも与えていない。…はっきりと分かることは何もない[1]」と。

先ず、少数派が言う「この展望」とは如何なるものなのか、見ておくことにしよう。決議案は述べる。「我々は以下のことを訴える。自国政府と軍隊に反対するフィンランドおよびソ連邦労働者の革命的闘争を遂行すること、前線における兵士同士の交歓を図ること、フィンランド国民の真の自由と自決の権利を要求すること、…そして、両国における民主的な労働者統治の達成と社会主義を通しての労働者と大衆の目的を実現すること、これである」と。これが展望である。「軍事情勢、大衆の気分」を考慮するのは当然のことで、ここでのトロッキーの最大関心事は、「フィンランドとソ連邦の異なる経済諸関係」が「どんな風に『考慮にいれ』られるのか」ということである。そして、それに対して「決議は些かのヒントも与えていない。…はっきりと分かることは何もない」と述べている。そうだろうか？　バーナムは、「科学と文体」の中で、こう指摘している。「反対派のフィンランドに関する決議案について、あなた（トロッキー）は、『これら三つの（フィンランドとソ連邦の）『具体的』状況が、一体どのように『考慮に入れられる』のかについては、決議案は些かのヒントも与えていない』と述べているが、決議案の正にそれに続く数行が、まさしくその問題への解答を要約しているのである」と。まさしくその通りである。「決議案の正にそれに続く数行」には、こうある。「フィンランドにおいては、あらゆる可能な場所において、大地主と私的産業の収奪と労働者管理の確立を目指して、また、反革命的スターリニズムとその手先から自己の権利と獲得物を防衛するために、彼らは奮闘する。他方、ソ連邦においては、彼らは、私的所有の再導入へのいかなる意図に対しても闘い、国有財産の民主的労働者管理を勝ち取るためにあらゆる機会を利用することを目指す」と。トロツキーは、この部分を読まなかったのか、或いは、理解し得なかったのか、或いはまた、故意に無視したのか、このうちのどれかであろう。更に、「アメリカ党の危機」において、シャクトマンは、少数派の見解を曲解しているトロツキーに対し、以下のように、補足説明をしている。

「我々が敗北主義者であろうと防衛主義者であろうと、いかなる国においても、我々の戦略的展望やスローガンを具体的に適用するにあたっては、多くの事柄を考慮に入れなければならない。例を挙げると、レーニンは、ケレンスキー政権の下でさえ、『帝国主義戦争を内乱へ転化せよ』というスローガンを堅持した。一時期、一九一七年中ごろ、彼はそのままの形でのそのスローガンを引っ込めることを提起した。なぜか。それは、国内の軍事情勢と大衆の気分が変化したからであった。更に言えば、まさにこの気分の変化―大衆が『概して』戦争と戦闘とに疲労していたというのは事実である―を考慮に入れて、ボルシェヴィキは、内乱の展望を『平和を』というスローガンの中に具体化したのである。更にその後、コルニロフが攻撃してきた際の軍事情勢を考慮に入れ、ボルシェヴィキは再び『内乱』の展望を具体的状況に適用したのだ。あなたが大いに嘲笑している我々の決議文の中のあの一文は、主に、我々がフィンランド及びソ連邦内においてなすべきこととして提起することと全ては、今後来る日も来る日も『革命的敗北主義』の一句をただ繰りかえすことだけだ、といった通俗的な誤った解釈を許さないという目的で挿入されたのだ。『異なった経済諸関係』を考慮することについては、それこそ自ずから明らかである。ロシアにおいては、我々は労働者たちに既に国有化された財産に君たちの統制権を打ち立てなければならないと告げる。フィンランドにおいては、我々は労働者たちに権力奪取後先ず財産を国有化しなければならないと告げる。私が戦争についてではなく、世界社会主義革命について決議文を書くとしたら、たとえ我々が中国とアメリカ合衆国の両国において追求するのはプロレタリア社会主義革命だとしても、そこでも第四インターナショナルは両国の異なる経済諸関係を考慮しなければならないと指摘することに注意を払う。同様に、私はソ連邦全土において政治革命を呼びかけるが、ウクライナにおいては異なった国家的要素を考慮に入れ、そこでは特にクレムリンからの独立を支持する」と。

必要なことは全て語りつくされている。

さて、これからがトロツキーの独自理論の展開である。上記引用文に続いて、彼はこう述べている。

「スターリニストの疑問の余地のない犯罪を罰しようとするために、決議は、あらゆる色合いの小ブルジョア民主主義者にならって、フィンランドで赤軍が大土地所有を収奪し、労働者管理を導入して資本家の収奪を準備しつつあることには、一言も触れようとしない。

明日にはスターリニストは、フィンランド労働者を絞殺するであろう。しかし今は、最も激しい形で階級闘争に刺激を与えつつある—或いは、そうせざるを得なくなっている。反対派の指導者たちは、彼らの政策を築きあげるのに、フィンランドに起こりつつある『具体的』過程に基づかず、民主主義的抽象と高尚な情念に基づいているのだ見るところ、ソヴィエト・フィンランド戦争は、赤軍はある段階でフィンランド小農及び労働者と同じ陣営に立ち、他方フィンランド軍は、所有諸階級、保守的労働官僚、アングロ・サクソン帝国主義者らの支持を得ているような一個の内乱によって補完され始めている。…赤軍の貧民への協力は、一時的なものに過ぎないであろう。クレムリンはやがてその武器をフィンランド労働者と農民の方に向けるであろう。我々はこうしたことは知り尽くしており、それを公然と警告する。しかし、フィンランド領土で起こりつつあるこの『具体的』内乱において、第四インターナショナルの『具体的』闘士は、どんな『具体的』立場を採らねばならないのか？　…フィンランドでは、スターリニストが資本家の収奪を支持せざるを得なくなっている側の陣営に参加せねばなるまい(2)」と。

「赤軍が…資本家の収奪を準備しつつある」？　根拠は？「決議は」、それに「一言も触れようとしない」？　この時点においては、赤軍は後退を余儀なくさせられていたのは、本書第二章「時代背景」で見た通り。「触れようとしない」のではなく、触れようにも、そんなものは存在しなかったのである。スターリニストは、「明日には…フィンランド労働者を絞殺する」であろうが、「今は、…階級闘争に刺激を与えつつある」？「明日には」「絞殺する」する者の「階級闘争」に、何故、「今」「刺激」を与えなければならないのだろうか？　ポーランドの時と同様の見方である。また、「フィンランド領土で」、「『具体的』内乱」が「起こりつつある」？　何を見て、そう言えるのか？「スターリニストが資本家の収奪を支持せざるを得なくなっている側の陣営」？「内乱」などなかった以上、この「陣営」とは、スターリンの後押しで成立した例のクーシネン政府のことだろうか？

更に次の段落では、こう述べている。

「…クレムリンに関していえば、クレムリンは、現時点では――そして、これは仮説的なものではなくて、現実の状況なのだが――フィンランドにおける社会革命運動を（明日にはそれを政治的に絞殺しようと）誘発せざるを得ない立場にある。帝国主義という何もかも一緒くたにした用語を用いて、与えられた社会革命運動を隠蔽すること、しかも、それがただクレムリンによって誘発され、解体され、同時に絞殺されるという理由だけからそうすることは、その人の理論的政治的貧困を証明するだけである」(3)と。

「クレムリンは、現時点では…フィンランドにおける社会革命運動を…誘発せざるを得ない立場にある」？　何を根拠にそう断定する？　少数派は、「与えられた社会革命運動を隠蔽する」？もともと存在していないものは、「隠蔽」などできない。「クレムリン」は、「社会革命運動」を「誘発」し、「解体」し、「絞殺」する？　如何なる理由で、どのように？

結局、ここにおいてトロツキーが引き出した結論は、次の三点である。①クレムリン、赤軍は、現在、フィンランドの「大土地所有を収奪し、資本家の収奪を準備しつつあ」り、そのことによって「階級闘争に刺激を与えつつある」。②その結果、「フィンランド領土」において、「社会革命運動」が始まり、「内乱」が「起こりつつある」。そして、③赤軍は、「フィンランド小農及び労働者と同じ陣営」にある。

トロツキーが引き出した結論の①と②に関しては、それらがトロツキーの全くの作り話だということは、本書第二章「時代背景」から明々白々である。先ず、第二章三節の注（18）で引用した、ソ連邦外相モロトフがソ連邦傀儡政府のテリヨキ政府の性格について言及した言葉、即ち、「この政府は、ソビエト型の政府ではなく、民主共和国で」あり、「何人もそこにソビエトを設立するものではな」い、という言葉が、赤軍は「資本家の収奪を準備しつつあ」るのではない、ということを雄弁に物語っている。軍事情勢について見ても、緒戦以来、トロツキーが「社会主義労働党内における小ブルジョア反対派」を執筆中の期間も含め、一九四〇年一月末までは、赤軍は各戦線で敗北を重ねており、マンネルハイム線を突破して都市部に入ることができたのは、二月一一日であった、ということも既に見た。しかも、当時、フィンランド国内は、既に見たように、後になって「冬戦争の精神」と呼ばれた、言わば挙国一致体制にあり、国内で「内乱」が勃発する兆候すら微塵もなかった。トロツキーのこの「発見」は、少数派のみならず多数派にもまた初耳だった(4)のだが、それにもかかわらず、トロツキーは、この「内乱」に固執し続け、ポーランドの時と同様、フィンランドにおいても架空の「事実」をでっち上げてしまったのである。①も②もなかった以上、③は問題外である。

当然、シャクトマンはすぐ、「アメリカ党の危機」において、「このことより根拠がないのは――何と言ったらよいか――あなたのフィンランドに関する驚くべき発言である。あなたは、『フィンランドにおいて赤軍が資本家の収奪を準備すると同時に、大土地所有者を収奪し、労働者管理を導入していることについて、我々が一言も触れていない』と言う。然り、一言も触れていない。何故か？　それは、我が党内の誰であろうと――誰も彼もだ！――、フィンランドにおいて赤軍による大土地所有者の収奪と労働者管理の導入があったという情報を最初に得たのは、あなたの論文においてだからだ。これらはどこにおいて起こっているのか？　どんな報道に根拠を置いているのか？」」、また、「フィンランドにおけるこの『階級闘争に対する途方もなく強い刺激』、しかも『その最も激しい形』での『刺激』はどこに存在するのか。…あなたの『階級闘争に対する途方もなく強い刺激』についての言明は、何に基づいているのか？我が党内の誰一人として、繰りかえすが、誰一人として、いまだにその微かな兆候さえ察知していないのだ」、「『既に始まっている』内乱はどこに存在するのか？　…我々はその内乱の最初の形跡にさえ未だ接していない。…あなたは、この『内乱』をクレムリン官僚の役割についての抽象的かつ誤った評価から導き出したのではないのか？それとも、その『「具体的」過程』が『フィンランドに起こりつつある』ということを客観的に証明する事実でもあるのか？　クレムリンが誘発することを余儀なくされているその『フィンランドにおける社会革命運動』は、どこに存在するのか？」」と問い詰め、「ことによると、それを誘発しているというのは、クーシネンの『民主的人民』政府の政綱のことか？　だが、この政綱は、形式上、ブルジョア『民主主義』の政綱である。戦争の開始以来、我々がフィンランド侵略を反動的だと非難してきた根拠の一つは、正に、侵略によってスターリンがフィンランドの労働者と貧農をブルジョア愛国主義的熱狂の渦の中へ、またマンネルハイムの腕の中へ、そして『神聖同盟』や『国民的団結』やらへと追いやっているという事実だった。この事実が変化したというどんな証拠があるというのか？　我々は繰りかえす。そういったものはない、そのかけらすらない、と！」と正しく指摘した。

シャクトマンが引き出した、トロツキーと対照的な結論は、以下の如くである。

「ポーランド侵略、バルト三国征服、フィンランド侵略、これらが、スターリニスト官僚の反動的戦争の内容を現実に物語っている。これらの諸事件は、いくつかの観点から反動的である。それらは、プロレタリアートと農民を帝国主義的愛国主義の影響下に追いやるという点で、換言すれば、それらは階級闘争を強めるのではなく、プロレタリアートをその階級敵へ屈服させるよう促すという点で反動的である。それらは、ソ連邦の防衛（即ち、帝国主義による征服と植民地化から国有財産を防衛するということ）のために行なわれているのではなく、ヒットラーの帝国主義との合意の下で行なわれているという点で反動的である。それらは、ソ連邦防衛のために行なわれているのではなく、反革命的スターリニスト官僚のより大きな栄光、名声、権力、そして収入のために行なわれているという点で反動的である。それらは、防衛戦争（私は軍事技術的あるいは外交的な意味で言っているのではなく、歴史的政治的な意味で言っているのだが）などではなく、併合のための戦争―我々が呼ぶスターリニスト的帝国主義―であるという点で反動的なのである[5]」

この正しい性格付けを基礎に、少数派は、ヒトラーとスターリンの両者、マンネルハイムとスターリンの両者の打倒を訴えたのである。

他方、バーナムの方は、「絶望の政治」の中の反論で、以下のように鋭く分析している。

「フィンランドに対して宣伝攻勢が始まり、その後すぐ侵略が始まった。数日間、赤軍は勝利的に前進した。クーシネン政府の樹立が宣言され、その政綱が発布された（ちなみに言っておくが、この政綱は、クレムリンは必ずや社会革命的政策を実施する――しかし官僚的なやり方で――だろうというトロツキーの弁証法的推論とは裏腹に、プロレタリア政綱ではなく、ブルジョア政綱である。クレムリンはトロツキーにお伺いを立てなかったのである)。…実際に起こった現実の結果は何か？　その結果とは、以前フィンランドにおいて湧き上がっていた階級闘争(以前、その形跡以上のものがあった)を鼓舞するのではなく、それを一掃し、フィンランドの労働者貧農を自国ブルジョアジーの手中に追いやったということである。このことは、第一に、慎重に調査され、公正と信じられるいくつかの報道によって、第二に、それとは別に、①好ましい反応を引き起こすことができなかったクーシネン政府の失敗、及び②明らかに国民の大多数の支持を受けているフィンランド軍の高揚した士気、によって証明されている。全国委員会とトロツキーは、この後半の事実を、フィンランド軍は素晴らしい軍事補給品を備え、素晴らしい訓練を受けてきた、というあきれるほど俗物的な見解で説明しているが、赤軍があたかも弓矢を装備していたかのようである。

こうした反応は驚くべきことではない。フィンランドの労働者は、赤軍が彼らの利益に反して戦っていることを知っており、また、第三の選択肢も見えず、あの状況下において彼らにとってただ一つの結論と思われたものを引き出したのである。それは、ブルジョア『祖国』のために必死で戦うというものである。つまり、第三の選択肢(本国の主要な敵及び侵攻して来る敵の両者に抗する自由と権力のための独立闘争)の道が閉ざされた中、彼らは、彼らの目には『より少ない悪』と映ったものを選んだというわけである。この反動的な結論に責任を持つものは、片や帝国主義者たち、片やスターリニストたち、更に、第三陣営を問題外とした上で、ただマンネルハイムの軍隊かスターリンの軍隊かのどちらかという選択のみを提起する者全てである！」と(傍点の強調は原文)。

バーナムは、更に、次のように将来の展望をも提示している。

「だが、ソ・フィン戦争の一層進んだ段階において、フィンランドにおける階級闘争が再び頭をもたげることはないのであろうか？　我々が初めから宣言している通り、答えは然りである。フィンランドの防衛線と政府が崩壊し始める時、ちょうどポーランドと同じように公然とした階級闘争が再び登場し、フィンランドの労働者と貧農は社会革命的諸手段を採り、必ずや、独立した権力と自らの統治国家へ向かって前進し始めるであろう。とりわけ、もし彼らの隊列中に、反革命的な赤軍のスパイとして働くのではなく、次の二点、即ち、先ず第一に、本国内の主要な敵に向けられた彼らの闘争は、クレムリンとその全ての機構の中にも無慈悲な敵を見出すということ、次に、赤軍は彼らを援助するためにではなく、彼らを粉砕するために進軍して来たということ、この二点をはっきりと語る革命家や闘士がいたとしたら、また、もし赤軍隊列内の国際主義者がそれ相応のやり方で共産主義的兵士の隊伍を導き、クレムリンとゲー・ペー・ウーのくびきをはねのけ、フィンランド労働者貧農と共に彼らの抑圧者に対する共同闘争に参加するよう促すと同時に、彼らを新しい形での隷属状態に貶めようとするクレムリンに従わないよう促したとしたら、フィンランド労働者貧農は、何をおいても前進を開始するだろう」と。

これに対するトロツキーの反論はない、というより反論のしようがないのであろう。

いずれにしても、トロツキーは、少数派の政策が「フィンランドに起こりつつある『具体的』過程」に基づいておらず、「与えられた社会革命運動」、換言すれば、「フィンランド領土で起こりつつあるこの『具体的』内乱」を「隠蔽」している、ということを批判の中心に置いたため、フィンランドに「内乱」が起こっていなかったとすると彼の批判全体が崩れる。従って、フィンランドにおける「内乱」は、現在進行中としてでも、将来の可能性としてでも、絶対になくてはならず、一貫してその証明ないしその出現の予想に固執するのである[6]。

シャクトマン前掲論文へのトロツキーの反論が「掻き疵から壊疽の危険へ」のセクション「再びフィンランドについて」にあるが、それを検討する前に、党内論争では争点となっていないが、トロツキーの見解の中にある問題点を見ておこう。

第一点は、「内乱」とは何かという問題である。ポーランドの問題で見たように、トロツキーは、散発的な反乱や蜂起を「内乱」と見なしていた。だが、誰でも知っているように、この両者は全く異なる。内乱（または内戦）とは、政権奪取や独立などの何らかの事情を巡って、一国内において、二つ以上の組織された集団が相戦うことであり、内乱が起こったというのは、今その状態にある、ということである。反乱や蜂起の勃発は内乱の契機となりうるが、それらが必ず内乱を招くという必然性はなく、内乱に転化するかどうかは、全て主体的客観的条件による。しかし、トロツキーは、一九四〇年一月七日の「同志バーナムへの公開状」のフィンランド問題に言及したセクション「具体的政治問題」の中で、次のように述べている。

「…テリヨキにおけるクーシネン政府の設立は、モスクワが他の目標を持っていることを示した。それから、フィンランド『赤軍』の創設が報道された。…クーシネンの綱領が発表された。次には、大土地の貧農への分配が報道されてきた。総じてこれらの報道は、モスクワが内乱を組織しようと企てていることを意味した。勿論、これは特殊なタイプの内乱である。…外部から銃剣をつけて導入されるのだ。それは、モスクワ官僚によって統制されている。…それにもかかわらず、それはまさしく内乱の問題であり、下層階級、貧困階級への訴え、富裕者を収奪し、放逐し、逮捕せよという呼びかけ、等々の問題である。こうした行動につける名は、内乱の名以外にはない(7)」と。

トロツキーは、ここで、モスクワが企てている「内乱」は、「外部から銃剣をつけて導入される」ものだと言っているが、「〜への訴え」や「〜という呼びかけ」といった「行動につける名は、内乱の名以外にはない」と断言している。これは、ロシア革命の指導者の一人だった人物の見解とは考えられない発言である。誰彼に訴えることも、何かの行動を呼びかけることも、それ自体まだ内乱ではない。それらが一国内において、二勢力以上の武力衝突に発展した時初めて、内乱が存在すると言えるのである。彼は、内乱それ自体の存在と誰彼への「訴え」やある行動への「呼びかけ」といった行動とを同一視しているのである。

第二に、彼はここで、この「内乱」は、「外部から銃剣をつけて導入される」と述べているが、彼は、「それにもかかわらず」、その「外部から」来る赤軍の側に立って戦え、という立場を採るが、これは、前掲「レオン・トロツキー聴聞会」の「第九回聴聞会（四月一五日）」での以下の発言と大きく食い違っている点である。

「（『今ある国があって、そこには二重権力状態もなく、プロレタリアートも権力奪取を試みていない、と仮定します。ここで、氏にお聞きしますが、氏は今までに、赤軍は他の諸国にも送り込まれて然るべきだ、という考えに同調したこと、或いはそう主張したことが、お有りですか？』という質問に答えて）赤軍による革命は、最悪の冒険主義となるでしょう。赤軍によって、他の民族に革命を押し付けるのは、冒険主義なのです。

…当該国の意志に反して革命を他の国に押し付けようとするのは、全くばかげた考えです…。…ナポレオンは、スペインにおいてそれをなそうとして…敗北しました。ロベスピエールでさえ、民衆は銃剣を携えた外国からの扇動者を好まない、と言いましたが、この問題に関して、彼は正しかったのです」。

トロツキーは、上記二つの主張をどう整合するのだろうか？

では、本題に戻ろう。ここで、トロツキーは、前掲の自己の見解を擁護して、「かくして私は、『明らかにソ連・フィンランド戦争は、内乱によって補完され始めている』と言い切っても、全く差し支えなかったのである』と述べている。では、何を有力な根拠としたのだろうか？前に見たポーランド侵略の際は、トロツキーは、典拠のある新聞や人の談話を引用し、「反乱」や「蜂起」に関した具体的な資料を提出した。ところが、フィンランドでの「内乱」に関しては、以下の二つの具体的引用抜きの「電報」情報を除いて、客観的な資料を何も出していない。

「電報」情報の一つは、これである。

「…電報は、国境諸地域の大地主の収奪を伝えていた。これこそ、まさに赤軍の最初の進撃中に起こったものであることには、些かも疑問の余地はない。しかし、たとえ、これらの急報が作り事であると考えてみた所で、それらは農業革命への呼びかけとしての意義を留めている[8]」

先ず、「国境諸地域の大地主の収奪」とあるが、フィンランド農業の中心は、南部であって、赤軍が侵入した東部国境沿いは、森林と湖水が多く占めている。その東部に「フィンランド貧農」がいたのだろうか？　更に、「緊張が高まった一九三九年の秋、フィンランド政府は、国境地帯から貴重な所有物と共に民間人を別の場所に移動させ始めた」(9)ので、国境地帯には、大土地を収奪したり、熱狂する民間人などいなかったはずなのだが。非常に疑わしい情報である。また、「些かも疑問の余地はない」ことを、何故「作り事であると」考える必要があるのか？　不思議である。「作り事」だとすると、「作り事」が「農業革命への呼びかけとしての意義を留めている」ということになってしまい、これでは、「作り事」、つまり、偽りの情報でさえ意義を持ち得るということと同義であり、革命的良心が疑われる判断である。

二つ目は、これである。

「今日、一月一七日、あるフィンランド消息筋からの電報は、国境地方の一つがフィンランド人亡命者の分遣隊に侵攻され、そこでは兄弟が兄弟を文字通り殺戮しつつあると伝えている。これが内乱の一エピソードでないとしたら、これは何であろう？(10)」

トロツキーは自信を持って、「内乱」の発生を立証したつもりのようである。しかし、これも、また、誤った判断である。彼は、この「兄弟が兄弟を文字通り殺戮しつつある」という部分を拠り所にしているのだろうが、それが間違いなのである。これは、一国内において内乱が起こり、同国人同士が殺しあっている状況とは、全く異なる。上記文章では、「分遣隊」とある。「分遣隊」とは、周知のように、ある軍隊の本隊から派遣される特別な任務を負った部隊のことである。ならば、この「分遣隊」が所属する軍隊は何か？·内容から見て、明らかに赤軍であろう。とすると、この電報の伝えていることは、「国境地方の一つ」が、赤軍所属のフィンランド人亡命者からなる分遣隊によって攻撃され、国境地方の武装したフィンランド人かまたはフィンランド軍と交戦した、と理解できよう。要するに、これは、フィンランド人武装集団或いはフィンランド軍とソ連軍との衝突であり、外国軍間の交戦の一形態に過ぎない。この情報が事実だとしても、内乱とは全く無縁のものである。ところで、第二次世界大戦中、米陸軍に第四四二連隊戦闘団と第一〇〇歩兵大隊という部隊があったが、この二部隊は、士官以外は全員日系アメリカ人であった。この部隊のいずれかが、もし一九四五年の沖縄上陸作戦に投入され、日本軍と銃火を交えることになったとしたら、トロツキーは、即、日本に内乱が起こったと判断するのだろうか？

以上、具体性に乏しく、内乱出現の証左とはとても言えない「情報」である。

明確な内乱出現の証左を挙げられないトロツキーは、そこで、「バルト諸国では、クレムリンはその任務を戦略面での利益獲得に絞ったが、それは、将来的に、これらの戦略的軍事基地がこのツァー帝国の以前の諸地域をもソヴィエト化するという意図を抱いていたことは疑いない。…外交的脅迫によって達成されたこれらバルト諸国での成功は、しかしながら、フィンランドの抵抗に遭遇した。…かくして、最初の計画とは反対に、クレムリンは武力に訴えざるを得ないと感じた。この事実から、思慮深い人は皆、次のように自問した。即ち、クレムリンは、ただフィンランド・ブルジョアジーを脅して、妥協を強いることのみを望んだのか、或いは、それよりもっと先に進まなければならないのか、と」、と問題提起する。(11)トロツキーは、ここで、「バルト諸国」を「ソヴィエト化するという意図を抱いていた」クレムリンが、フィンランドをバルト諸国のように、ただ「保護国化」するに留めるのか、或いは、「もっと先に進」む、換言すれば、「内乱」を通した「ソヴィエト化」を実行するのかと、クレムリンがその意図を持つのか否かということに焦点を変えて、論を進める。そして、「思慮深い」トロッキーの答えは、当然、イエスである。このセクションの後半では、「その（クレムリンの）行動が証明したとおり、それ（クレムリン）は、直ちに或いは二段階で、フィンランドをソヴィエト化することを断固として確定している[12]」、とはっきり書かれている。もしこれが真実であったとしたら、「赤軍支持」も「スターリン陣営支持」も正当化される、と思ってのことであろうか？　その後で、彼は、この問題に対する「『自動的』回答はあり得なかった。全般的動向に照らして、具体的に示されたものに目を向けることが必要であった[13]」、と述べ、続いて、その「具体的に示されたもの」を挙げている。それは、一九三九年一一月三〇日の「フィンランド共産党の宣言[14]」と「クーシネン政府の綱領」が載っている同年一二月一日発布の「人民政府の宣言[15]」であり、トロッキーは、これら二つの「宣言」と「クーシネン政府の綱領」を「内乱」による「ソヴィエト化」の根拠とし、それらに全面的に依拠して、シャクトマンを反駁せんとしたのである。

　では先ず、「フィンランド共産党の宣言」と「人民政府の宣言」を見てみよう。同セクション[16]で、前者に関して、トロッキーは、次のように述べている。

「軍事作戦は一一月三〇日に始まった。明らかにレニングラードかモスクワにあったフィンランド共産党の中央委員会は、フィンランドの勤労大衆に向け放送宣言を発した。この宣言は、次のように要求した。『フィンランド労働者階級は、今や、金権政治の抑圧に抗する公然の戦いを開始する。一九一八年の労働者と小作人の最初の闘争は、資本家と土地所有者の勝利に終わった。だが、今回は、労働大衆が勝利する番である[17]』。この宣言だけでも、フィンランドのブルジョア政府を恐怖させる試みのみならず、国内反乱を惹起し、赤軍の侵入を内乱によって補完するという計画が込められていたことが、はっきりと示されている[18]」と

後者に関するトロツキーの言葉は、これである。

「一二月一日に発表された所謂人民政府の宣言は、こう述べている。『既に国内各地で人民が起ち上がり、民主共和国の樹立を宣言した』。この断定は、明らかに作り事であるか、さもなければ、宣言は、反乱が企てられた場所に言及したのであろう。しかしながら、外部から準備された孤立した企てが失敗に帰したというまさにそのことによって、その詳細には立ち入らないに越したことはない、と考えられたということも有りうる。いずれにせよ、『反乱』に関する情報は、反乱への呼びかけとなっていた[19]」

これだけである。前者にある宣言中の短い引用文は、人民政府のただの決意表明のみで、「ソヴィエト」という言葉さえない。トロツキーの個人的解釈に反して、「この宣言だけから」は、「…国内反乱を惹起し、赤軍の侵入を内乱によって補完するという計画が込められていたこと」は、「はっきりと」示されてはいない。後者には、たった一文の引用文しかない上、ソヴィエト共和国ではなく「民主共和国」と書かれている。しかも、トロツキー自身、「この断定は、明らかに作り事である」と言いながら、「『反乱』に関する情報は、反乱への呼びかけとなっていた」と判断する。これは、先に見た、「作り事」でさえ「農業革命への呼びかけとしての意義」がある、という馬鹿げた判断と同様の判断である。一体、上記の「フィンランド共産党の宣言」と「人民政府の宣言」のどこを見れば、トロツキーの言う結論が出て来るのだろうか？　結局のところ、トロツキーの挙げ

る根拠からは、彼の言う結論は引き出せない。ということは、彼の結論は、根拠なしの完全なる彼の主観的かつ偽りの結論だ、としか言いようがない。

その客観的証左がある。先ず、トロツキーがあげた最初の「フィンランド共産党の宣言」であるが、彼が引用した部分は、この「訴え」の終わりに近い一段落である。しかし、その中盤辺りの段落に、こう書かれている。

「全労働者階級、農民、職人、小商人、並びに知識労働者階級からなる労働大衆の幅広い人民戦線を構築する必要がある。換言すれば、彼らの利益を守るため、我が国民の圧倒的多数を単一の人民戦線に統合する必要があり、この労働大衆の人民戦線に依拠する政府、即ち、『人民政府』を樹立しなければならない、ということである。

ある同志は、フィンランドにおいて、ソヴィエト権力の創立を要求することが必要だと考えているが、彼らは誤っている。全社会体制を根本的に再構築するというそのような重要問題は、一つの政党、によって、或いは、例えひとり労働者階級だけによってでさえ、解決することはできない。この問題は、全国民のみによって、全ての労働諸階級のみによって、解決できる。いずれにせよ、農民の同意なしには、また、国会の承認なしには、この問題は決定できない」[20]と。

読んでの如く、ここには、「樹立しなければならない」政府は、「人民戦線に依拠する」「人民政府」であり、更に、「フィンランドにおいて、ソヴィエト権力の創立を要求すること」は誤りだ、「この問題は」、「一つの政党によって、或いは、例えひとり労働者階級だけによってでさえ、解決することはでき」ず、「農民の同意なしには、また、国会の承認なしには、この問題は決定できない」と書かれている。何と、一言で言えば、「ソヴィエト化」はしない、と書かれているのである。

もう一つの「人民政府の宣言」は、正式には「フィンランド人民政府の宣言」と呼ばれ、一九三九年一二月一日テリヨキにて、オットー・クーシネンを初め、フィンランド人民政府の閣僚七名の著名入りで、発布されたものである。トロツキーが引用した一文は、その宣言の最初の方にある。しかし、その下の方を見ると、以下の段落がある。

「我が国家は、資本家と地主階級の利益に奉仕するカヤンデル、エルッコの金権政治家の民主主義とは全く異なって、人民の利益に奉仕する民主共和国であるだろう。しかし、本来からして、我が国家は社会主義国家ではない。何故ならば、ソヴィエト体制は、全国民の、とりわけ貧農の同意なしに、ただ政府一人の努力によっては設立できないからである。

上記に則り、我が政府はフィンランド民主共和国の人民政府である。

…最終的な人民政府の構成、その諸権力並びに諸行動は、秘密投票による普通、平等、直接の選挙に基づいて選出された国会によって認可されることになる」(21)と。

何と、ここにも、「我が国家は社会主義国家ではない。何故ならば、ソヴィエト体制は、全国民の、とりわけ貧農の同意なしに、ただ政府一人の努力によっては設立できないからである」とあるばかりか、「我が政府はフィンランド民主共和国の人民政府」だと規定されており、その構成も権力も行動も、ブルジョア国家と同一の「秘密投票による普通、平等、直接の選挙に基づいて選出された国会によって認可される」と書かれている。言い換えれば、またもや、「ソヴィエト化」はしない、ということである。

これは、ただ事では済まされない問題である。上で引用した、当時のソ連邦外相モロトフが語ったことに加えて、ここの「フィンランド労働大衆へのフィンランド共産党中央委員会の訴え」にも「フィンランド人民政府の宣言」にも、はっきりと「ソヴィエト化」はしない、と宣言されているのである。これらを見れば、トロツキーは、クレムリンが「フィンランドをソヴィエト化することを断固として確定している」、と偽ったとしか考えられない。彼は、正論を真正面から唱えるバーナム、シャクトマンに太刀打ちできないのである。それが、これまで見てきた、数々の強弁、詭弁やら事実の歪曲やらを生んだのである。ここに来て、それがこの「ソヴィエト化」の捏造という言語道断な結果をもたらしてしまったと言えよう(22)。

では、「人民政府の宣言」に載っている「クーシネン綱領」はどうか？　これに関し、シャクトマンは、「アメリカ党の危機」において、「クーシネン『政府』の政綱は、…その非ソヴィエト的でブルジョア民主主義的な性格ばかりでなく、財産の収奪、国有化を提起していないことをもあからさまに強調している」。また、「クーシネンの綱領は、フィンランドの銀行と産業に対してただ…『統制』だけを提起しているのだ」。更に、「クレムリンが誘発することを余儀なくされているその『フィンランドにおける社会革命運動』は、どこに存在するのか？ことによると、それを誘発しているというのは、クーシネンの『民主的人民』政府の政綱のことか？　だが、この政綱は、形式上、ブルジョア『民主主義』の政綱である」と具体的に指摘している。これに反して、トロツキーは、「クーシネン政府の綱領は、たとえ『形式的』観点から見ても、一九一七年一一月のボルシェヴィキの綱領と異ならない(23)」と言い切った。しかし、以前は、トロツキーも、例えば一九三四年一月一八日の論文「堕落に限界はあるのか」のセクション「諸事実の説明」の中で、「ジノヴィエフ、ブハーリン、スターリン、マヌイルスキー、クーシネンらの政策が、コミンテルンを崩壊させた」と述べ、また、一九三九年一二月四日の「双子の星：ヒトラーとスターリン」の中では、「一人残らずクーシネンやブラウダーのような人物、即ち出世第一主義者の小官吏から構成されているコミンテルンという機構は、革命的大衆運動を指導することは絶対にできない」、また、「フィンランド『ソヴィエト政府』の新しい首班、オットー・クーシネンは、革命大衆の指導者ではなく、従来のスターリニスト小官吏であり、硬直した頭と従順な根性を持ったコミンテルンの書記の一人である」と言っていたのである。そのクーシネンが、「クーシネン政府の綱領」が発表された一九三九年一二月一日に、突如「ボルシェヴィキ」扱いとなるとは、本人も想像だにしなかったことだろう。また、党内闘争の始まる約一年前の一九三八年一〇月一〇日論文「新たな教訓」には、こう書かれていた。「反戦闘争、反帝闘争、反ファシズム闘争は、犯罪に汚れたスターリニズムとの無慈悲な戦いを要請している。誰であろうと、直接的間接的とを問わずスターリニズムを擁護する者、その裏切りに沈黙を守る者、或いはまた、その軍事力を誇張する者は、革命、社会主義、そして被抑圧民族の最悪の敵である」、と。それが、どうしてスターリニストたるクーシネンの政府の綱領が、「ボルシェヴィキの綱領」になるのか。まるで解せない話である。

一九一七年一一月のボルシェヴィキの綱領と言えば、レーニンの一九一七年九月一〇〜一四日論文「差し迫る破局、それと如何に戦うか」が包括的なものであろうが、その他一九一七年九月にパンフレットとして発行された「我々の革命におけるプロレタリアの諸任務」や一九一七年一〇月に書かれた「革命の諸任務」などのここかしこに、必ずや、銀行、企業、シンジケートなどの「国有化」という任務が含まれていることはあまねく知られていることである。では、「クーシネン政府の綱領」は、何を言っているのか？「フィンランド労働大衆へのフィンランド共産党中央委員会の訴え」にも「フィンランド人民政府の宣言」にもほぼ同一の「任務」が記載されているが、「人民政府の宣言」記載の「任務」は以下の通り。

1、フィンランド国民軍を創設する。

2、私営大銀行並びに大企業に対して国家統制を実施し、中小企業を援助する方策を実現する。

3、失業を完全に根絶する方策を実現する。

4、労働者に二週間の夏休みを供与し、労働者と従業員の家賃を減額すると共に、労働時間を八時間に短縮する。

5、貧農の土地と財産に手をつけずに地主階級の土地を没収し、それらの土地を、土地を有しない者もしくは小規模の割り当て地しか有しない者へ移譲する。

6、貧農に対して、諸税金及び税滞納金の支払いを免除する。

7、極貧の貧農の経済状況を改善するため、あらゆる形で国家援助をする。まず第一に、地主階級から没収した土地を用い、彼らに別の土地、牧草地を、また可能ならば、家庭用として森林を、分け与える。

8、フィンランドの国家組織、行政機関、司法機関を完全に民主化する。

9、文化的ニーズ及び学校の再組織のための国家助成金を増大する。これにより、労働者及びその他の困窮者の子供たちが、学校へ出席できるよう保証し、更に革新的精神を以って、公的教育、科学、文学、芸術などの発展をあらゆる面から配慮する。

一体、ここのどこに「国有化」という文字があるのか？　しかも、全文を通しても、「ソヴィエト化」を実施するという言葉も見当たらない。項目2では、「私営大銀行並びに大企業に対して国家統制を実施」するとは書かれているが、「国有化」するとは書かれていないのである。また、トロツキーは、「『人民政府』の訴えは労働者管理を呼びかけている」と書いているが、本項の注(16)で詳説したように、ここには「労働者管理」の導入も記されていない。シャクトマンの言葉通りである。トロツキーは、ここでも、偽りを述べていたのである。この綱領が、「一九一七年一一月のボルシェヴィキの綱領と異ならない」と主張することは、ボルシェヴィキ綱領、ひいてはレーニンへの冒涜に等しい。

シャクトマン個人を皮肉交じりで批判した最後の段落にも、問題がないわけではない。トロツキーは、先ず、「注目すべき分析をした結果、シャクトマンは、今度は、ソ連邦に関して敗北主義の政策を公然と提起するが、（いざという時のために）『自己の階級の愛護者』たることは全くやめない、と付け加えている」と述べた後、「メンシェヴィキ指導者ダン」も、「フィンランド侵入事件」において敗北主義の立場を採ったことを挙げ、「『具体的な政治的結論』が問題になっている所では、シャクトマンは、結局、他ならぬダンと同じ階級の『愛護者』だということが明らかになる。マルクス主義社会学では、この階級は、反対派のお許しがあれば言わせてもらうが、プチ・ブルジョアと呼ばれているのである」(24)、と結論付けている。では、何が問題か？　引用符つきの「自己の階級の愛護者」という言葉である。トロツキーが批判しているシャクトマンの「アメリカ党の危機」の中には、この言葉がないのである。ただ一つの段落にだけ似たような言葉があるが、その段落にはこう書かれている。

「換言すれば、私は、少数派のソ連論に関する声明の中で述べられているように、現在の戦争においては、ソ連邦内において『革命的敗北主義』の方針を採ることを提起するのである。これを提起することで、従来常にそうだった革命的階級の愛護者としての私が、些かでもその価値を減じるものではないと思っている」と（傍点の強調は原文）。

何と、シャクトマンは、「革命的階級の愛護者」と書いている[25]。これは、先にバーナムの「科学と文体」の所で見たものと同じ、事実の歪曲である。以上の様に、トロツキーは、フィンランドの諸事態に関しては、クレムリンの政策、赤軍の行動を「社会主義的」なものと誤判断し、客観的にスターリニズムへの完全なる屈服を露にしたと同時に、論争方法においては、フィンランドでの「内乱」という「事実」の捏造、「フィンランド共産党の宣言」と「人民政府の宣言」、「クーシネン綱領」のところで見た虚言、そしてこの事実の歪曲という前代未聞の手法を持ち込み、少数派からの諸批判を切り抜けたと言える。

ここにきて、バーナム「絶望の政治」中の次の言葉が、非常な説得力をもって蘇ってくる。

「ここ四カ月半のトロツキーの動向の中に見られる、何人も否定できない一般的特徴を要約させてもらうと、次のようになる。的確な予見がほとんどなく、予見したものは事実によって論駁された上、前もって予見された具体的なものが一つもないこと、また、前もってなされるべき行動のための提議、指導が欠如していること、第二次世界大戦という、現在起こりつつある歴史上重大な軍事行動に対して最小限の関心しか持っていないこと、そして、（弁証法からそれ以外のものまで）一般的な理論的諸問題ないしは目下の党内論争に、最大限の力が投じられていること、これである。

こういった様相は、一つの政治的徴候として非常に大きな重要性を持つ。…現在欠けているものとは、諸事件に対する即時かつ不断の反応、非常にしばしば見事に確証される正確な予見、労働者の行動に対するあらゆる段階での指導、具体的分析による現実に起こっている事態の解明…である。

遺憾ながら、この様相に更に次の事柄を付け加えなければならない。…トロツキーは、ただ単に反対派を非難するのみならず、反対派を誹謗中傷し、反対派の諸見解ばかりでなく、反対派が用いているその言葉自体までも偽って伝え歪曲している。

…トロツキーは何よりも思想、理論、諸原則を重視し、諸原則を基礎に、そこから行動してきた。…だが、理論そのものが現実と一致しない場合はどうなるのか？　その場合、その理論を放棄することを拒むなら、ただ二つの解決法しか残らない。その一つは（例えば、非常に一般的な理論的諸問題或いは弁証法を論じることによって）、諸事件を論じることを巧みに回避すること、もう一つは、諸事件を（誤った）理論と一致させるため諸事件の真相を曲げること、である。ここには、人を欺くという意図はない。これは、誤った理論に絶望的にしがみつこうとする時、ほとんど無意識的に生じる結果なのである。

従って、同様に、如何なる代償を払っても、反対派は粉砕されなければならないのである。彼の理論を伝えるための唯一の手段は、キャノンである。…それ故、キャノンを全面的に支持するのである。…ここでもまた、国際的諸事件を論じる時のように、トロッキーは、自己の誤った理論のせいで、高い代償を払わなければならない。…この分派を支持することによって、彼は、我が運動に対する彼らの恥ずべき言動の共犯者かつ擁護者に変じてしまうのである。

トロッキーは細心の注意を払いつつ断固として理論から出発しているにもかかわらず、その理論が戦争との関係では誤っているということを我々が理解すれば、彼の現在の政治的立場、及び、多くの同志達が当惑し、ややもすれば不快感を感じている党内闘争への彼の政治的組織的介入のやり方が、何ゆえ現在のようになっているかが、直ちに明瞭になるのである（確かに、これは、トロッキーが全てのマルクス主義者に要求する例の「階級的分析」ではないが、そういった分析を行なったとしたら、それは、彼の場合、トロッキーの現在の方針がもたらす諸結果によって、如何なる社会的グループが恩恵をこうむるか、という問いをもたらすだろう。そして、その答えは疑問の余地がないほど明らかである。ソ連邦官僚、彼らである。つまり、彼の現在の方針は、社会主義のための国際的プロレタリア闘争という方向からスターリニズムへの逸脱を示すのである）」（傍点の強調は原文）

さて、この「掻き傷から壊疽の危険へ」は、一九四〇年一月二四日に発表されたものである。その後、トロッキーは、一九四〇年四月二五日付の「フィンランド事件のバランスシート」までフィンランドに関するまとまった論文を著しておらず、幾つかの言及があるだけである。それを先に見ておこう。意外な見解がある。セントルイスの新聞「セントルイス・ポスト・ディスパッチ」紙のインタビューに答えた一九四〇年二月一四日の「世界情勢と展望」[26]では、「赤軍の元指導者として、氏は、侵略に対してより堅固に防衛するために、ソ連邦がバルト三国、フィンランド、ポーランドに進撃することは必要だった、とお思いでしょうか？　また、社会主義国家が、武力によって、隣国に社会主義を広げることは正当化される、と氏はお考えでしょうか？」という質問にこう答えている。

「今現在、革命的介入へのその重要な前提条件は、たとえあったにせよ、非常に僅かな程度です。警察的手段によってソ連邦諸民族、とりわけ民族的小数派を抑圧したことによって、隣接諸国の労働大衆はモスクワから遠ざかってしまったのです。赤軍の侵略は、諸国民によって、解放のための行動ではなく暴力行為と見なされ、それによって、帝国主義が、世界の世論をソ連邦に敵対するよう誘導するのを容易にさせてしまいました。これが、最終的には、赤軍の侵略はソ連邦に対し利益よりダメージをもたらす、という所以です」と。

「警察的手段によってソ連邦諸民族、とりわけ民族的少数派を抑圧したことによって、隣接諸国の労働大衆はモスクワから遠ざかってしまった」。「赤軍の侵略は、諸国民によって、解放のための行動ではなく暴力行為と見なされ」た。「最終的には、赤軍の侵略はソ連邦に対し利益よりダメージをもたらす」。少数派との論争時の主張となんと異なっていることか。

また、「軍事的観点から見た、フィンランドへの軍事行動についてのご意見は？例えば、戦略とか装備、政治面軍事面から見た指導性、或いは、赤軍部隊のコミュニケーションや一般的訓練を維持させる問題などとか？　また、フィンランド作戦の結果として、ありそうなことは何でしょう？」という質問に対しては、「スターリン自身の目的と手段という観点から見てさえも、彼は、即刻フィンランドを攻撃する必要はなかったのです」（傍点の強調は原文）と答えているが、論争当時は、「フィンランドにおける革命的社会運動を…推進せざるを得ない」と言っていたのではないか？

一九四〇年三月一三日の「冬戦争を経た後のスターリン[27]」では、こう語っている。「二カ月半の間、赤軍は、ただ敗北、苦難、屈辱を知るのみで…」、「二度目の攻勢は、徐々に展開し、あまたの犠牲者を出しました。より劣勢な敵に対して、約束された電光石火の勝利が収められなかったことは、それ自体敗北を意味したのです」と。更に、こうも語っている。「…明確な展望も、有形無形の準備もなく、しかも、カレンダーそのものが、明らかにその冒険的行動に警告を発しているその瞬間に、恥ずべき戦争が始まったのです」と。「明確な展望も、有形無形の準備もなく」？では、「クーシネン政府」と「クーシネン綱領」は何だったのか？「恥ずべき戦争」？「ソヴィエト化」を目指し、「革命的刺激」を与える戦争ではなかったのか？　また、「スターリンは、…フィンランド・ブルジョアジーの打倒が彼の目的だと公然と宣言しました」？　いつ？　どこで？「スターリンはこれ（ソヴィエト化─訳者注）を約束しましたが、完遂しなかったのです」？「約束」？　いつ？　どこで？

一九四〇年四月二三日の「ソ連邦の労働者たちへの書簡[28]」では、「…スターリンの忌まわしき抑圧体制は、ソ連邦からその吸引力を奪ってしまった。フィンランドとの戦争の間、フィンランド貧農の大多数だけでなく、フィンランド労働者の大多数も、自国ブルジョアジーの側に回ったことが明らかになった。だが、これは些かも驚くに当たらない。何故なら、彼ら労働者貧農は、スターリニスト官僚が、隣接するレニングラードの労働者たちに、更にまたソ連邦全体の労働者たちに行使している前代未聞の抑圧について知っていたからである」とあるが、このことを最初に指摘したのは、シャクトマンである。しかも、その指摘が載っている「アメリカ党の危機」をトロツキーは読んでいるのである。その時は、その意義が理解できなかったのか、或いは、即刻無視したのかであろう。この書簡を書いた時点でも、自分が誤っていた事に気付かなかったようである。

一九四〇年五月一九～二六日に開催された第四インターナショナル緊急協議会で採択された「帝国主義戦争とプロレタリア世界革命」の「スターリンのボナパルティスト一派の革命的打倒に向けて」というセクションには、こうある。

「外交政策は、国内政策に一致する。クレムリン政府が、もし、労働者国家の真の利益を代表し、コミンテルンが、もし、世界革命の大儀に貢献していたとしたら、小国フィンランドの人民大衆は、必ずやソ連邦のほうへ引きつけられただろうし、赤軍の侵略は、全く必要なかったか、或いは解放のための革命的行動としてフィンランド人民によって直ちに受け入れられたかの、どちらかであっただろう。だが、実際には、クレムリンは、自らのこれまでの全政策のせいで、フィンランドの労働者貧農をソ連邦から遠く彼方へと遠ざけてしまったのである。……スターリンは、一九一八年蜂起の伝統が存在し、フィンランド共産党が長く存続しているにもかかわらず、フィンランドにおいて如何なる支持をも得られなかった。これらの状況下においては、赤軍の侵略は、直接的かつ公然とした軍事的暴力という性格を帯びたのである。この暴力行為に対する責任は、完全に、ただ一人モスクワ寡頭政治の頭目たちにある」と。

ここでも、「自らのこれまでの全政策のせいで、フィンランドの労働者貧農をソ連邦から遠く彼方へと遠ざけてしまった」とシャクトマンの見解をそのまま繰り返し、フィンランドに「内乱」をもたらし、フィンランドの「ソヴィエト化」を目指すはずだった赤軍の侵略が、ここでは、「赤軍の侵略は、直接的かつ公然とした軍事的暴力という性格を帯びた」と評価を変えている。どういうわけで変えたのか、説明は一切ない。そして、「この暴力行為に対する責任は、完全に、ただ一人モスクワ寡頭政治の頭目たちにある」と批判しているが、では、その行為の主体者である赤軍に賛辞を送り、労働者にその最前列に立てと要請し、クレムリン、クーシネンの政策を擁護したトロツキー自身も、第四インターナショナル及び全世界の労働者大衆に対し、大きな責任があるのではないのか？

以上の様に、トロツキーは、党内闘争時、少数派を批判した諸論文で述べた内容とそれ以後の対外的に発表した見解とではかなり違うことを言っており、後者の方では、「内乱」と「ソヴィエト化」に固執した叙述以外は、彼が盛んに批判した少数派の見解に似通っている。これは一体何を意味するのだろうか？

では、トロツキーが最後にフィンランド問題を扱った「フィンランド事件のバランスシート」を見ることにしよう。この論文は、タイトルとは裏腹に、肝心の「フィンランド事件」での争点に対する新たな考察はなく、とても「バランスシート」と名付ける内容ではない。

最初のセクションは、「彼らは予見できなかった」という見出しになっている。ここでは、「シャクトマンとバーナムは」「ヒトラーとの同盟を予見した」が、「それが何を目指しており、それは又何故であるかを予見することはでき」ず、「ポーランドの占領」と「フィンランドへの侵入は」「予見できなかった」と批判した上、私には予見できたとし、自己の解釈を展開しているものの、それは、スターリンとヒトラーの視点からの国際情勢の解釈といったもので、ポーランド事件、フィンランド事件の性格もFI、労働者階級が採るべきだった立場への言及もない。しかも、このような「予見」できたか否かなどという問題は党内論争時の争点には皆無であった。(29)

第四セクション「どこに内乱があるのか」の冒頭では、こう尋ねている。

「『だが一体どこに、君が約束したフィンランドの内乱があるのだ？』と、以前の反対派指導者、現在の『第三陣営』指導者が尋ねる。私は、何も約束しなかった。私はただ、ソ・フィン戦争の更なる発展において可能な幾つかの道筋の一つについて分析しただけである」(30)と。

ここにも小細工がある。上で引用した「アメリカ党の危機」の中で、シャクトマンは、確かに、「『既に始まっている』内乱はどこに存在するのか？」と聞いている。しかし、シャクトマンも他の少数派も、トロツキーが「約束したフィンランドの内乱」、などという言葉は使っていない。この言葉は、内乱があったか否かという争点を、トロツキーが約束したか否かという争点にすり替えるため、トロツキーが挿入した言葉だと取れる。続いて、この問いに、「私は、何も約束しなかった」と答えることによって、トロツキーは、争点だった内乱の有無の問題を反故にし、「「私はただ、ソ・フィン戦争の…可能な幾つかの道筋の一つについて分析しただけである」と自己弁護しているのである。「可能な幾つかの道筋の一つ」？　だが、その他の道筋については、どこで言及したと言うのか？　彼が終始、内乱に関する同じ一つの道筋しか述べていなかったのは既に見た通りである。

その後、相も変わらず、「フィンランドのソヴィエト化」、「クーシネン政府の任命」といった言葉を使い、「スターリンは…内乱を挑発し所有関係を覆せざるを得なくなっていた」、「フィンランドに対するスターリンの軍事的勝利は、多かれ少なかれフィンランド労働者・農民の援助の下に、私有関係の転覆を可能ならしめたであろうこと、疑問の余地がない」と繰り返しているが、この論文の二日前に書かれた前掲「ソ連邦の労働者たちへの書簡」では、「スターリンの忌まわしき抑圧体制は、ソ連邦からその吸引力を奪ってしまった。フィンランドとの戦争の間、フィンランド貧農の大多数だけでなく、フィンランド労働者の大多数も、自国ブルジョアジーの側に回ったことが明らかになった」と書かれているのである。「自国ブルジョアジーの側に回った」労働者が、どのように赤軍を「援助」するのであろうか？

このセクションには、トロツキーが事実を歪めている部分がもう一つある。彼は言う。「『第三陣営』（大敗走したプチブルの陣営）の支持者たちは、今や、次のような解釈を施している。トロツキーはフィンランドの内乱を、ソ連邦の階級的性格から導き出した。しかし、内乱は起こらなかった。それ故、それは、ソ連邦が労働者国家ではないことを意味している、と」[31]と。少数派が一体どこでこのような解釈を述べているのか、トロツキーに自分の言っていることを立証するものを引用していただきたいものである。これも、全くの作り話である。

第二セクション「帝国主義戦争における小国家」では、「世界戦争の諸事件の下で、『民族的独立』、『中立』等の見地から、小国家群の運命の問題に接近することは、帝国主義の神話の領域に留まることである」という一文から始まり、少数派をこう批判している。

「フィンランドやノルウェーの民族的独立や民主主義の防衛というような第二次的諸要因は…強力な世界諸勢力の闘争…に従属している。我々は、それら第二次的諸要因を無視し、基本的な諸要因に従って我々の政策を決定しなければならない。…他の小ブルジョアも同様に愚かで、世界戦争がフィンランド防衛の手段となり、赤軍によるフィンランド侵入といった戦術的エピソードに基づいて、プロレタリア的戦略が決定できると、愚かにも想像したのである」[32]と（傍点の強調は原文）。

この論文の主旨から見て、ここの「他の小ブルジョア」には、小数派も含まれていると推定できる。この引用の前半は、正しい指摘と言えようが、後半は、少なくとも少数派に関しては、全く根拠のない批判である。反対派がトロツキーの言う見地に立っていたという事実もなく、冬戦争を「戦術的エピソード」と見なしたことも、そこから「プロレタリア的戦略が決定できる」と「想像」したこともない。しかし、そもそもトロツキーの挙げたここの観点が党内論争時に問題になったのであろうか？誰でも分かるように、答えは否である。

それはともかく、トロツキーが自説の説明のため想定したノルウェーを舞台とした状況と彼の結論は、次のようなものである。彼は言う。

「二つの政府が、ここ暫くノルウェーで争っている。南部のドイツ軍に援護されたノルウェー・ナチ党の政府と、北部に王を戴いた旧社会民主党政府である。…ノルウェーが巻き込まれているのは、二つの帝国主義陣営の間の直接的衝突であり、彼らの手の中では、戦っているノルウェーの両政府は、単なる補助的な道具に過ぎない。世界的な舞台では、我々は連合国の陣営をもドイツの陣営をも支持しはしないだろう。従って、ノルウェーの内部では、これらの一時的な道具のどちらかを支持する何らの理由も正当性も有りえない。まさに同じアプローチがフィンランドにも適用されるべきである」と。

このノルウェーの状況に関するトロツキーの説明自体は、理に適っていると言える。問題は、「同じアプローチがフィンランドにも適用」することができるか否かである。既に明らかな様に、冬戦争時のフィンランドは、「二つの帝国主義陣営の間の直接的衝突」に「巻き込まれ」た訳ではないし、国内に「争っている」二つの政府があったわけでもなく、更にナチ党もなく、代わりにソ連邦が介在しており、このノルウェーの例の状況とはまるで状況が異なる。この「アプローチがフィンランドにも適用」できるわけがない。頭をひねる結論である。結局、このセクションの内容は、冬戦争とは全く関連性がない、矛盾だらけの推論だと言えよう[33]。

ところで、第一のセクションには「ポーランド分割のエピソード」、とあり、ここでは「赤軍によるフィンランド侵入といった戦術的エピソード」（傍点の強調は原文）と言っている。ポーランドの事態もフィンランドの事態も、ただの「エピソード」として語られ、まるで語るに足る重要性がないかのような扱いに変わっている。ポーランド及びフィンランド問題で大失態を見せたトロツキーは、この問題に余り触れられたくないのであろうか？

第三セクション「ジョルジアとフィンランド」では、「まったく健康で革命的である時」の「労働者国家」でさえ、「あれこれの小国の独立を脅かすことを余儀なくされることがある」と述べ、例によって一九二一年の赤軍ジョルジア侵攻の例を出し、クレムリンのフィンランド侵攻を正当化せんとしているが、その誤りは、本章四節六項で述べた。

ただ、このセクションには、特に言及しなければならない箇所がある。これである。

「ジョルジアの場合と全く同様に、世界ブルジョアジーは、ソ連邦に対して世論を動員するためにフィンランド侵入を利用している。この場合にもまた、社会民主主義は民主的帝国主義の先兵として現れた。不意を打たれた小ブルジョアの不幸な『第三陣営』がしんがりになった[34]」と。

ここには、「小ブルジョアの不幸な『第三陣営』」、つまり、少数派が「しんがり」とは言え、「民主的帝国主義の先兵として現れた」という表現がある。少数派の誰が、民主的帝国主義を支持したのか聞きたいものである。まさしく、真っ赤な嘘と呼べよう。

「ソヴィエト連邦の防衛」というセクションでは、彼は、自己弁護を試みているようである。曰く、

「フィンランドへのスターリンの攻撃は、勿論、ただ単にソ連邦防衛のためだけの行動ではなかった。ソ連邦の政治は、ボナパルチスト官僚によって指導されている。この官僚は、何よりも先ず、その権力、威信、収入に関心を持つ。彼らは、ソ連邦防衛以上に自分自身を防衛する。彼らは世界プロレタリアートを犠牲にしてまで、自分自身を防衛する。このことは、ソ・フィン戦争の全発展過程を通じて余りにも明らかである。従って、我々は、ボナパルティスト官僚の政治の一環に過ぎないフィンランド侵略に対しては、直接的にも間接的にも、些かの責任もとるわけにはいかない[35]」と（傍点の強調は原文）。

先ず、「ボナパルチスト官僚」は、「ソ連邦防衛以上に」、更に、「ソ連邦と世界プロレタリアートを犠牲にしてまで、自分自身を防衛する」、とある。しかし、トロツキーがかつて言っていたよう

に、ソ連邦は「ボナパルティスト官僚」の「権力、威信、収入」の源泉なのである。その彼らが、ソ連邦を犠牲にするわけがない。彼らは、トロツキーに勝るとも劣らない「ソ連邦防衛主義者」なのである。それ故、トロツキーは、戦時においては、「スターリンを支持する」と述べたのではなかったのか？　次に、「このことは、ソ・フィン戦争の全発展過程を通じて余りにも明らかである」、とあるが、トロツキーの当時の見解では、「明らか」だったことは、クレムリンがフィンランドの「階級闘争に刺激を与え」、内乱を通した「ソヴィエト化」を「確定」していた、ということではなかったのか？

結論として、「我々は、ボナパルティスト官僚の政治の一環に過ぎないフィンランド侵略に対しては、直接的にも間接的にも、些かの責任もとるわけにはいかない」と言い切り、続けて、「スターリンと連帯すること、彼の政策を擁護し、それに対して責任を取ることと、スターリンにどんな罪悪があろうとも、我々は世界帝国主義がソ連邦を打倒し、資本主義を再建し、一〇月革命の国を植民地に転化するのを許してはおけない、と労働者に説明することとは、別のことである」と付け加えている。このこと自体は正しいと言えるが、彼が言わんとしていることは、私は、「スターリンと連帯」したこともないし、「彼の政策を擁護」したこともないのだから、「フィンランド侵略」には、私は全く責任がない、ということであろう。しかし、前述したように、冬戦争時、彼は、ありもしない内乱をでっちあげ、赤軍、そして、スターリニストたるクーシネンの綱領を賛美し、赤軍、ひいてはクレムリンの側に立て、と主張していたのではないか?その意味では、客観的に見て、トロツキーは「スターリンと連帯」し、スターリンのフィンランド侵略という外交「政策を擁護」

し、それによって、世界の労働者大衆に混乱を与えたことは疑いようもなく、その責任を逃れる道はないのである。

最後のセクション「既に確保した地点を敵の手に渡すな」の冒頭では、またまた「戦時におけるマルクス主義の行動方針は…他の政権との相互関係における一つの政権の社会的評価に基づく[36]」と「小さな悪」論を繰り返した後、彼の切り札、「ソ連邦防衛」の強調と根拠のない少数派批判に終始している。そして、最後に「古い立場を擁護することができぬ者は、決して新しい立場を獲得することができない[37]」という格言めいた言葉がある。だが、そうだろうか？　もしこれが「古い立場」ではなく「原則的立場」であったら、正しいと言える。しかし、戦術的に古いものと新しいものとが問題になる場合には、そうは言えないであろう。このことは、広く知られた政治的実例を出せば充分であろう。ロシア革命時、一九一七年四月レーニンが新たに提起した「四月テーゼ」を、古い公式に固執したオールド・ボルシェヴィキの幾人かがすんなり受け入れなかった、ということは周知の事実である。その「四月テーゼ」が出されていた時期の一九一七年四月四日（一七日）にレーニンが行った報告、「労働者兵士ソヴィエト全ロシア協議会へのボルシェヴィキ代議員集会での報告[38]」の終わりのほうで、彼は、「もし肌着を着替えたかったら、汚れたシャツを脱ぎ、新しいのを着なければならない」と言っている。即ち、新しいシャツを着るためには、先ず、古い汚れたシャツを脱がなければならない、ということ、換言すれば、「新しい立場」を獲得するためには、「古い立場」を捨てなければならない、ということである。正に、トロツキーのとは正反対の見方である。

〈第四章五節二項　注〉

（1）英語版も参照し、表現をやや変えてある。
（2）同前
（3）同前
（4）シャクトマンは、「アメリカ党の危機」の中で、「この点に関し、私は多くのキャノン派のメンバーに聞いてみた。だが、結局得るところはなかった」、と言っている。
（5）シャクトマン「アメリカ党の危機」
（6）トロツキーは、現実には起きていない内乱を発生したと強弁したので、実際、それについては、模糊とした記述が多い。当初、「起こりつつある」とあったが、一九四〇年一月五日付の「ジョセフ・ハンセンへの手紙」においては、「赤軍の退却」によって、「内乱の諸要素」は「終結」したとある。それが、同年一月七日の「同志バーナムへの公開状」では、「この国（フィンランド—訳者注）への赤軍の進撃は、内乱の問題を再び日程に上らせるだろう」となっている。だが、考えてみれば、一九三九年一一月よりトロツキーが執筆中の時点まで、赤軍は、一時的退却をはさんで進軍中であり、都市部には達していなかったのである。「内乱」がいつ、如何なる状況下で、発生したり、終息したり、日程に上ったりしたのか、具体的には何も書かれていない。
　更に、彼は、赤軍がいつ如何なる時にも、革命的刺激を与えると信じ込んでいるので、「同志バーナムへの公開状」において、「赤軍が敗走したため、フィンランドの内乱はマンネルハイムの銃剣の下では起こり得ない…」、また、「…仮定的な第二次攻撃がうまく準備され遂行されるならば、この国への赤軍の進撃は、内乱の問題を再び日程に上らせるだろう」と述べ、また、「フィンランド事件のバランスシート」においても、「赤軍の側の軍事作戦が中止されるならば、フィンランドにおける内乱の開始は問題にすることができない」と述べることによって、あたかも一国における内乱や革命は、当該国の国内階級闘争の状況とは無関係に、赤軍の進撃と共に起こり、その退却と共に消滅するという「一般理論」を作り上げているようだが、これには下記のいい例がある。

一九一九年二月一四日から一九二〇年一〇月一八日までのポーランド・ソヴィエト戦争時の一九二〇年四月、ポーランドがソ連邦に攻撃をかけて来たのを機に、ソ連邦赤軍も反撃し、ワルシャワを目指して進撃した。その際、講和を提起するか、ワルシャワへ進撃するかで、ソ連邦の指導者間に意見の相違が生まれた。レーニンは、「ポーランドの労働者が赤軍を資本家の軛（くびき）からの解放者として歓迎し、ポーランドの革命がドイツと西欧への道を拓くだろう」と期待し、進撃を支持した。しかし、結果は、レーニンが「途方もない敗北」と呼んだ赤軍の大敗北に終わり、休戦条約を締結した。「この戦闘は、ポーランド労働者が支配者に対して反乱を起こし、ロシア軍と協力してワルシャワに革命政府を樹立するであろうとの確信に基づいてなされたものであった。この期待がはずれたのであった」。赤軍の進撃が必ずしも内乱、革命を引き起こすとは限らない、ということの好例である。この時、レーニンに反対した人物の一人が、誰あろう、トロツキー自身だったのであるが。

とにかく、トロツキーは、フィンランドに「内乱」が発生中だと断言すること、或いは、その可能性があると断言することで、少数派批判を続けたのである。

更に、これと関連して、バーナムは、「絶望の政治」の中で、こう批判している。

「トロツキーは、一月五日付の書簡（『ジョー』へ）の中で、フィンランドに関する彼の言明が本来確固たるキャノン派自身の心中にさえ巻き起こした疑念に、明らかに答えようとしているが、その中で、そういった事態はポーランドにおいて起こったし、フィンランドにおいても起こるだろうと述べることによって、彼が書いたことを『説明』している。その時点で彼は、正に、その証とやらが誤りだったということを認めているのである。何故なら、論文（『社会主義労働党における小ブルジョア反対派』――訳者注）の中で彼が言ったことは、フィンランドにおいてそのような事態が始まり、現在も進行中だということだからである」と（傍点の強調は原文）。

ポーランド・ソヴィエト戦争に関する記述は、E・H・カー「ロシア革命史」一九七九年、二四～二七ページ、及び、英語版ウィキペディア「Battle of Warsaw（1920）」を参照した。

（7）英語版も参照し、表現をやや変えてある。

（8）英語版も参照し、単語の訳を一つ変えてある。

（9）Vesa Nenye, Peter Munter, Toni Wirtanen, Chris Birks : FINLAND AT WAR, the Winter War 1939–40, books. google. com

（10）英語版も参照し、表現をやや変えてある。

（11）ここの引用は、英語版からの訳出。

（12）そもそも、この「ソヴィエト化」という言葉自体、何を意味するのだろうか？　この言葉で、トロツキーが何を意味していたのかは、ここからは不明であるが、トロツキー自身、一九三六年八月四日「裏切られた革命」第一〇章の二で、ソ連邦は、「政治制度では…ソヴィエト制度から…ブルジョア民主主義へ回帰した…。このことは、簡潔に述べれば、プロレタリアート独裁の法的な解体ということである」と述べている。つまり、当時ソ連邦にはソヴィエト制度はなかった、ということである。また、「外政は内政の継続である」というテーゼは、トロツキーも認めている。これらを考慮すると、トロツキーは、国内でソヴィエト制度を解体した政権が、国外において健全なソヴィエト制度を樹立することができる、と判断しているのだろうか？　全く奇々怪々な話である。

（13）英語版も参照し、表現をやや変えてある。

（14）正式のタイトルは、「フィンランド労働大衆へのフィンランド共産党中央委員会の訴え」（ＦＬ01）、「Appeal of the Central Committee of the Communist Party of Finland to the Working People of Finland, Russian-Finnish relations, heninen. net」

（15）正式のタイトルは、「フィンランド人民政府の宣言」（ＦＬ02）、「Declaration of the People's Government of Finland, Russian-Finnish relations, heninen, net」

（16）このセクションには、「今日のソ連邦において、労働者管理の形跡はない。フィンランドにおいては、その可能性は更に低いだろう」というシャクトマンの見解に対するトロツキーの反論らしきものも記述されているが、全く当を得ないものである。先ず、こうある。「『人民政府』の訴えは、労働者管理を訴えている。これは何を意味しうるか？　とシャクトマンは叫ぶ。ソ連邦に労働者管理はない。とすれば、それはどこからフィンランドにもたらされるのか？　残念なことに、シャクトマンは状況に対するまったき理解の欠如を露呈している。ソ連では、労働者管理はとうに完成された段階なのだ」と。だとすると、シャクトマンが今日ソ連邦には労働者管理はない、と言うのに対し、誰もが、トロツキーは、現在、ソ連邦に労働者管理があると反論しているると理解するであろう。ところがである。これに続けて、「当地のブルジョアジーを統制することから、彼らは国有化された生産の運営に移行した。そして、労働者による管理運営から、官僚の指揮下へと移行した。新しい労働者管理とは、今や官僚に対する統制を意味するだろう」（英語版も参照し、表現をやや変えてある）と書かれている。何のことはない。当初達成された真の労働者管理は、スターリニスト官僚の手によって破壊されてしまった、とトロツキーは言っているに等しい。それ故、「新しい労働者管理とは、今や官僚に対する統制を意味するだろう」と続けているのである。これが意味するところは、以前は確かに労働者管理は存在したが、今日は存在していない、ということで、シャクトマンと同見解なのである。無意味な反論である。

フィンランドについては、シャクトマンは、フィンランドに労働者管理がある可能性はソ連邦より更に低い、と言っている。これに対するトロツキーの反論はなく、彼は、全く他のことを述べている。フィンランドでの「クレムリンの最大の急務は、被占領諸地域の勤労大衆の中から人を選んで、新たな行政機関を作り出すことである。…第一段階は、農民委員会と労働者委員会とである」（日本語版は誤訳があるので、英語版から訳出）、と。ここで、トロツキーは、まるでスターリン政府の一員にでもなったかのように、クレムリンに建議しているようである。

最後に、トロツキーは、『『人民政府』の訴えは、労働者管理を訴えている」と断言しているが、これは事実ではない。トロツキーも言及している「フィンランド労働大衆へのフィンランド共産党中央委員会の訴え」（FL01）にも「フィンランド人民政府の宣言」（FL02）にも、「国家統制を実施し」という言葉はあるが、「労働者管理」の導入という言葉はない。

(17) ここは英語版より訳出。

(18) 英語版も参照し、表現をやや変えてある。

(19) 同前

(20) 英語版は以下の通り。

「It is necessary to create a broad popular front of the working people: the entire working class, the peasantry, craftsmen, small traders and the educated working class, that is, the vast majority of our people need to be united into a single people's front to protect their interests, and it is necessary to put up a government relying on this front of the working people, i. e., the People's Government.」

「Some comrades think that it is necessary to demand the creation of Soviet power in Finland. They are mistaken. Such an important question of the radical restructuring of the entire social regime can not be settled by one party or not even by the working class alone. This question can be settled only by the entire people, by all the working classes. In any case, without the consent of the peasantry and without the approval of the Diet, this question can not be resolved.」

(21) 英語版は以下の通り。

「Our State will be a Democratic Republic that serves the interests of people,- as opposed to Cajander's and Erkko's plutocratic democracy, that serves the interests of capitalists and landed gentry. But our State is not Socialist State by nature, for the Soviet system cannot be established by the efforts of the government alone, without the consent of the whole people and in particular that of peasantry.」

「In conformity of above our government is a People's Government of the Democratic Republic of Finland.」

(22)「… Eventual composition of People's Government, its powers and actions are to be sanctioned by a diet elected on basis of universal, equal and direct suffrage by a secret ballot.」

その上で、「社会主義労働党における小ブルジョア反対派」では、「反対派の指導者たちは、彼らの政策を築き上げるのに、フィンランドで起こりつつある『具体的』過程に基づかず、民主主義的抽象と」高尚な情念に基づいているのだ」と批判している。形容しようのない批判である。

(23)英語版も参照し、表現をやや変えてある。

(24)英語版も参照し、表現をやや変えてある。

(25)トロツキーの英語版は、「patriot of his class」。シャクトマンの英語版は、「a revolutionary class patriot」である。

(26)「The World Situation and Perspectives」、collected writings 1939-40

この「世界情勢と展望」の中に、「氏は、資本主義諸国がソ連邦に敵対して同盟を結ぶことがありそうだとお考えでしょうか?」という質問に関連して、トロツキーが自己の立場を説明した部分がある。以下である。

「この勢力配置に関連して私が如何なる立場を採るかは、以上の言明から、明白でありましょう。私は、完全かつ無条件にソ連邦の側に立ちます。先ず何よりも、あらゆる色合いの帝国主義諸国に対して、その後は、自らの外交政策によってソ連邦への進軍準備を促進させ、また、その国内政策によって赤軍を弱体化させたクレムリン寡頭政治に対して、ソ連邦の側に立ちます」

「帝国主義諸国に対して」、「ソ連邦の側に立ちます」。これは、資本主義国との戦争を想定しての答えであるから、ここの「ソ連邦の側」は、ソ連邦政府を意味する。しかし、今一つの、「クレムリン寡頭政治に対して、ソ連邦の側に立ちます」という時の「ソ連邦の側」とは、如何に解釈すべきか？「クレムリン寡頭政治」を行なっているのは政府であるから、ここの「ソ連邦の側」とは、ソ連邦政府では有りえない。彼の意は、「国有財産」であろうか？だが、諸政府同士の交戦中にあって、「私は、国有財産の側に立ちます」と言うのは、脈絡を外れている。ここにも、先に見たトロツキーの混同が露呈されている。

尚、この論文は、当初、一九四二年八月発行の「第四インターナショナル」第三巻第三号に掲載されたが、その際は、タイトルが「The Second World War」、日付が一九四〇年一月／三月となっており、内容もcollected writingsに収録されているものより少なくなっている。

（27）「Stalin After the Finnish Experience」、collected writings 1939-40

（28）「Letter to the Workers of the USSR」、collected writings 1939-40。
この書簡は、最初、一九四〇年五月一一日の「社会主義アピール」第四巻第一九号に載った時は、「ソ連邦労働者への公開状」というタイトルになっており、日付は同年四月二三日だが、同年一〇月「第四インターナショナル」第一巻第五号に載った時は、「ソ連邦労働者への書簡」というタイトルに戻る。しかし、日付が四月二一日になっている。これらは、MIAに収録されている。

（29）確かに少数派は、何月何日に「ポーランドの占領」、「フィンランドへの侵入」に起こるかは予見できなかった（これは、トロツキー自身にも言えるだろう）。しかし、シャクトマンは、既出の一九三九年一〇月一五日の演説において、次のように語っている。

「ロシア問題は、私が報告した国際情勢に関するレポートについての討論の中で、少なくともロシア問題が内包する諸側面の一側面として新しい形をとって提起された。同志ジョンソン（少数派）は演説の中で、万一ソ連邦がポーランドやバルト諸国、並びにソ連邦に隣接する諸領土を侵犯ないし侵略した場合、我々はスターリンの政策及び赤軍に対し、如何なる態度を採るべきかという問題を論じた。

ポーランドは一つの偶発事件だとか、特徴のある重要性を何ら持たない戦時における偶然のエピソードだと考えることは、根本的に誤りである。昨日はポーランド、今日はバルト諸国、明日或いはそれ以降はフィンランド、ルーマニア、アフガニスタン、インド、中国、更にその他の諸国というように、同じ問題が次から次へと間断なく現れ、それと共に、政治委員会多数派には、我々がお決まりごとのように聞かされてきた解答より更に一層具体的な解答を与える必要性が生じてくるだろう」と。

ここから、少数派が将来起こりうる事態を既に考えていたということが分かる。他方、同年一一月五日の「マックス・シャクトマンへの手紙」において、トロツキーは、「あなたの演説の写し」は「確かに受け取りました」と言って、その批評を書いている。ということは、トロツキーもそれを読んでいるのである。このセクションでの批判は、正に批判のための批判であると言えよう。

(30) 英語版も参照し、表現をやや変えてある。

(31) 同前。

(32) 同前。

(33) ほんの短期間、英仏側のフィンランド政府とソ連邦政府が後押ししたクーシネン政府が存在したことは確かなので、ひょっとして、その時機のことだろうか？　だとしても、妙である。第一に、フィンランド政府とクーシネン政府が直接戦火を交えたという事実はない。もしこの両政府が交戦中だと仮定して、トロツキーのアドバイスに従えば、「ノルウェーの内部では」、互いに争っている「一時的な道具のどちらかを支持する何らの理由も正当性も有りえない」のだから、フィンランド政府もクーシネン政府も支持するな、ということになる。だが、先に見たように、トロツキーは、「『白痴』クーシネンの宣言に意義を認め」、彼の綱領をボルシェヴィキ綱領と同一視しており、当然、クーシネン政府支持ということになるのが論理的結論だが、だとすると矛盾が生じる。更に、「世界的な舞台では、我々は連合国の陣営をもドイツの陣営をも支持しはしないだろう」ともある。だとすると、冬戦争の場合に当てはめれば、英仏側のマンネルハイムの陣営もソ連邦の陣営をも支持しないということになるが、トロツキーは、断固たるソ連邦防衛主義者である。

（34）英語版も参照し、表現をやや変えてある。

（35）同前。

（36）同前。

（37）英語版も参照し、表現をやや変えてある。

（38）「REPORT AT A MEETING OF BOLSHEVIK DELEGATES TO THE ALL-RUSSIA CONFERENCE OF SOVIETS OF WORKERS'AND SOLDIERS'DEPUTIES」（Lenin Collected Works Vol. 36, MIA）

三項　第三陣営戦略

少数派の主張するこの「第三陣営戦略」については、本書第三章でも触れたが、鍵となる視点は、第一と第二の陣営は、相戦う交戦国政府の陣営で、支配階級、支配階層の陣営であり、他方、第三陣営とは、その二陣営の政府に抑圧されている、全世界の被支配階級、被支配階層の人々の陣営だ、ということである。トロツキーは、少数派の「第三陣営論」については当初から知っていたはずなのだが、まとまった批判は、一九四〇年四月二三日の論文「小ブルジョア・モラリストとプロレタリア党」に初めて登場する。ここで彼が言及している「『綱領的』論文」とは、分裂後、「アメリカ労働者党」を結成した少数派がその機関紙「ニュー・インターナショナル」第六巻第三号一九四〇年四月に掲載した社説「第三陣営へ」[1]と思われるが、ここでは、先ず、トロツキーが「第三陣営論」を如何に捻じ曲げて伝えているかを見ることにしよう。彼は、こう述べている。

「(この『第三陣営』とは)どういう動物だ？　資本主義という陣営があるし、プロレタリアートという陣営がある。しかし、ことによると、『第三陣営』、即ちプチブルの聖域というものがあるのだろうか？　事の道理として、あろうはずがない。しかし、例によって、プチブルは、自己の『陣営』をレトリックというペーパー・フラワーでカモフラージュしている。傾聴させていただこう！　ここに、フランスとイギリスという一つの陣営があり、もう一方に、ヒトラーとスターリンという陣営がある。そして、第三陣営に、シャハトマンと共にバーナムがいる。…

だが、全問題は、この二つの交戦陣営では、全ブルジョア世界を網羅していないことである。全ての中立諸国及び半中立諸国は、どうなるのか？　合衆国は、どうなるのか？　イタリアと日本は、どちらに入るのか？　スカンジナビア諸国は？　インドは？　中国は？　我々が念頭に置いているのは、革命的インド人労働者或いは中国人労働者ではなく、抑圧された国としてのインド、中国である。三つの陣営という男子生徒風の図式は、つまらない細目、即ち植民地世界という人類のより大きな部分を割愛したわけだ！

インドは、イギリスの側に立って、帝国主義戦争に参加している。このことは、インドに対する我々の態度が…イギリスに対する我々の態度と同じだということを意味するのか？…もし、この世界に、…ただ二つの帝国主義陣営しか存在していないとすれば、…どこにインドを置くべきか？」と。(2)

トロツキーが、そもそもの初めから「第三陣営論」を馬鹿にして扱っているのが、上の第一段落目の「どういう動物だ？」という一句、「第三陣営」という「プチブルの聖域」という規定、「第三陣営に、シャハトマンと共にバーナムがいる」という言辞から即明白である。同時に、彼がこの「第三陣営論」をまるで理解していないか、或いは、故意に曲解しているかが、その下の二つの段落からはっきり分かる。

トロツキーは、中立諸国、合衆国、イタリア、日本、インド、中国は、どちらに入るのか、と問う。そして、「植民地世界という人類のより大きな部分を割愛した」とわめく。合衆国、イタリア、日本が植民地ではない、ということは言うまい。彼は、「第三陣営論」とは、全世界の国々を一つひとつ各陣営に割り振ることだと理解しているのである。無理解ないし曲解も甚だしい。上で言及した少数派の社説には、はっきりとこう書かれている。第三陣営とは、「あらゆる政治的支配権を奪われ、立ち上がった時には沈黙を余儀なくされ、残酷に抑圧される、だが、止むことなく活動し、下から突き上げ、人間としての諸権利と諸要求を主張すべく地上に現れる世界労働者階級の陣営である」と。信じ難いことだが、トロッキーに欠落している視点は、以前引用した、レーニンに批判された点、つまり、どの国にも支配階級、支配階層と被支配階級、被支配階層とが存在し、革命家は、その後者の視点から物事を考察判断する必要があるという、初歩的な視点である。そして、後者の陣営こそが「第三陣営」なのである。イギリスにせよ、フランスにせよ、はたまたドイツにせよ、ソ連邦にせよ、全国民は等質ではなく、抑圧する側と抑圧される側がいるということは、常識に属する。交戦する抑圧者が、第一陣営か第二陣営に入り、反戦、解放、革命を目指す被抑圧者が第三陣営に入るということである。

インドないし植民地をとっても事態は変わらない。トロッキーは、インドを例に取り、「インドに対する我々の態度」は、「イギリスに対する我々の態度」と異なる。「どこにインドを置くべきか?」「我々は、イギリスからインドを防衛する」と言い張る。これは、古い時期の「植民地革命論」である。(3) 彼が看過している点は、インド、或いは他の植民地においても、大衆を支配し、彼らを戦争に駆り立てている人々とそれに対し戦わんとしている人々がいるということを彼は忘れている。従って、「第三陣営論」では、前者が第一か第二の陣営に入り、後者が第三陣営に入るのである。更に、「我々は、イギリスからインドを防衛する」と言っているが、インドの何を防衛するのか言っていない。被抑圧国のインドにしろ中国にしろ、民族ブルジョアジー、買弁ブルジョアジー、或いは、ブルジョア民主主義者の類はどこにでもいるものである。彼にとっては、こういう階層も「防衛」の対象なのか? そうではないはずである。革命的左翼が防衛しなければならないのは、第三陣営に属する者だけである。結局、彼は、国内階級関係に全く注意を払っておらず、抑圧者も被抑圧者も一緒くたにした一つの国としてのインド、イギリス、フランス、中国等々だけを見ている。これが彼の誤りの出発点なのである。

ところで、バーナムの「絶望の政治」の中に、次のような箇所がある。

「諸事件の試練にもはや十分応えることのできない理論に必死でしがみついているトロツキーとキャノンは、第三陣営の戦略を放棄した。（誤って反対派から借用した後、ローズとスターリニストたちのＡＬＰ党内論争の際、非常に効果的に革命的立場を打ち出すのに使われた）その言葉さえも、我々の党出版物と煽動から消えた、ということは何と意味深長なことだろう！　彼らは、交戦国陣営の一つに、戦争屋陣営の一つに加わったということである」と（傍点の強調は原文）。

「トロツキーとキャノンは、第三陣営の戦略を放棄した」？　第三陣営という「その言葉さえも、我々の党出版物と煽動から消えた」？　しかし、だとすると、トロツキー、キャノンは、以前、第三陣営戦略を採用し、ＳＷＰの党出版物にも載っていた、ということになるが？　事実はその通り。バーナムは真実を語っているのである。

一般に、「第三陣営」、「第三陣営戦略」なる言葉は、少数派が考え出したもので、分裂後、それを戦略として採用したと受け取られているが、これは事実ではない。トロツキー自身も、同論文で、「『第三陣営』という標語のもとに登場したこの新たな反マルクス主義グループ[4]」と形容している。だが、彼は、後に見ることになる重要な事実を忘れているか、或いは、思い出したくないのであろう。それはともかく、実際、赤軍がポーランドに侵攻した翌日の一九三九年九月一八日の「社会主義アピール」紙には、「第三陣営」と題された社説が載っており、こう述べられている。

「戦争と戦争挑発屋に対する闘争は、ただ第三陣営によってのみ遂行しうる。…第三陣営とは、労働者の陣営である！　第三陣営とは、勤労者の陣営である！　それは、戦争において戦い、そして、死んでいく人々の陣営である」[5]と（傍点の強調は原文）。

また、「第四インターナショナル」誌一九三九年一一月号にも、「編集者声明」として、こうある。

「では、第三陣営については、どうなのか？　一般の報道機関では、未だに、多くが語られていないが、今次大戦において最終的に勝利を収めなければならない、また、そうなるであろう陣営が、まさにこの第三陣営なのである。それは、今次大戦と全体としての戦争挑発屋とに対するプロレタリアートの革命闘争の陣営であり、ロンドン＝パリ＝ワシントン陣営同様ベルリン＝モスクワ陣営に対しても無慈悲な革命闘争を遂行するプロレタリアートの陣営である」[6]と。

更には、「社会主義アピール」第三巻第九一号一九三九年一二月一日掲載の多数派論文「フィンランド危機におけるクレムリンの目的」の冒頭にも、「第三陣営―今次大戦に反対する革命闘争の陣営―に立つ我々は、第二次世界大戦に関連する他の全ての問題同様、交戦中の両陣営とは独立に、我々独自の分析を行なわなければならない」と書かれている。

次に、バーナムが触れている「ＡＬＰ党内論争」とは、一九三九年の秋ごろ、ＡＬＰ（アメリカ労働党）党内において、第二次世界大戦に対する立場を巡って、ＡＬＰ幹部とＡＬＰ内部に浸透したスターリニストたちの間で生じた論戦である。ＡＬＰ幹部たちは、独ソ不可侵条約を批判しつつ英仏帝国主義とルーズベルトを支持し、スターリニストは、ソ連邦防衛の立場に立ちつつも、独ソ不可侵条約やソ連邦スターリニスト官僚の反革命的行為には一言も触れることなく、英仏帝国主義を批判した。この論争に対して、SWP多数派の重鎮、フェリックス・モローが一九三九年一〇月一三日の「社会主義アピール」紙において、論文「戦争賛成派、ニューヨーク労働党を分裂さす――愛国主義者たちは、枢軸国支持か、連合国支持かで割れる」[7]を発表したが、そこに、彼はこう書いている。

「ALP党内の二つの敵対する陣営は、攻撃したり、反撃したりすることで、今週を費やした…。一言で言えば、ALP党内の対立する陣営の両者とも、問題をぼやかし、事実を隠し、完全に非原則的なやり方で戦っている。…ALPの指導者たちは、英仏帝国主義とルーズベルトの提言の支持者であり、…スターリニストたちは、ヒトラー＝スターリン・ブロックの支持者である…。両陣営とも、戦争と労働者階級の殺戮と破滅とへの道とを招来している。

ニューヨーク衣料業界大衆の真の反戦感情は、ALP官僚とスターリニストのどちらを通じても、その表現を見出すことはできない。…ALP傘下のあらゆる組合における労働者は、ただ単に、現在支配権を目指して争っている戦争支持の立場だけでなく、労働者階級の現在と未来を代表する反戦の立場、即ち、第三の立場をも討論し始めるべきである。第三陣営、それは、戦争と全ての帝国主義とに対して戦う真の闘士の陣営であり、これこそ、支持を送り、そのために戦う価値のある唯一の陣営なのである」と（傍点の強調は原文）。

何と素晴らしい文章であることか。彼が、少数派に加わらなかったのが不思議なぐらいである。いずれにせよ、このように、「第三陣営」、「第三陣営戦略」という概念は、元々、多数派にも少数派にも共通の、換言すれば、ＳＷＰ全体の立場だったのである。ならば、何故、トロツキーは、多数派を批判しなかったのか？　また、多数派は、何故、トロツキーのここでの暴言を非難しないのか？　少数派排除という共通の目的があったからであろうか？　いずれにせよ、ポーランド、フィンランドにおいて、「ソ連邦防衛」の立場から赤軍の行動を擁護したトロツキー、多数派は、この戦略を放棄するしかなかったのであろう。

さて、上で言及した重要な事実であるが、それは、この「第三の」「陣営」とか、「第三陣営」という言葉そのものがどこから来たのか、という問題に関するものである。結論を言うと、それはトロツキー本人からである。トロツキーは、早くも一九二七年三月二九日付の「アルスキーへの書簡」(8)において、次のように述べている。

「…というわけで、あなたが（あなたの著作の）一四一ページで特別な明確さを持って表現している箇所、つまり、あなたが中国では『お互いに鋭く敵対する三つの陣営が現れた』。一方は、帝国主義者、軍国主義者、中国ブルジョアジーの一定の層であり、『他方は、労働者、職工、プチブル、学生、インテリ、及び民族主義的傾向を持った中ブルの諸グループである』と語っている箇所は誤謬だ、と私は確信しています。実際には、中国には三つの陣営があります。反動主義者、自由主義的ブルジョアジー、そしてプロレタリアートで、この三つの陣営がプチブルの低い階層と貧農に対するヘゲモニーを巡って争っているのです。…私達は、特にあの様に巨大で、圧倒的に遅れている中国のような国での革命の道が、どれだけ複雑で矛盾に満ちたものであるか知っています。…革命の発展過程で我々が守らなければならないものは、何よりも、三つの陣営という観点から常に革命を評価し、また、第三陣営のへゲモニー獲得のために戦い、そうすることで革命全体のへゲモニー獲得のために戦い得るプロレタリアートの独立した党なのです」と。

一九三八年末から一九三九年夏にかけて書かれた「プチブル民主主義者と道徳説教者[9]」においては、こう述べている。

「互いに殺戮しあう戦争の間中、全世界の人々を強いてただ二つの陣営のみに分割させようというブルジョアジーの企ては、プロレタリアートが自分自身の独立した思考を獲得するのを妨げようという願望に動機付けられている。こういったやり方は、ブルジョア社会と同じように、いや、より正確には、階級社会一般と同じように古くから存在している。誰一人として、マルクス主義者になることを義務付けられているわけでもなく、レーニンの名前にかけて誓うことを義務付けられているわけでもない。しかし、革命思想に関わるこの二人の巨人の政治全体が、次のことを指し示している。それは、二陣営という物神崇拝が、第三の、自主独立したプロレタリアートの陣営に取って代わられるということであり、実際のところ、人類の将来はその陣営にかかっているのである」と。

この様に、トロツキーは、真に革命的戦略を提起していたにもかかわらず、この「小ブルジョア・モラリストとプロレタリア党」では、「先進的労働者諸君よ！小ブルジョアの『第三陣営』を信用しても、一セントの得にもならないのだ！」とまで言って、自分でその戦略を否定してしまったのである。

〈第四章五節三項　注〉

（1）For the Third Camp. New International Vol. 6 No. 3, Apr 1940, MIA。
　トロツキーは、論文名を書いていないが、「このくすねられた機関誌の最初の『綱領的』論文」とあるので、上の論文で間違いないと思える。

（2）英語版も参照し、表現をやや変えてある。

（3）この植民地での闘争に関しては、一九二〇年七月一九日～八月七日に開かれたコミンテルン第二回大会で大いに議論され、七月二八日に「民族、植民地問題に関するテーゼ」が採択された。それに関連した七月二六日の「民族、植民地問題に関する委員会の報告」（「3．Report of the Commission on the National and the Colonial Questions, The Second Congress of the Communist International, collected works vol 31, MIA」）の中で、レーニンは、こう述べている。
「コミンテルン及び諸共産党は、後進諸国におけるブルジョア民主主義運動を支持すべきであると、こう述べることが、原則的にも理論的にも、正しいのか誤りなのかを巡って、我々は討論してきた。そこで、もしブルジョア民主主義を語るなら、我々は、改良主義運動と革命運動との相違を全て消し去ることになる、という反論が出た。帝国主義ブルジョアジーは、被抑圧諸国においても、改良主義運動を植えつけようと力の限りを尽くしているが故、最近、その相違が、後進諸国や植民地諸国において非常にはっきり現れてきており、抑圧諸国のブルジョアジーと植民地諸国のブルジョアジーとのある種の親交関係の樹立が出来あがっている。従って、被抑圧諸国のブルジョアジーが、民族運動を支持する一方、帝国主義ブルジョアジーに従って、全ての革命運動、革命的諸階級に反対するため、帝国主義ブルジョアジーと力を合わせるという事態が非常にしばしば出現している。…我々は、唯一の正しい態度は、そのことを考慮に入れ、…『ブルジョア民主主義的』という用語の代わりに『民族革命的』という用語を使用することだ、と決定した。…我々は、共産主義者として、植民地におけるブルジョア解放運動がただ真に革命的な場合にだけ、その運動を支持すべきであり、そうするであろう」と（傍点の強調は原文）。

ここで述べられていることは、戦時にも通用されるだろう。上の報告では、植民地諸国内の民族ブルジョアジーと民族革命的運動を区別している。トロツキーの挙げた例の場合にも、イギリスから防衛されなければならないのは、前者ではなく後者だとはっきり言わなければならない。トロツキーに倣って言えば、トロツキーの反論は、幼稚園児の図式である。ところで、このコミンテルン大会には、トロツキーも参加していたはずだが。

（4）英語版も参照し、表現をやや変えてある
（5）「Socialist Appeal, vol. 3 no. 71, 18 Sep 1939, MIA」
（6）「The New International, Editor's Comment, vol. 5, no. 11. Nov 1939, MIA」
（7）Felix Morrow「War Cliques Split New York Labor Party-Patriots Divide on Suppor of Axis or Allies」,Socialist Appeal vol. 3 no. 78, 13 Oct 1939, MIA
なお、この論戦の背景は同論文を参照、引用も同論文から。
（8）「A Letter to Alsky, 29 Mar 1927」,Leon Trotsky on China, Pathfinder Press, 1976, ウェブサイト「Wikirouge net Marx-Engels Collected Works」収録
（9）「Unfinished Writings and Fragments」中の「Petty-Bourgeois Democrats and Moralizers」,Writings of

六節　結び

以上が「はじめに」で述べた「結論」とトロツキーの醜い「論法」の全貌である。

では、スターリニスト官僚からの執拗な迫害にもかかわらず、一九二三年の「左翼反対派」結成以来、一貫して且つ断固として彼らと戦い、一九三六年には「政治革命」を唱え、スターリニスト官僚打倒の方針を打ち出し、一九三八年に「第四インターナショナル」を創設したトロツキー。その彼が、SWP党内闘争において、如何にして、矛盾する諸見解を述べたり、少なくはない政治理論的誤謬を重ねてしまった上、客観的にスターリンの「弁護者」に成り果ててしまったのか？

このSWP党内闘争は、第二次世界大戦、ポーランド、フィンランドとの戦争を背景として勃発したものであり、政治的には、戦時におけるマルクス主義の方針を巡っての論争であったと言える。従って、焦点となったのは、戦争と国家政策の性格、戦争の主体とそれを見る視点、敗北主義と防衛主義、「より小さな悪」論、そして、戦時に掲げる「〇〇国防衛」というスローガンの政治的意味であった。そして、すでに見たように、トロツキーは、この全ての焦点に関して、必ずしもマルクス主義の観点からする正しい立場をとったわけではなかった。彼は、戦争と国家政策の性格を全て財産形態から判断した上、戦争を相争う交戦国政府の視点からのみ考察することによって、「より小さな悪」を支持する立場をとり、また、所有形態を防衛することを防衛主義だと誤解釈し、防衛スローガンが政府に対する態度の表明だということを理解しなかった。結局、党内闘争時の彼の立場は、ソ連邦の国有財産を「神格化」し、戦時におけるスターリニスト官僚を「進歩的」と見なした上、革命的敗北主義の意味を捉えきれず、最初からそれを排除した結果、第三陣営戦略をも捨て去り、抽象的な「ソ連邦防衛」にただひたすら頼ったトロツキーの政治的帰結と言えよう。

トロツキーのこうした誤りを招いた理論的要因の一つとして、彼が必ずしも常に弁証法的思考を巡らしていたわけではなかったことから結果した当時の彼の俗流唯物論的思考が挙げられるだろう。彼は、下部構造、経済を偏重する余り、上部構造の下部構造への反作用、上部構造の独自の運動を見逃した。それ故、彼がソ連邦及びソ連邦に関連した事態に言及する際、常に国有財産をあらゆる問題を解く「万能の切り札」と見なしたのである。

それが、論争の言わば頂点とも言えるポーランド、フィンランド両事件においては、その実情を捉えきれず、前者では、「社会主義革命」を「発見」し、後者では、ありもしない「内乱」に固執し続けたあげく、クーシネン綱領をボルシェヴィキ綱領と見誤るまでに至らせてしまったのであろう。これは、何故なのか？　その答えは、トロツキー自身が語っている。彼は、「バーナムへの公開状」の中で、こう言っている。

「討論は、個人や集団の主観的論理とはまるきり一致しないそれ自身の客観的論理を持っている…。討論の弁証法的性格は、その客観的進路が決定されるのは対立する諸傾向の生きた葛藤によるのであって、予め立てられた論理的プランによってではない、という事実から発する。…こうして、社会主義労働党内の目下の討論は、全体としての歴史過程と同様、弁証法的唯物論の諸法則に従って――同志バーナムよ、君のお許しがあろうとなかろうと――発展するのだ」と（傍点の強調は原文）。

なるほど、討論には、「個人や集団の主観的論理」と離れた「それ自身の客観的論理」がある。そうであろう。トロツキーの場合、当然にも、彼の心中は、私は政治革命を放棄すると述べたこともなければ、スターリニスト官僚打倒の姿勢を一貫して崩してはいない、という信念で満ち満ちていたことであろうし、それは真実であろう。しかし、党内闘争の過程において、クレムリン、赤軍等を真っ向から批判するという確固たる反スターリニズムの立場からの少数派の批判に直面した彼は、多数派支持の立場上、FIの指導者としての自負心に加え、この論争に負けてはならないという心理的圧力から、次第に、「討論の弁証法的性格」によって、自分の主観的信念と反対の方向へと逸脱し始め、断固として反スターリニズムを主張する少数派に対して、客観的には、その対立物、即ち、親スターリニズムに傾いていったと言えないであろうか？(1)

論争を概観すると、多数派と少数派との論争は、大筋で見れば、ポーランド、フィンランド問題を中心とした純粋な政治理論闘争だったと言ってよいだろう。確かに、多数派が少数派の提起を歪めて解釈したり、無関係な論点を持ち出したりし、また、少数派からの批判に対して真っ向から回答せず、逆にそれを回避したことがあったものの、お互い理論に理論を対置するという姿勢が見られた理論闘争と言ってよいだろう。しかしながら、トロツキーとバーナム、シャクトマンとの論争は、それとは様相が異なっていた。トロツキーは、多数派と少数派との論争で焦点となっていた政治諸問題の他に、少数派のプチブル規定やら、弁証法、政治と経済の原則問題等々、争点とは無関係の問題を多々提起し、論争の軸を変えようとした一方、論争を有利に運ぶため、少数派に対する事実無根の誹謗、中傷やら人身攻撃、また、これが同志に対する批判かと思えるほどの辛らつな言葉を繰り返し、少数派の「人格」を汚そうともした。だが、それ以上の問題は、「はじめに」でも触れたように、彼が誠実ではなかったこと、つまり、相手の主張をそのまま受け取らなかったり、相手の主張を捻じ曲げた上で批判したりしたこと以外に、ストローマン、レッド・ヘリング等々の「論点のすり替え」による詭弁を弄したばかりか、更には、事実の歪曲、隠蔽、虚偽の「事実」の捏造といった、物を論じ、物を書く者にとってあってはならない「論法」を多用したことである。これらのことは、結局のところ、少数派の正論に真正面から立ち向かうことのできなかったトロツキーの「敗北」を充分物語っていると言える。この論争において、トロツキーは、幾多の理論的政治的誤謬を犯したばかりでなく、(2)マルクス主義「理論家」としての自己の名誉をも失墜させてしまったと言えよう。(3)論文集「マルクス主義の擁護」は、実際の所、それらを記録した書でしかないと言ったら、言い過ぎであろうか？(4)

では、SWP党内論争において、トロツキーが演じた役割は何だったのか？トロツキーは、勿論、誤った立場からだとは言え、政治理論的に対応してきた部分もある。だが、全体を通じて、彼が強調してきたのは、少数反対派はプチブル分子で、哲学面でも社会学面でもマルクス主義を逸脱している反マルクス主義集団だという点であった。(5)反対派を「プチブル分子」と規定し、反マルクス主義者だと決め付けることは、少数派からの政治理論的攻勢に四苦八苦していた多数派にとっては、論争の軸を転換し、反撃し、ひいては除名の方向へ向けた「理論」を構築することに好都合だったであろう。そして、それはFIの分裂を意味し、全体としてのFIに打撃を与えるものであった。

結局は、バーナムが、「絶望の政治」の中で警告していた言葉、即ち、「同志トロツキー、現在の論争へのあなたの介入の過程において、あなたは、第四インターナショナルに対して非常に大きな打撃を与えた。私としては、インターナショナルがその打撃を乗り越えられるかどうか確信が持てないほどである」という言葉が現実になったのである。その意味では、トロツキーの介入は、ただただFIの分裂を加速させただけであり、これが彼の演じた役割であったと言えよう。

アイザック・ドイッチャーは、自著「トロツキー伝三部作」の第三巻「追放された予言者トロツキー」のセクション「漆黒の夜」の五二一頁で、こう書いている。

「こうしてトロツキーは、日がまさに没しようとする生涯のたそがれにあって、自分が自分の荒涼とした山に押し上げた岩が、ふたたび山腹をころげおちるのを、最後に見守ったのである」と。

氏は、このSWP党内闘争に関しては、大雑把にしか研究しておらず、詳細はつかんでいなかったと思われるが、もし彼が、真実を知っていたら、この部分は、次のように書き換えられたかもしれない。

「こうしてトロツキーは、日がまさに没しようとする生涯のたそがれにあって、自分が自分の荒涼とした山に押し上げた岩を、自分の手で、最後に砕き割ったのである」と。

〈第四章六節　注〉

（1）　例えば、一九三九年三月六日の論文「スターリンによるヒトラーとの同盟の企ての背後にあるもの」（「What Lies Behind Stalin Bid for Agreement with Hitler?」、6 Mar 1939, MIA）のセクション「同盟が意味するもの」では、「スターリンとヒトラーとの同盟は、本質的に、クレムリン寡頭政治の反革命的役割を何ら変えるものではない。…我々の政治的任務は、ヒトラーの抱擁からスターリンを『救い出す』ことではなく、彼ら二人を打倒することである」と、ヒトラーとスターリンの「二人を打倒すること」を任務として提起していたのだが。

（2）トロツキーは、一九三五年二月一日「今日のソ連邦―労働者国家、テルミドール及びボナパルティズム」の「あとがき」で、次のように書いているが、過熱する論争で、どこかに吹き飛んだのであろう。「我が組織は、絶対に間違いを犯さないなどと主張したことは一度もない。我々は、スターリニズムの高僧たちのように、出来合いの真理を啓示として受け取りはしない。我々は、我々の諸結論を現実のありに照らして研究し、討議し、確認し、事実だと認められた誤りは、公然と訂正する。このようにして、我々は前進するのである。科学的良心と個人的厳密さは、マルクス主義とレーニン主義の最良の伝統である。この点においても、我々は、我々の師たちに忠実でありたいと願う」と。

（3）レーニンは、一九二一年一月二五日の「更に再び、労働組合、現情勢、そして、トロツキーとブハーリンの誤りについて」のセクション「弁証法と折衷主義『学校』と『機関』」中で、「トロツキーの誤りは、一面的思考、過度の執着心、誇張、そして頑固さである」と述べている。トロツキーに見られた、財産形態と国家政策との関係を一方向からしか捉えていなかった点、何が何でも「ソ連邦防衛」をという姿勢、誇張が誇張を呼び、詭弁に至った点、他の見解を頭から拒む姿勢、等を見ると、レーニンは、慧眼の持ち主だったと言えよう。

（4）しかし、それでも、この論文集は、いまだに全世界の第四インターナショナリストたちから賞賛を浴びているのである。例を挙げれば、イギリスに基盤を置く「革命的共産主義インターナショナル」は、そのウェブ・サイトで、「この書は、トロツキーの最高傑作の一つとして、正当に評価されている」と述べ、また、日本の酒井与七氏も、『トロツキー著作集　一九三九〜四〇・上』の解説「第二次帝国主義戦争第一年目におけるトロツキー最後の闘争」の（八）において、「シャクトマン・バーナム派にたいするトロツキーの論戦の書の『マルクス主義の擁護』という表題は、まさにふさわしいというべきであった」と述べている。

（5）前掲「小ブルジョア・モラリストとプロレタリア党」には、こうある。「バーナムは、弁証法的唯物論が彼の虫の食った『科学』と両立しないと説明した。シャクトマンは、革命的マルクス主義は『実際的任務』という見地から重要でないと言明した。アバーンは、反マルクス主義・ブロックを作り上げようとしている」と。全て嘘である。こういうことを論文に書くこと自体、一体どんな価値があるというのだろうか？

おわりに

思えば、もうだいぶ昔であるが、ＦＩの運動に従事し始めた頃、トロツキーの著作を片っ端から読んだものである。しかし、その中に一つだけ、どうもしっくりこず、すっきりしない論文集があった。トロツキー選集第九巻所収の「マルクス主義の擁護」である。数回読んだが、何が問題で、何を語っているのか理解できなかった覚えがある。その後も、何回も読み返してみたが、依然同じ状況であった。ただ、バーナム、シャクトマン、アバーン（特に前二者）は、とにかく、とんでもない人物で、「反マルクス主義」の「プチブル分子」であり、彼らの唱える第三陣営の立場は、「棄権主義」だということが強く印象に残っただけであった。また、「定説」同様、彼らは、ソ連邦＝労働者国家説を放棄したが故、「ソ連邦防衛」の立場を否定したのだとも理解していた。

それが、相当後になって、あのＳＷＰ党内闘争時、シャクトマンとアバーンがソ連邦＝労働者国家説を堅持していたことを知った。だとすると、彼らは、ソ連邦が労働者国家だと認めていたにもかかわらず、「ソ連邦防衛」に反対したこととなり、自分の以前の理解と大きな違いが生じ、少数反対派は、一体如何なる理由で、「ソ連邦防衛」に反対していたのかが大きな疑問として浮上し、その後ずっと脳に刺さったトゲであった。しかし、当時は、その疑問を解く手段はゼロであった。ところが、その後、「初めに」でも紹介したウェブ・サイト「ＭＩＡ」が登場した。そこで、それを利用し、初めて読んだ少数派の論文が、シャクトマンの「アメリカ党の危機」であった。読んでみると、自分が描いていた彼や少数派の姿とは、似ても似つかない内容で、反マルクス主義的な見解、プチブル思想、誤りなどは、皆目存在しない立派なマルクス主義文書であった。それで、あのSWP党内闘争には何かあると思い、少数派多数派の文献、更に「マルクス主義の擁護」を再度読み進めていった結果、予想だにしなかった事実が判明し、これは是非とも公けにする必要があると思った。これが、この研究の経緯である。「はじめに」で述べた筆者の意図が実現したかどうかは、読者の方々の判断に委ねるとして、個人的には、若かりし頃の疑問が払拭され、やっと肩の荷が下りた思いである。

歴史に「もし」は禁物だと言われるが、あの時、もしトロツキーが小数派と手を結んでいたなら、現在の左翼の有り様も大きく異なっていただろうということは明らかだと思う。それを思うと、トロツキーのあの選択が持つ現代的意義の重さは、否定し難いであろう。

いずれにせよ、一般に信じられているものとは正反対の結論が出たが、それが事実であり、事実は直視されなければならない。レーニンは、「事実を真正面から見つめようではないか。政治においては、それが常に最良の、そして唯一の正しい態度である」と述べている。(1) 一九四〇年のSWP分裂以来、既に八〇年以上が経過した。しかし、この党内闘争に対する誤った解釈と当時のトロツキーの誤りとは、今日に至ってもなお不問に付されたままである。(2) 今こそ、それらを正視しなければならない。この論文が、この党内闘争の再評価へはもちろん、アバーン、バーナム、シャクトマンの歴史的に正当な再評価への道にも繋がることを願って筆を擱く。

〈おわりに　注〉

（1）一九一四年五月三日、「政治的危機について、更に一言」（「More About the Political Crisis」）、全集二〇巻、MIA。

（2）多くの賢者が、過去の過ちから学べぬ者はそれを繰り返す、と警告しているが、これは、多数派路線を踏襲したその後のFＩにも当てはまる。以下のことは、本稿の時代外で詳述しないが、戦後FＩ再建の立役者、ミシェル・パブロは、一九四五年五月論文「ソ連邦とスターリニズムに関する問題に対する明確かつ一貫した政策」のセクション２「ソ連邦の防衛」において、「帝国主義者の直接的軍事行動がソ連邦を脅かした戦時においては、我々は、スターリンとの一種の統一戦線を訴え、スターリンの革命的打倒という問題を、一時的に焦眉の任務から外した」と、党内論争時、トロツキーと多数派が採った方針を無批判的に繰り返している。（Gabriel〈パブロのペンネーム－筆者〉「For a Clear and Consistent Policy on the Question of the USSR and on Stalinism」、「Fourth International」Vol. 6, No. 5, May 1945」.MIA）

二〇二四年七月二七日　東京

廣瀬伸一

著者紹介

廣瀬伸一（ひろせ・しんいち）

1950年東京生まれ。中央大学中退。在学中より第四インターナショナル運動に参加し、異なる時期に、小政治グループふたつに籍を置く。その後、実践活動の方針の違いから、それらグループを離れ、実践活動から身を引くも、理論上の疑問点を追求すべく、仕事の傍ら研究活動を続ける。

トロツキー最後の論戦
——その批判的考察

2024年12月25日　初版第1刷発行

著　者　　廣瀬　伸一
発行者　　川上　隆
発行所　　株式会社同時代社
〒101-0065　東京都千代田区西神田 2-7-6
電話 03(3261)3149　FAX 03(3261)3237
組　版　　精文堂印刷株式会社
印　刷　　精文堂印刷株式会社

ISBN978-4-88683-979-4